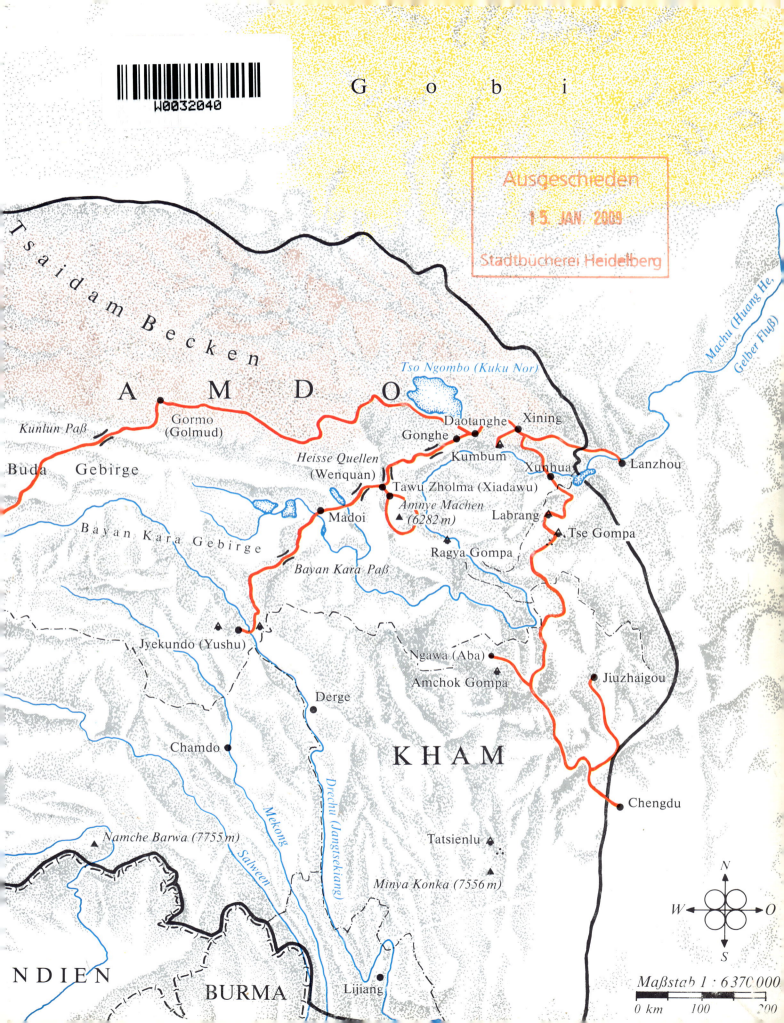

»Nach Tibet zu reisen
heißt, die Reise in das
Innere anzutreten.«
Bruno Baumann

*Das tibetische Wappen zeigt ein Schneelöwenpaar,
das in heroischer Haltung das achtspeichige Rad
der Lehre hochhält. Die Berge im Hintergrund
symbolisieren Tibets Landesnatur, ein von schneebedeckten Gebirgen umkränztes Hochland*

Kapitel 4
Dokpas, die Bewohner der Einöde 84

Im Nomadenlager 87 – Lhamotso und ihre Sippe 91 – Strategien des Überlebens 94 – Folgen chinesischer Unterdrückung 97 – Geburt, Liebe und Tod im Leben der Nomaden 99

Kapitel 5
Amnye Machen, kein Wintermärchen 106

Auf Filchners Spuren 109 – Mit einer Yakkarawane zum Amnye Machen 116

Kapitel 6
Der Geisterberg Machen Pomra 128

1. Tag – Entlang des Tawu-Flusses 131 – 2. Tag – Über den Trakdo La 134 – 3. Tag – Durch das Tal der Blumen 139 – 4. Tag – Im Banne magischer Kräfte 144 – 5. Tag – Zu König Gesars Ruheplatz 146 – 6. Tag – Am Fuße der Gletscher 150 – 7. Tag – Im Eispalast des Geisterkönigs 151 – 8. Tag – Der Kreis schließt sich 152

Kapitel 7

Teil II   Kham

Die Heimat der Rothüte 162

Vom Gelben Fluß zum Jangtsekiang 165 – Jyekundo 173 – Zum Oberlauf des Mekong 178 – In der Hochburg der Rotmützen 181

Kapitel 8
Auf verbotenen Wegen 186

Wieder im Gebiet des Machu 190 – Im Lande Ngawa 192 – Wo sind die tibetischen Wälder geblieben? 195 – Amchok Tsennyi Gompa 19

Kapitel 9
Durch die Schluchten Osttibets 204

Im Tal der Burgen 207 – Jiuzhaigou 210 – Die Türme von Nyarong 211

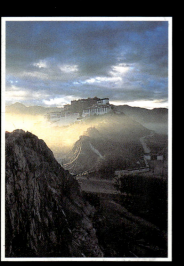

Kapitel 10
Lhasa und Umgebung 222

Teil III Ü-Tsang

Terror in der heiligen Stadt 224 – Der Dschokhang 226 – Sera, Drepung und Ganden 230 – Zu Fuß nach Samye 234 – Samye, das älteste Kloster Tibets 237 – Das Fest Dorje Zhönnu 239

Frontispiz (Seite 2):
Der Zehnte Panchen Lama vollzieht ein rituelles Feueropfer in seinem Stammkloster Tashilhunpo. Es soll den Menschen des Landes Wohlergehen und Frieden sichern. Bei dieser komplizierten Zeremonie visualisiert der Lama die jeweilige Gottheit, der das

Kapitel 11
Quer durch Tibet 244

Über den Yamdrok Tso nach Gyantse 246 – Im Tal des Tsangpo westwärts 248 – Über den Transhimalaya 253 – Tschangthang, die Große Leere 255

Kapitel 12
Der heilige Berg Kailas 258

Parikrama, die rituelle Umwandlung des Kailas 262 – Manasarovar, See von Brahmas Geist 271 – Guge, das Wunder tibetischer Kultur 273

Anhang

Der Dalai Lama im Gespräch 278

Literaturhinweise 285 – Register 287 – Bildnachweis, Fotografische Hinweise, Dank, Impressum 288

Feueropfer geweiht ist. Die Holzscheite werden um eine auf den Boden gemalte achtblättrige Blüte geschichtet, deren Zentrum ein Dorje (Diamantenzepter) bildet. Der Lama sitzt hinter einer Mauer und gießt geschmolzene Butter in das heilige Feuer.

Amdo

Kapitel 1

Losar, tibetisches Neujahr in Labrang

Vorhergehende Bildseiten (9–13):

Dokpas, Bewohner der Einöden, heißen die tibetischen Nomaden. Sie leben in Zelten aus Yakhaar, die wie riesige schwarze Spinnen auf der Erde sitzen. Sie sind frei und stolz, und haben sich durch unerhörte Anpassung diesen kargen Lebensraum erobert. Gras und Wasser ist im wesentlichen alles, was sie vom Land brauchen, um mit ihren Yaks darauf leben zu können. In eisig kalten Wintermonaten ist selbst das nur spärlich vorhanden.

Kumbum Dschamba Ling ist eines der bedeutendsten Klöster Amdos. Hier wurde im Jahre 1357 Tsongkhapa geboren, der große tibetische Reformator und Begründer der Gelugpa, der Schule der Tugendhaften. Aus seinem langen Haupthaar, mit dem er bereits auf die Welt kam, ist ein Wunderbaum erwachsen, der heute unter einem riesigen silbernen Tschörten verborgen liegt. Der Reliquienschrein befindet sich im Goldenen Tempel, der als zentrales Heiligtum der Klosterstadt gilt.

Gesichter wie aus einer anderen Welt, mit offenen Blicken und einem Ausdruck von heiterem Losgelöstsein. Sie spiegeln das Leben in grenzenlosen Weiten wider, wo Himmel und Erde miteinander verschmelzen und das Maß der Zeit vom Lauf der Gestirne vorgegeben wird. Hier gibt es keine künstliche Trennung von Arbeit und Freizeit, Alltag und Religion – alles fließt ineinander, ist perfekte Harmonie.

Bildseite rechts:

Morgenstimmung im Kloster Labrang Tashi Kyil. Schon in aller Frühe kommen die Pilger, um das Heiligtum rechtsläufig zu umkreisen, während sie unausgesetzt Mani-Mantras murmeln und ihre Gebetszylinder in Rotation halten.

»Hunderte von weißleuchtenden Mönchszellen drängten sich unter mir zusammen; aus ihnen schauten hohe, bunt bemalte Bauten wie altassyrische Paläste herauf, und zahllose goldene Spitzen und Embleme glitzerten im Sonnenschein. Es war ein berückender Anblick.«

Albert Tafel

Der kostbare Schirm, eines der acht glückverheißenden Symbole. Er schützt vor negativen Einflüssen und geht auf Gaben zurück, die Buddha überreicht wurden, als er die Erleuchtung fand.

Vorhergehende Bildseiten (14–17):

Der Hauptgipfel des Amnye Machen (6282 m). Die ersten Europäer, die diesen Berg sahen, hielten ihn für höher als den Mount Everest, weil er so hoch über die Amdo-Berge hinausragt. Für die Tibeter spielt seine Höhe keine Rolle, ihnen gilt sein Eispalast als Wohnsitz des Machen Pomra, der auf seinem Wunderpferd bisweilen herabreitet. In seinem Gletscherreich soll auch das Schwert des sagenhaften Königs Gesar versteckt sein. Pilgernde Nomaden haben ihre Zelte unweit des Gethung La aufgeschlagen, wo sich an einem Felsblock König Gesars Handabdruck zeigt.

Die ganze Natur wird zum Tempel, da bedarf es keiner Mauern, keiner Bildnisse mehr, in Tibet sind Berge die gewaltigsten Heiligtümer. Einer davon ist der Amnye Machen in der Provinz Amdo. Tausende umwandeln alljährlich den Sockel des Berges, der als Sitz des Machen Pomra gilt, des mächtigen Schutzherrn der Golok-Nomaden. Zu seinen Füßen hat sich ein Lama niedergelassen, um mit seinen Schülern eine puja (Andacht) für den Berggott zu zelebrieren.

»Noch schöner aber war die heitere Losgelöstheit der Stunden, wo ich mich in die Gedankenwelt der alten buddhistischen Weisen vertiefte.«
Alexandra David-Néel

Nur langsam kriecht die Morgendämmerung das Tal hinauf und verdrängt die letzten Schatten der Nacht. Wie Wächter stehen die dunklen Berggestalten da, jäh ragen sie aus dem Talgrund auf; steile, spärlich bewaldete Rücken, die oben in gerundete Formen übergehen. Hinter blaßgrauem Dunst tauchen mächtige Gebäude auf, denen filigran geschwungene Dächer aufgesetzt sind, die sich als Silhouetten abzeichnen. Von Minute zu Minute treten die Formen plastischer hervor, und dem staunenden Auge des Betrachters enthüllt sich ein ganzer Kosmos ineinanderverschachtelter Bauten, von denen manche mehrere Stockwerke hoch sind. Immer stärker heben sich die roten und weißen Mauern vom dunklen Bergmassiv ab, an dem sie wie hingestreut ruhen. Bleiern schwer hängt der Nachtfrost noch im Tal, alles Leben darunter scheint erstarrt. Ein Wintermorgen in Labrang.

Noch ist alles ruhig, fast unwirklich lastet die Stille über der riesigen Klosterstadt. Überall in den engen, verwinkelten Gassen und in den Türnischen liegen Hunde zu Knäuel zusammengerollt. Alles scheint noch tief zu schlummern.

Plötzlich durchbricht ein langgezogenes Hornsignal die Stille, ein Laut wie aus einer anderen Welt schmettert hernieder, brandet wie eine Woge über das Kloster hinweg und verschafft sich Einlaß in jede Kammer. Dann ist es wieder ruhig. Minuten vergehen, Minuten gespannter Stille. Da erhebt sich abermals der mächtige Ruf, noch eindringlicher, noch fordernder als beim ersten Mal, als gelte es eine verschlüsselte Botschaft dem Eingeweihten zuzutragen.

Kaum ist der letzte Ton verhallt, erwacht die Klosterstadt. Hinter Mauern hört man emsiges Hantieren, gedämpfte Stimmen dringen ins Freie, da und dort knarrt eine hölzerne Tür, und in den Gassen wird es lebendig. In dunkelrote Mäntel gehüllte Gestalten, gelbe Raupenhelme unter den Arm geklemmt, huschen mit schlurfenden Schritten vorbei. In aller Eile wird die Morgentoilette am Wegesrand verrichtet, während andere mit weißem Kalk noch schnell ein paar Symbole in den Straßenstaub zeichnen: eine Muschel, einen Lotos oder den unendlichen Knoten – buddhistische Glückszeichen, wie man sie in Tibet überall findet. Dann setzen sie ihren Weg hastig fort, reihen sich ein in den Zug der Mönche, die alle einem gemeinsamen Ziel zustreben: dem Tschogtschen Dukhang, der von 165 Säulen getragenen großen Gebets- und Versammlungshalle.

Einer nach dem anderen zieht seine Stiefel aus und verschwindet hinter dem schweren Vorhang, der den Seiteneingang verschließt. Bald darauf hebt der Chor der Mönche an. Mit tiefen Baßtönen werden die heiligen Texte des Kanjur rezitiert, begleitet vom dumpfen Klang der Trommeln und Pauken. In endlosen Wiederholungen gleicher Rhythmen und Töne fließt die Musik dahin und erzeugt eine eigentümliche Stimmung, jene Atmosphäre von Erhabenheit und Kontinuität, die einen wie ein Sog packt, in die man unwillkürlich einschwingt.

Tschogtschen Dukhang, die Große Versammlungshalle des Klosters Labrang. Es wurde während der Kulturrevolution zur Hälfte zerstört, hat sich aber in den letzten Jahren gut entwickelt und ist heute eines der größten Klöster Tibets. Die »offizielle« Zahl der Mönche, die hier geduldet werden, beträgt 600–700, aber in Wirklichkeit sind es mehr als 2000 Lamas, die in und um die Klosterstadt leben.

Gleichzeitig setzt der Pilgerstrom ein. Trotz der klirrenden Winterkälte treibt es die Tibeter aus ihren Häusern und Quartieren. In Scharen ziehen sie die breite Einfallstraße zum Kloster hinauf und versammeln sich am Ufer des halb zugefrorenen Flüßchens Sangchu, dort wo der Rundweg um das Heiligtum mit einer unendlich langen Reihe mannshoher Gebetszylinder seinen Anfang nimmt. Alle haben sich mit ihren saubersten und kostbarsten Gewändern herausgeputzt, besonders die Frauen und Mädchen imponieren mit kiloschwerem Schmuck aus Silber, Korallen und Türkisen. Die Festtracht besteht aus einem knöchellangen Mantel, der in der Mitte mit einem kunstvoll bestickten Gürtel zusammengehalten wird. Saum und Kragen sind mit Pelzen verbrämt. Jeder hat seine Gebetsschnur in der Hand, manche zusätzlich noch einen kleinen Gebetszylinder, und auf der Brust baumelt ein schmuckes Amulettkästchen mit dem persönlichen Yidam, der Schutzgottheit, die jeder Tibeter hat. Aus zahllosen Kehlen klingt unausgesetzt, halb murmelnd, halb singend, *om mani padme hum*, »oh, du Juwel in der Lotosblüte«, das älteste Gebet, das die Tibeter kennen.

Als die ersten Sonnenstrahlen die goldenen Dächer des Klosters treffen, werfen sich alle wie auf ein geheimes Kommando nieder und berühren mit der Stirn die Erde. So beginnt Losar, das größte Fest der Tibeter – das Neujahrsfest – im tibetischen königlichen Jahr 2118 (1991).

Nachdem die Gläubigen auf diese Weise den Sonnenaufgang und damit das beginnende neue Jahr begrüßt haben, betreten sie den breiten Weg, der das Kloster wie ein Ring umschließt. Runde um Runde wird der magische Kreis beschritten, werden Reliquienschreine umkreist und die großen Gebetszylinder zu Dutzenden in Rotation versetzt. Manche bewegen sich nicht aufrecht gehend,

»Stark duftenden Weihrauchgeruch trug der Wind mir zu, und bange Stille herrschte überall, und nur dann und wann wurde die Ruhe, der lamaistische Klosterfrieden, durch das Heulen einer Dungba-Posaune wie durch einen Sirenenlaut unterbrochen.«

Albert Tafel

»Früher hielten die Völker des *Landes des Schnees* Ngari für die bedeutendste Gegend. Aber seit der Geburt des Tsongkhapa wird Amdo das Reich des Wissens genannt.«

Tibetischer Text

Zu Beginn des tibetischen Neujahrs versammeln sich die Gläubigen vor der Residenz des Labrang Rimpotsche, um seinen Segen zu erhalten. Alle haben ihre schönsten und saubersten Gewänder angelegt, sie halten Geschenke und Khadaks, weiße Seidenschals, in den Händen. Auf den Boden sind buddhistische Glückssymbole gemalt.

sondern sich ständig niederwerfend, die gesamte Wegstrecke mit der eigenen Körperlänge ausmessend. Sie verrichten damit den Fußfall, den demutsvollen Weg der acht Berührungspunkte, ein Akt äußerster Hingabe und höchster physischer Kraftanstrengung.

Fünfzehn Tage währt Losar, und fünfzehn Tage lang reißt der Strom der Pilger, die die Heiligtümer wie Satelliten umkreisen, nicht mehr ab. Denn Labrang ist nicht irgendein Kloster, es ist in ganz Tibet berühmt und zählt zu den bedeutendsten Kultstätten der Gelugpa, der Gemeinschaft der Gelbmützen.

Indessen hat sich auch vor der Residenz des Labrang Rimpotsche, der Inkarnation von Dschamyang Zhepa, dem Gründer des Klosters, eine Menschenmenge eingefunden. Mönche und Laien, die oft von weit her angereist sind, wollen von der hohen Wiedergeburt den Segen erhalten. Keiner steht mit leeren Händen da. Viele haben beachtliche Geschenke in Form von Naturalien dabei, alle entfalten einen weißen Khadak, einen seidenen Schal, der bei solchen Gelegenheiten unerläßlich ist. Geduldig warten die Gläubigen im Innenhof der Residenz auf die Ankunft des Rimpotsche. Er kommt von der großen Versammlungshalle her, wo er der Morgenandacht der Lamas beiwohnte. Als er auf seinem Thronsessel Platz genommen hat, ziehen die Tibeter in einer langen Schlange an ihm vorbei, deponieren die mitgeführten Geschenke, verneigen sich tief vor dem Klosterabt, der sich leicht vorbeugt und jedem einzelnen seinen weißen Glücksschal um den Hals legt.

Das mönchische Jungvolk dagegen gibt sich weit profanerer Tätigkeit hin. So wie die Buben hierzulande, finden auch sie am Ballsport Gefallen. Kaum ist die Morgenandacht zu Ende gegangen, stürzen alle aus den geheiligten Hallen ins Freie hinaus; schnell ist ein Ball zur Stelle und der Platz vor dem Tschogtschen Dukhang wird zum Spielfeld. Aber auch das ist typisch für den lamaistischen Klerus beziehungsweise für den Tibeter im allgemeinen. Die ungezügelte Lebensfreude wird nicht amputiert, kein künstliches Verhalten aufgezwungen. Auf die Anspannung und Konzentration des morgendlichen Ritus folgt nun die Entspannung. Unter ausgelassenem Geschrei und Gejohle wird der Ball in die Höhe geschleudert, und jeder versucht das herabfallende Leder zu ergattern.

Daß es dabei nicht gerade zimperlich zugeht und die Mönche einen beträchtlichen Ehrgeiz entwickeln, konnte ich am eigenen Körper bald schmerzlich erfahren. Als der Ball einmal in meine Hände fällt, stürzt sofort die dunkelrote Masse auf mich los, um mir den Ball zu entreißen. Dabei versetzt mir einer der Mönche einen solchen Hieb in die Rippen, daß mir für Augenblicke die Luft wegbleibt und ich noch tagelang bei jedem tiefen Atemzug an das fröhliche Ballspiel erinnert werde.

Während der ersten Tage im Losar stehen keine großen Zeremonien an und die meisten der ordinierten Lamas sind mit den Vorbereitungen für die kultischen Höhepunkte beschäftigt, die alle gegen Ende des Festes stattfinden. Nur die Trapas, die Mönchsschüler, versammeln sich weiterhin täglich zu den morgendlichen Rezitationen. Die Laien feiern in diesen Tagen im Kreise ihrer Familien und Verwandten. Überall in den Häusern sind auf niederen Tischen ganze Buffets aufgebaut. Unmengen an Yak- und Schaffleisch werden verzehrt, dazu gibt es *Momos,* gefüllte Teigtaschen, allerlei Backwerk und Süßigkeiten, und natürlich den nahrhaften gesalzenen Buttertee, das Nationalgetränk der Tibeter.

Dschamyang Zhepa der legendäre Klostergründer

Das Kloster Labrang liegt an der nordöstlichen Grenze des tibetanischen Kultur- und Lebensraumes. Seine Entstehung verdankt das Kloster dem buddhistischen Gelehrten und Denker Dschamyang Zhepa. Dieser wurde als Sohn einer armen Nomadenfamilie im Jahre 1648 in der Nähe des jetzigen Heiligtums geboren. Schon in jungen Jahren verließ er seine Eltern und zog nach Lhasa. Dort trat er bald als Novize in das Kloster Drepung ein. Seine ungewöhnliche Begabung wurde schnell offenkundig und fesselte sogar die Aufmerksamkeit des Dalai Lama, des »Großen Fünften«, der den Jüngling förderte. Er war in seiner geistigen Entwicklung bald so weit, daß er imstande war neue Lehrbücher zu verfassen, die die alten ersetzten. Schließlich stieg er zum »Rektor« der Klosteruniversität Drepung auf und trug dazu bei, daß diese in der gesamten buddhistischen Welt zu höchstem Ansehen gelangte. Erst als Greis

»Tausend Wegchen und Pfade streben vom Kloster Labrang ins Tsaoti hinein, durch tausend Fäden ist die mächtige und reiche Lamaresidenz mit den wilden Horden der Steppe verknüpft. Hinunter nach China aber gibt es nur eine einzige Straße. Diese folgt dem gewundenen Laufe des Flusses Sangchu, an dem das Kloster erbaut ist.«

Albert Tafel

Nach der Konzentration und Anspannung beim Rezitieren aus den heiligen Schriften suchen die Mönche Entspannung im Ballspiel.

Das Kloster Labrang Tashi Kyil von 1950 nach einer Aufnahme von Joseph Rock.

kehrte der berühmte Gelehrte in seine Heimat zurück, wo er als Einsiedler die letzten Jahre seines Lebens zu verbringen gedachte. In der Einsamkeit dieser idyllischen Landschaft und umgeben von Wanderhirten gelang es ihm, seine Erkenntnisse und sein Wissen zu einem Lehrgebäude auszubauen und niederzuschreiben. Auf Betreiben des lokalen Fürsten, der auch ein Stück Land zur Verfügung stellte, gründete der »Allwissende, der selbst dem Gott der Weisheit ein Lächeln abzwingt« – wie ihn das Volk ehrfürchtig nannte –, im Jahre 1710 ein Kloster. Es erhielt den Namen Labrang, das »Haus des Lama«. Zuerst wurde die Residenz des Gelehrten errichtet, ringsum entstanden allmählich weitere Gebäude und Mönchswohnungen. Noch ehe das Kloster sich vollständig entwickelt hatte, starb Dschamyang Zhepa im Jahre 1722. Unter seinen Nachfolgern, die als Inkarnationen des Gründers galten, gewann Labrang immer größere Bedeutung und wuchs zu jener eindrucksvollen Klosterstadt, wie sie im wesentlichen noch heute existiert.

Das Kloster hat im Laufe der Geschichte bis in die jüngste Vergangenheit hinein alle politischen Wirren ohne größere Zerstörungen und Plünderungen überstanden. Mehr als 500 gut ausgerüstete

Mönchssoldaten standen ständig zum Schutz bereit. Noch vor hundert Jahren bewohnten mehr als 3000 Lamas die riesige Klosterstadt. Erst die chinesische Annexion Tibets und die Unterdrückung der Religion während der letzten Jahrzehnte erzwang einschneidende Veränderungen. Die Zahl der Mönche wurde auf rund 600 reduziert, die Lehrtätigkeit ist nach wie vor eingeschränkt. Wie zum Hohn haben die Chinesen mitten durch den Klosterkomplex eine breite Autostraße gezogen. Aus der einstigen kleinen chinesischen Kommune, die zwischen Marktplatz und Klosterbezirk lag, ist durch chinesische Zusiedlung eine Stadt geworden, die mit ihrer seelenlosen Fast-Food-Architektur das Heiligtum hart bedrängt. Noch aber pilgern die Dokpas, die »Bewohner der Einöden«, die Nomaden Amdos hierher, noch drehen sich die Gebetszylinder, noch versammeln sich die Mönche und noch macht Labrang nicht den musealen Eindruck wie andere große Klöster Tibets. Nur wie lange noch?

Milarepa, einer der Begründer der Karmapa-Schule, gilt als Tibets großer Yogi und Dichter. Er suchte die Befreiung in der extremsten Form der Askese und vervollkommnete seine geistigen Fähigkeiten in der Einsamkeit der tibetischen Bergwelt. In seinen »Hunderttausend Gesängen«, die er der Nachwelt hinterließ, verherrlicht er das Leben in der Weltabgeschiedenheit. Die vergoldete Figur mit dem befreit-entrückten Lächeln befindet sich im Privatbesitz von Dr. Beat Curti.

Das Milarepa Tscham

Losar, der feierliche Jahresbeginn, ist nicht das einzige Fest das im Kloster begangen wird. In ganz Osttibet berühmt ist die Inszenierung des Milarepa Tscham, ein Tanzspiel, das im Sommer stattfindet. Milarepa lebte im elften Jahrhundert, er durchstreifte als Wanderasket die Berge Westtibets und des Himalaya und vermittelte der Nachwelt seine Lebensweisheit in Form von Gesängen. Im August 1905 wurde der Burjate Baradjin Zeuge einer solchen Aufführung und ihm verdanken wir einen detaillierten Bericht darüber, den ich hier auszugsweise wiedergebe.

Die in Labrang inszenierte Form des Milarepa Tscham ist eine glückliche Verquickung von Tanz und volkstümlichem Theater, in dem aktuelle Geschehnisse des vergangenen Klosterjahres persifliert werden. Das Tanzspiel beginnt mit dem Erscheinen von Milarepa selbst. Der Weise ist mit einer langen Robe bekleidet und trägt eine spitze Mütze. Er schreitet würdevoll den Tanzplatz ab, setzt sich und versinkt in tiefes Nachdenken. Dann nähern sich zwei Männer, heftig diskutierend, dem Schauplatz. Sie sind als Greise verkleidet, in grobe Tierfelle gehüllt, mit Pfeilen und Bogen bewaffnet.

»Gonpo dordsche, Gonpo dordsche«, ruft das versammelte Volk, als es die beiden erkennt. Die Greise gleichen sich wie ein Ei dem anderen. Aus dramaturgischen Gründen läßt der Regisseur den beliebten Volkshelden doppelt auftreten. Bereitwillig machen die Zuschauer Platz, um die beiden auf den Tanzplatz zu lassen. Alle Tibeter kennen die rührige Geschichte von Milarepa und dem rauhen Jäger Gonpo Dordsche: Einst flüchteten zwei Rehe in Milarepas Arme, der vor seiner Höhle saß. Verfolgt wurden die Tiere von einem Jäger, der mit Bogen, Köcher und Pfeilen bewaffnet war. Als der Jäger den Einsiedler erblickte, herrschte er ihn an und drohte ihm mit seinen Waffen. Milarepa aber blieb unerschrocken sitzen und stimmte einen seiner berühmten Gesänge an. Ergriffen lauschte der Jäger dem Lied, und eine wundersame Wandlung trat ein. Er warf Pfeil und Bogen fort, ließ sich zu Füßen des Heiligen niederfallen und wurde von diesem Augenblick an sein Schüler.

In der Zwischenzeit haben die beiden Maskierten die Mitte des Tanzplatzes erreicht, und nachdem sie Milarepa ihre Ehrerbietung erwiesen haben, beginnen sie mit lauter Stimme ihre Dialoge, während sie unentwegt auf- und abschreiten. Die versammelten Zuschauer hängen förmlich an ihren Lippen, jedes Wort ist wichtig, keiner will sich etwas vom Gesprochenen entgehen lassen. Denn nun werden mit versteckter Ironie, gekonnter Satire, Mißstände und Verfehlungen im Kloster aufs Korn genommen. Das herbeigeströmte Volk kommt voll auf seine Rechnung. Immer wieder gibt es spontanen Beifall oder wieherndes Gelächter, wenn ein Hieb besonders gut sitzt. Das Milarepa Tscham dauert Stunden und die Sonne ist längst untergegangen, als die Zuschauer, zufrieden mit der Darbietung, abziehen und sich wieder in alle Himmelsrichtungen zerstreuen.

Das Fest Nifudun-Tschü-Zung-Tschü

Von einer ganz anderen Feierlichkeit Labrangs berichtet der Russe Kozlov, der sich im Jahre 1909 für einige Zeit im Kloster aufgehalten hat. Er wurde Zeuge eines Festes mit dem Namen Nifudun-Tschü-Zung-Tschü, das alljährlich zum Sterbetag des Klostergründers stattfinden soll. Die Zeremonie dauert zwei Tage. Am ersten Tag wurde eine Art menschlicher Sündenbock ausgetrieben. Ein Lama nahm diese Rolle freiwillig auf sich. Der Büßer war dabei in ein nach außen gekehrtes Fell gekleidet, sein Gesicht hatte er zur Hälfte schwarz und zur anderen Hälfte weiß bemalt und in der rechten Hand schwang er eine große Haarquaste. Ihm zur Seite schritt ein Gefährte, der auf dem Rücken einen Sack trug, aus dem chinesische Münzen, wie aus einem Füllhorn herausfielen. Unter wildem Geschrei und begleitet von Gewehrschüssen wurde die seltsame Gestalt aus dem Kloster getrieben. In dem Augenblick, als die Prozession das Ende der Mauern erreichte, wurde im Kloster eine Riesenfigur in Brand gesteckt. Der als Sündenbock verkleidete Mönch jedoch verschwand eilig hinter den Hügeln. Für sein Opfer erhielt er eine beträchtliche Abfindung, aber er durfte nie mehr wieder dieses Kloster betreten. Wahrscheinlich wurde dieser Brauch aus Lhasa übernommen, denn dort gibt es im Zuge des »Großen Gebetsfestes« Mönlam ein ganz ähnliches Ritual.
Kozlov und seine Begleiter hätten beinahe das Schicksal des Sündenbockes geteilt, aber ohne fürstliche Abfindung. Denn als die Schar der wilden Steppenbewohner der Europäer ansichtig wurde, versuchten sie diese ebenfalls zu verjagen. Ein Steinhagel ging auf die Fremden nieder, und es gelang ihnen gerade noch rechtzeitig, sich vor dem aufgebrachten Volk ins Quartier zu retten.
Am nächsten Morgen fand dann das eigentliche Fest Nifudun-Tschü-Zung-Tschü statt. In einer pompösen Prozession, von Trommel- und Trompetenschall begleitet, wurden die heiligen Reliquien des Klosters, darunter ein goldenes tibetisches Gebetbuch, durch die Gassen getragen. Danach zerstreute sich das angereiste Pilgervolk im Nu.

Die Pilger kommen

Losar indessen nimmt seinen Fortgang, von Tag zu Tag rückt der Höhepunkt unaufhaltsam näher. Die Zahl der Mönche nimmt täg-

Den östlichen Eckpfeiler der Klosterstadt bildet ein weißer Tschörten, ein Reliquienschrein, den Gläubige den ganzen Tag über im Uhrzeigersinn umwandeln.

Viele Mönche, die zu den Losar-Feierlichkeiten erschienen sind, finden keinen Platz im Kloster und wohnen deshalb in Zelten. Diese sind im Gegensatz zu den Nomadenzelten aus weißem Baumwollstoff genäht und mit himmelblauen Glückszeichen bemalt.

lich zu. Sie kommen aus kleinen Klöstern der näheren Umgebung. Nicht alle finden im Kloster Platz und so entsteht am Ufer des Sangchu allmählich eine Zeltstadt. Die blendend weißen Zelte der Geistlichkeit mit ihren blauen Glückssymbolen heben sich markant von den schwarzen spinnenartigen Yakhaarzelten ab, die die herbeigepilgerten Nomaden aufstellen. Auch die Zahl der Lamas steigt, die an den täglichen Rezitationen in der Säulenhalle des Tschogtschen Dukhang teilnehmen. Vom rhythmischen Schlag der Trommeln begleitet und in regelmäßigen Abständen vom schrillen Klang der Trompeten, Posaunen, Tschinellen und alphornartigen Instrumente durchbrochen, wogt der Gesang der Mönche dahin. Draußen, am Fuße der Treppen, die zur Säulenhalle hinaufführen, lagern die Gläubigen und warten auf das Ende der Zeremonie. Mit dem letzten Paukenschlag öffnet sich das Flügeltor und ein paar Lamas treten heraus, die nun geweihtes Wasser über die gebeugten Häupter der Pilger sprengen. Manche versuchen etwas von der kostbaren Flüssigkeit in mitgebrachten Schalen oder Plastiktüten aufzufangen, um es dann mit nach Hause zu nehmen, damit es auch dort seine segensreiche Wirkung entfaltet.

In Scharen wallen nun die Pilger heran. Die meisten kommen das Tal des Sangchu herauf, ziehen über die breite Straße durch die häßliche Neustadt und tauchen in den tibetischen Häusern unter, die an den Berghängen kleben, oder stellen ein Zelt im flachen Talgrund oberhalb des Klosters auf. Es ist ein wahrhaft seltsames und farbenprächtiges Völkchen, das sich hier ein Stelldichein gibt. Da kommen die Söhne und Töchter der Steppe auf Pferden und Yaks dahergeritten, in dicke Fellmäntel eingehüllt und mit pelzverbrämten, bunt bestickten Kopfbedeckungen. Die Nomadenfrauen tragen das Haar zu feinen Zöpfen geflochten, die ihnen wie ein Vorhang über den Rücken fallen. Die an sich schon kunstvolle Haartracht wird noch zusätzlich mit allerlei Schmucksteinen – wie geschliffenen roten Korallen, Türkisen – und feinen Silberarbeiten verziert und mit bunten Troddeln und Quasten abgeschlossen. Auch Kham-Tibeter, die den weiten Weg von Süden heraufgekommen sind, kann man erblicken. Sie unterscheiden sich in bezug auf Frisur und Kleidung deutlich von den Amdo-Nomaden, die die Mehrheit der Pilger ausmachen.

Alle profane Geschäftigkeit erlischt, selbst die laute Krämerseele schweigt, und die Marktbuden, die sich entlang der Einfallstraße drängen, bleiben fest verschlossen. Den ganzen Tag über ziehen nun die Pilgerscharen ihre Runden, schreiten von Heiligtum zu Heiligtum, opfern den darin thronenden Buddhas und Heiligen seidene Khadaks, Butter, Gerste und bisweilen auch Geld. Überall entlang des Rundweges hört man das Knarren rotierender Gebetszylinder, und der Wohlgeruch von verbranntem Reisig läßt eine Atmosphäre entstehen, die auch den höheren Wesen gefällig sein soll.

Ein Bild aus einer Zeit, als die Welt der Tibeter noch in Ordnung war – ohne Chinesen. Es zeigt die alte Einheit des Klosters Labrang, gesehen und fotografiert von Alexandra David-Néel.

Aber ich fürchte, das reicht nicht aus, um zu verhindern, daß die Götter Labrang verlassen. Verloren ist die Harmonie, zerstört die Einheit des Klosters. Die Bilderstürmer der Kulturrevolution haben auch Labrang nicht verschont, wenngleich die Spuren sorgfältig beseitigt wurden. Aber man braucht nur einmal alte Fotos zu betrachten, dann wird man sehen, daß einige Gebäude gänzlich verschwunden sind, andere durch neue ersetzt und der Klosterkomplex wie durch einen Hieb in zwei Teile gespalten wurde. Die einfachen Gläubigen, die die Masse der Pilger ausmachen, scheint das in diesen Augenblicken wenig zu bekümmern. Ihr Glaube ist davon nicht berührt, bleibt unerschütterlich. Für sie zählt nur das Hier und Jetzt. Sie vermögen sich ganz der Gegenwart hinzugeben und uneingeschränkt die Freude und das Glücksgefühl zu leben, das ihre Herzen beherrscht, an diesem vergöttertem Ort das neue Jahr beginnen zu können.

Ein Riesen-Thangka wird entrollt

»Es ist ein Zentrum für religiöse Aufklärung und alle Verwaltungsangelegenheiten des Amdo-Plateaus. Hier finden sich aus allen Himmelsrichtungen Vertreter der Volksstämme zusammen, hier trifft der Reisende Tanguten, Ngolok, Tibeter und Mongolen als Pilger sowie Dunganen und Chinesen. Die Pilger stellen ein sehr buntes Völkergemisch dar, das sich besonders durch seine vielfarbigen, zuweilen sehr anmutigen Trachten von den Chinesen und Dunganen vorteilhaft abhebt.«

Pietr K. Kozlov

Es ist der dreizehnte Tag des ersten Monats im tibetischen Kalender. Kaum ist die Sonne aufgegangen und hat die goldenen Dächer der Haupttempel entflammt, da versammeln sich schon die Gläubigen auf dem gegenüberliegenden Berghang. Sie scharen sich um ein riesiges, mit Pflastersteinen ausgelegtes Rechteck. Die besten Plätze sind im Nu belegt, denn von dort hat man nicht nur einen überwältigenden Blick auf die Gesamtheit des Klosters, sondern auch die nun beginnenden Aktivitäten können in allen Einzelheiten mitverfolgt werden.

Aus einem der Heiligtümer erschallt der Klang von Hörnern, Trompeten und Trommeln. Bald darauf öffnet sich die Pforte und eine Gruppe Mönchsmusiker tritt heraus, gefolgt von zwei riesigen Fabelwesen, die einem gestreiften Tiger noch am ähnlichsten sehen. Mehrere Männer sind nötig, um die überdimensionale Maske zu bewegen. Dahinter schließt ein Zug von Lamas an, die ein gut dreißig Meter langes, gerolltes Stoffbild – ein Thangka – auf den Schultern tragen. Nur sehr langsam bahnt sich die Prozession den Weg durch das Menschengewirr. Es herrscht ein unbeschreibliches Gedränge und Geschiebe. Jeder möchte das Rollbild einmal berühren. Hin und her windet sich der Zug der Mönche, die alle ihre gelben Raupenhelme aufgesetzt haben. Das Thangka auf ihren Schultern sieht wie eine riesenhafte Schlange aus. Endlich ist der obere Rand der gepflasterten Fläche erreicht und das Bild wird behutsam entrollt, aber noch nicht enthüllt. Noch verbirgt ein gelbes Tuch, das wie ein Vorhang herabfällt, das heilige Bildnis vor den Blicken der Zuschauer. Wieder ertönt dumpfer Trommelschlag. Begleitet von einer Ehreneskorte nähert sich der Labrang Rimpotsche dem Schauplatz. Auch er erweist dem Bildnis seine Reverenz,

Losar, tibetisches Neujahr in Labrang KAPITEL 1   31

»Die Künstler spielten unbeschreiblich zarte Weisen, es waren Pastorale, es war Sphärenmusik, und die unaufhörlichen Melodiewiederholungen, die von den Flöten in Terzen angeführt wurden, wirkten durchaus nicht ermüdend, langweilig, sondern beruhigend, besänftigend, lösend.«

Wilhelm Filchner

In eine Staubwolke eingehüllt und von der Menge fast erdrückt, bahnen sich die Mönche mit ihrer kostbaren Fracht den Weg. Der lange zusammengelegte Stoff auf ihren Schultern, der wie eine Schlange aussieht, ist ein Riesen-Thangka, ein Rollbild also, das am dreizehnten Tag des Neujahrsfestes gezeigt wird.

indem er sich davor tief verneigt. Dann opfert er einen weißen Khadak. Nun erst wird das schützende gelbe Tuch langsam entfernt und ein gigantisches Bild des Buddha Shakyamuni erscheint. Wie reife Ähren, in die der Wind hineinfährt, beugen sich die Häupter der Pilger. Die Mönche stimmen ein Gebet an, während der Rimpotsche geweihtes Wasser über ihre Köpfe versprizt. Danach begibt er sich zu einem vorbereiteten Thron, den ein gelbroter Schirm beschützt, und verfolgt den Maskentanz der Lamas.

Teil I Amdo

Tanz der Lamas

Der eigentliche Tag der rituellen Tänze ist jedoch der folgende, der vierzehnte im Losar. Der Begriff »Tanz« ist aber wenig geeignet, um das zu benennen, was die Tibeter als Tscham bezeichnen. Das Tscham ist viel mehr als nur Tanz. Es ist ein komplexes Mysterienspiel, das dem versammelten Volk so tiefgründige Weisheiten vermittelt wie die Lehre vom Bardo, dem sogenannten tibetischen Totenbuch. Außerdem ist das Tscham Geschichtsunterricht in lebendiger Form. So werden wichtige historische Ereignisse wie der Sieg des Buddhismus über die alte Bön-Religion als Maskenspiel aufgeführt.

Stundenlang und in ununterbrochener Abfolge treten historische Figuren, Gottheiten und furchteinflößende Wesen auf: die tanzenden Skelette und Herren des Leichenackers in ihren totenkopfähnlichen Masken, Hoshang, die Persiflage des chinesischen Fettbauchbuddha, der zähnefletschende, bluttriefende Yamantaka, der Herr des Todes, und sein illustres Gefolge. Die Masken könnten schrecklicher nicht sein. Solche Gestalten werden dem Gläubigen deshalb zu Lebzeiten immer wieder vorgeführt, damit er sich an sie gewöhnt, damit sie ihm keine Angst mehr einjagen. Denn solche Horrorfiguren können nach Ansicht der Tibeter dem Menschen in bestimmten

Vor dem entrollten Riesen-Thangka versammeln sich Mönche und Laien. Der Labrang Rimpotsche sitzt auf einem beschirmten Thron, umgeben von den höchsten Lamas, und beobachtet den rituellen Tanz.

Phasen des Sterbeprozesses erscheinen, und dann ist es wichtig, daß er vor ihnen keine Angst hat.

Da ist Padmasambhava oder Guru Rimpotsche, wie ihn die Tibeter nennen, der »kostbare Lehrer« aus Indien, der den Buddhismus im achten Jahrhundert nach Tibet brachte und die mächtigen Bön-Magier überwand.

Obwohl die meisten Zuschauer das Tscham bereits in allen Einzelheiten kennen, ist die Atmosphäre so gespannt, als wäre es alles andere als gewiß, wer im Kampf der buddhistischen Wesen gegen die Feinde der Religion triumphiert. Erst zum Schluß werden die unbezähmbaren Widersacher der Lehre in ein Torma, eine Teigpyramide, gebannt und vernichtet.

Der letzte Tag im Losar ist den Kunstwerken aus Butter gewidmet. In langer mühevoller Arbeit und bei eisiger Winterkälte haben geschickte Mönche Butterskulpturen hergestellt. Nun ist der Zeitpunkt gekommen, an dem sie vor der großen Säulenhalle zur Schau gestellt werden. Auf hölzernen Gerüsten werden die vergänglichen Werke dem Volke präsentiert. Die bemalten Buttergebilde zeigen die immer wiederkehrenden Motive. Die Heerscharen des buddhistischen Pantheons treten in den gewohnten Farben und Attributen in Erscheinung. Ganze Geschichten aus dem Leben Buddhas werden in filigranen Butterarrangements erzählt. Nur für wenige Stunden sind die Kunstwerke zu bestaunen, dann werden sie der Natur ihrer Vergänglichkeit überantwortet. Das Butterfest ist eigentlich Domäne eines Klosters, das weiter westlich liegt. Es heißt Kumbum Dschamba Ling. Unser nächstes Ziel!

Der Weg von Labrang nach Kumbum führt durch ein Gebiet, wo die Tibeter mit Völkern koexistieren – wie die Salar –, die den islamischen Glauben angenommen haben. Das Tal des Sangchu, dem wir zunächst abwärts folgen, ist noch überwiegend tibetisch besiedelt. Die kleinen Bauerndörfer mit den weißgekalkten Häuserwürfeln drängen sich an den flachen Lößablagerungen der Talsohle. Die Häuser kleben förmlich aneinander, damit so wenig wie möglich des kultivierbaren Bodens verlorengeht. Kahl liegen die terrassenartig angelegten Felder da, der trockene tibetische Winter kennt kaum Schnee. Braun ist die dominierende Farbe, braun sind Felder, die Weiden und die Berghänge, die steil aus dem Talgrund aufragen. Erst ganz oben flachen die Berge ab, laufen in gerundete Formen aus, auf denen Yaks und Schafe grasen. Alle Bäche, die aus engen Schluchten heraus dem Sangchu zuströmen, sind mit einer dicken Eisschicht überzogen.

Bald haben wir den Punkt erreicht, wo der Sangchu in den Taxia He mündet. Hier eröffnen sich zwei Wege; biegt man nach Süden ab, gelangt man in die Provinz Kham und danach ins Rote Becken Sichuans hinunter. Wählt man die nördliche Richtung, dann befindet man sich auf der Straße nach Lanzhou, der Hauptstadt von Gansu.

Am letzten Tag des Neujahrsfestes werden Figuren und Gebilde aus Butter gezeigt, die die Mönche in wochenlanger Arbeit hergestellt haben. Die feinen Werke aus Yakbutter sind nur für ein paar Stunden zu besichtigen, dann werden sie der Vergänglichkeit überantwortet.

Wir folgen zunächst dieser Straße, die entlang dem rechten Ufer des Taxia He führt. Nach wenigen Kilometern erscheint linker Hand die Gelbmützen-Lamaserei Hor Gompa. Das Kloster liegt auf einer kleinen Terrasse oberhalb des Flusses, und seine weißen Gebäude heben sich markant von dahinter aufragenden dunklen Bergrücken ab. Bald darauf tauchen die ersten größeren Dörfer der Mohammedaner auf. Sie sind schon aus der Ferne zu erkennen, denn stets überragt ein schlanker Turm mit geschwungenem chinesischen Ziegeldach die niedrigen Häuser. Der Turm ist nichts anderes als der lokale Typus des Minaretts, dessen Glockenschlag die Gläubigen regelmäßig zum Gebet ruft. Dann verlassen wir wieder die Hauptstraße, die weiter nach Linxia und schließlich Lanzhou führt, biegen ein in ein Tal, das in nordwestlicher Richtung verläuft und zum Paß Darja La hinaufleitet.

Bei tibetischen Bauern

»Starke und Schwache, Heiße und Laue, Bannerträger und Mitläufer, Eiferer und Parasiten – das gibt es überall, auch im Lamaismus Tibets. Aus meinen Erlebnissen und Gesprächen aber kann ich sagen, daß im tibetischen Mönchtum das Gute das Schlechte weit überwiegt. Es wäre ungerecht, hier von moralischer Zersetzung zu reden, aber es ist gerecht, viele gesunde Kräfte anzuerkennen. Die meisten Mönche, denen ich in Tibet begegnet bin, haben meine Achtung und Wertschätzung in vollem Maß.«

Wilhelm Filchner

Dahinter befinden sich wieder tibetische Dörfer. Sie gleichen vom äußeren Erscheinungsbild den Bauernsiedlungen rund um Labrang, aber die Bewohner scheinen einem ganz anderen Volksstamm anzugehören. Die Tibeter sind kein homogenes Volk, sondern ein Verband vieler verschiedener Stammesgruppen, die sich im Aussehen, in ihrer Kleidung und Lebensform bisweilen stark voneinander unterscheiden.

Auf der linken Seite des Flüßchens, dem wir von der Paßhöhe herab folgten, liegt das Dorf Pilung. Ich hatte das Dorf und seine Bewohner vor ein paar Monaten besucht, als ich nach der Besteigung des Amnye Machen hier vorbei kam. Damals, es war Ende September, waren die Dörfler gerade damit beschäftigt, die Gerstenernte einzubringen. Oberhalb des Dorfes wurde auf einer Terrasse das Getreide gedroschen. Dabei jauchzten und sangen die Tibeter, daß es an den gegenüberliegenden Wänden widerhallte. Eine Zeitlang schauten wir fasziniert dem Treiben zu – wann wird denn bei uns noch bei der Arbeit gesungen? Und als die Tibeter uns entdeckten, riefen sie nur noch lauter und bedeuteten uns mit wild gestikulierenden Armen, in ihr Dorf zu kommen.

Unsere Ankunft löste ein kaum beschreibbares Szenarium aus; von allen Seiten liefen die Leute herbei, stellten sich in langen Reihen vor uns auf und musterten uns mit unverhohlener Neugier. Vor allem die Kinder und Halbwüchsigen konnten sich kaum beruhigen, immer wieder stießen sie einander an, um sich gegenseitig auf neue kuriose Details aufmerksam zu machen, die sie an uns entdeckten. So seltsame Gestalten hatte das Dorf noch nie gesehen. Die wenigen Brocken Tibetisch, die ich wie einen Ball in die Runde warf, riefen schallendes Gelächter hervor. Frustriert versuchte ich es mit Chinesisch, das zeigte mehr Erfolg. Einer trat aus der Menge heraus und führte uns ins Dorf hinein. Wie auf ein Kommando öffnete sich die Menschenmauer, um uns durchzulassen, aber gleich dahinter drängte die Menge nach. An vorderster Front die Wagemutigsten unter den Halbwüchsigen, die bald alle natürliche Scheu verloren und für jeden Spaß zu gewinnen waren. Nachdem wir den Rundgang durch das Dorf absolviert und auch dem Dreschplatz einen Besuch abgestattet hatten, wurden wir von einem der Dorfhonoratioren zum Tee geladen. Beim Abschied wechselte noch rasch ein Dalai-Lama-Bild den Besitzer, das sofort einen Ehrenplatz auf dem Hausaltar erhielt.

Nun bin ich zum zweitenmal hier, diesmal mitten im Winter. Die von 86 Familien bewohnte Siedlung liegt verschlafen da, und erst unser Eintreffen bringt Unruhe in die beschauliche Stille. Einige haben mich sofort erkannt, andere erkennen sich selbst auf den Fotos, die ich als Geschenke mitgebracht habe. Bald finden wir uns in jenem Haus wieder, wo ich schon Monate zuvor so gastfreundlich aufgenommen worden war. Sofort wird ein Feuer in Gang gebracht

Nachdem die Ernte eingebracht ist, sind die Bewohner von Pilung tagelang damit beschäftigt das Getreide zu dreschen.

und der Teekessel darüber aufgesetzt. Wegen der allgemeinen Holzarmut heizt man ausschließlich mit getrocknetem Yakdung. Nach und nach treffen weitere Familienmitglieder und Verwandte ein.

Es fällt auf, daß nur mehr die Frauen und Mädchen die traditionelle Kleidungsform beibehalten, während die Männer und Buben den längst in China aus der Mode gekommenen Mao-Look tragen. Die Frauen sind durchwegs kleiner als die im Vergleich zu anderen tibetischen Stämmen schon kleinwüchsigen Männer und tragen das Haar zu zwei langen Zöpfen geflochten. Sie haben ungewöhnlich runde Gesichter und breite flache Nasen. Bekleidet sind die Frauen mit dem praktischen, knöchellangen Mantel der Tibeter, den ein Gürtel in der Mitte zusammenhält. Überlange Ärmel ersetzen im

Junge Frau aus dem Dorf Pilung. In Aussehen und Tracht unterscheiden sich die Tibeter dieser Grenzregion Amdos stark von den Nomadenstämmen und Zentraltibetern.

Winter die Handschuhe. Die knapp 500 Einwohner von Pilung – das gilt auch für die übrigen Dörfer dieses Tales – leben vom Anbau der Gerste und von der Viehwirtschaft. Im Durchschnitt besitzt hier eine Familie rund zwanzig Yaks. Die Familien sind durchwegs sehr groß; unsere Gastgeber beispielsweise haben sieben Kinder. Aber nicht alle leben mehr als Bauern. Einige der jüngeren Männer arbeiten in chinesischen Kommunen weiter unten im Tal.

Die religiöse Betreuung dieser Tibeter liegt in den Händen der Mönche von Gude Gompa. Das Kloster liegt nur wenige Kilometer flußabwärts und schmiegt sich an die linke Talseite. Es wurde vollkommen zerstört und erst vor ein paar Jahren neu aufgebaut. Der letzte Abt ist tot, seine Wiederverkörperung noch nicht gefunden.

Ich erinnere mich noch gut an meinen ersten Besuch. Das Haupttor war verschlossen, tiefer Frieden herrschte ringsum. Als ich auf der Suche nach einem offenen Seiteneingang gerade um die hohe Umfriedungsmauer biege, stehe ich plötzlich vor einem jungen Trapa, der gerade zwei volle Wasserkübel herbeischleppt. Der arme Lama läßt vor Schreck die Kübel fallen und rennt davon, als wäre ein leibhaftiger Dämon hinter ihm her. Aber es dauert nicht lange, da taucht er wieder auf, diesmal in Begleitung eines älteren Mönchs, und sie haben sich schnell von der Harmlosigkeit meiner Erscheinung überzeugt. Nach und nach gesellen sich weitere Lamas hinzu. Mit ausgesuchter Höflichkeit führen sie mich durchs Kloster und zeigen mir stolz die bescheidenen Reliquien, zu denen ich zu ihrer Freude ein Bild des Dalai Lama hinzufügen kann.

Die Mönche von Gude Gompa haben sich schnell vom »Schreck« unseres überraschenden Besuches erholt und stellen sich lachend einem Gruppenbild ohne Dame.

Bauerngehöft im Dorf Pilung. Die Siedlung markiert die äußerste Grenze des tibetischen Lebensraumes zu den moslemischen Salar.

Durch das Land der Salar

Je tiefer wir nun das Tal hinabfahren, desto rarer werden die tibetischen Dörfer. Nur noch selten sieht man bunte Gebetsfahnen auf den Dächern der Häuser im Wind flattern. Schließlich hören sie ganz auf und es gibt nur mehr Dörfer der Mohammedaner, genauer gesagt der Salar, auf deren größte Stadt wir zusteuern. Auch in der Landschaft tritt eine wundersame Wandlung ein. Die Berge werden niedriger, ja sie beginnen sich förmlich in ein bizarres Labyrinth aus kegelförmigen Hügeln aufzulösen. Sie bestehen aus Löß. Plötzlich stehen wir an einer Geländekante und tief unten fließt der Huang He, der Gelbe Fluß. Er hat sich in den Löß eingegraben. Dabei nimmt er ungeheure Mengen dieser Erde auf, die er auf seinem langen Weg zum Meer mitführt und die ihm auch die charakteristische, gelbbraune Farbe verleiht.

Nur ein kurzes Stück flußaufwärts liegt die Stadt Xunhua, das wirtschaftliche und kulturelle Zentrum des Salar-Volkes. Es ist Sonntag nachmittag in Xunhua. Sobald sich die Sonne dem westlichen Horizont zuneigt, füllen sich die Straßen mit schwarz gekleideten Männern. Sie tragen lange Bärte, lange schwarze Mäntel, schwarze Stiefel und weiße Schärpen um die Häupter geschlungen, deren Enden wie Schals den Rücken herabhängen. Die Gebetsstunde naht in der größten Moschee der Salar. Als wir dort ankommen,

Markt in Xunhua, dem Zentrum des moslemischen Salar-Volkes.

sind wir sofort von einer Menge ernst und ehrwürdig dreinblickender Männer umringt.

»Salam aleikum! Salam aleikum!« rufe ich ihnen zu.

»Salam aleikum!« schallt es mir im Chor zurück.

»Allah akhbar!« setze ich die Begrüßung fort.

»Allah akhbar!« wiederholen sie das Gesprochene, und ein Lächeln huscht über die bärtigen Gesichter.

In seinem Übermut erklärt unser chinesischer Begleiter, daß wir Moslems aus dem fernen Europa seien und gerne ihre Moschee besuchen würden. Kaum verkündet, werden wir auch schon aufgefordert, ihnen in das Innere der Gebetsstätte zu folgen. Ehe es uns richtig bewußt wird, auf was wir uns hier einlassen, haben wir schon automatisch die Schuhe abgestreift und finden uns inmitten der schwarzen Masse der Salar mit untergeschlagenen Beinen auf Teppichen sitzend. Jetzt erst dämmert uns, daß wir als »Ungläubige« dem Gebet beiwohnen und daß ein solcher Akt in anderen islamischen Ländern einem den Kopf kosten kann. Aber jetzt gibt es kein Zurück mehr, und zum Grübeln bleibt keine Zeit. Denn in diesem Augenblick erhebt der islamische Geistliche seine Stimme. Alle stehen auf, treten vor und füllen die ersten Reihen. Abermals ertönt die Stimme des Vorbeters, alle verneigen sich tief, dann richten sie sich wieder auf, fallen auf die Knie, beugen sich nach vorne und berühren mit der Stirn den Boden. So geht es auf und nieder, immer wieder. Ich bete und entschuldige mich insgeheim bei den toleranten Salar, daß sie uns diese Täuschung nicht übelnehmen mögen. Zuletzt wird noch mit offenen, nach innen gerichteten Handflächen ein Gebet gesprochen, dann erheben sich alle. Sie begleiten uns noch ein Stück des Weges, und wir scheiden in Frieden.

Am nächsten Tag setzen wir unseren Weg fort. Wir durchqueren

nun eine Märchenlandschaft aus Löß, die die Erosion zu seltsamen
Gebilden und Formen strukturiert hat. Dazwischen gibt es immer
wieder Bäche und kleine Oasen, die in allen Grüntönen schimmern
und einen herrlichen Kontrast zur rotbraun gefärbten Umgebung
bieten. Ein kleiner Paß führt uns in eine fruchtbare Hügelland-
schaft, in der überall kleine Bauerndörfer eingebettet liegen. Oft
führt die Straße mitten durch die Ortschaften, und die Bauern
haben ihr Getreide einfach auf die Straße gelegt, damit es von
durchfahrenden Fahrzeugen gedroschen wird.

Am Nachmittag erreichen wir das breite Tal des Xining He und
damit auch die Hauptstraße Lanzhou-Xining. Unweit der Stelle, wo
wir an den Xining-Fluß kommen, liegt das alte buddhistische Kloster Marsan-Lha. Es klebt förmlich an der steilen Konglomeratwand,
die sich vom Ufer des Flusses erhebt. Die Chinesen nennen das
Heiligtum, das heute verlassen daliegt, Paima Si, das »Kloster des
weißen Pferdes«. Knapp vor der Stadt Xining verlassen wir wieder
die Hauptstraße und geraten bald in ein völlig baumloses Hügelland,
das gänzlich mit schachbrettartigen Feldern überzogen ist.

Inmitten dieser lieblichen Landschaft liegt die häßliche chinesische
Stadt Huangzhong, die aus dem alten Mohammedanerdorf Lussar,
dem Marktort des Klosters Kumbum, erwachsen ist. Nichts deutet
hier auf die Gegenwart eines heiligen Ortes hin, und erst wenn man
die leicht ansteigende Straße, die Galerie der Marktbuden, hinauf-
fährt, werden die ersten Klosterbauten sichtbar. Das Kloster in
seiner ganzen Größe enthüllt sich vollends, wenn man am Platz vor
den acht weißen Tschörten angekommen ist. Den Weg zum Gästehaus finde ich leicht. Es ist das siebente Mal, daß ich nach Kumbum
komme, und in beinahe jedem Raum habe ich bereits gewohnt.

»Wir erfahren dauernd, wie die au-
genblickliche Gegenwart vorbei-
geht, die Zeit, die immer Jetzt ist.
Dies ist die Zeit unserer unmittelbaren Berührung mit der Welt, ein
kurzes, sich ständig wandelndes
Entschwinden, das immer durch ein
neues Jetzt ersetzt wird. In der li-
nearen Betrachtung ist Zeit gerichtet, eine Dauer, die uns von der Vergangenheit in die Zukunft trägt; die
Gegenwart fließt immer hinter uns
fort. In der nicht-linearen Betrachtung jedoch existiert die Gegenwart,
und nichts als die Gegenwart.«

Edward Pearce

Kapitel 2

Das Kloster Kumbum

»Wenn das lamaistische Asien zur Wallfahrt nach Kumbum aufbricht, wenn die Gläubigen aus ganz Tibet, aus der Mongolei, aus Westchina, aus dem Burjatenland und gar aus den Steppen der Wolga- und Donkalmüken heranwallen, dann steht im größten Kloster des Kuku Nor-Landes das glanzvollste Fest des Jahres dicht bevor, das Butterfest.«

Wilhelm Filchner

Figur des Tsongkhapa, des Begründers der Gelbmützen-Schule, im Kloster Kumbum Dschamba Ling.

Das Siegesbanner des Buddhismus symbolisiert den Triumph der Lehre über die Unwissenheit. Eines der acht Glückssymbole.

»Kumbum, das *Kloster der Hunderttausend Bilder*, ist das reichste und größte Kloster von Amdo, des Kuku Nor-Gebietes und Tsaidams. Es ist einer der heiligsten Plätze auf asiatischem Boden, bildet den Mittelpunkt buddhistischer Gelehrsamkeit und Anbetung und wird an Bedeutung nur von Lhasa, der buddhistischen Metropole selbst, übertroffen ... Die Hunderte von Lamas mit ihren braunroten Gewändern und das aus Tibet herbeigeströmte, die Phantasie anregende Volk, in farbenreichen, lebhaften Gruppen gelagert, dazu die vielen bunten Gebetswimpel und Fahnen geben Kumbum ein märchenhaftes Aussehen, das noch erhöht wird, wenn wir uns hinab in das Tälchen begeben, zu den Tempeln, wo der gespensterhafte Klang der Gongs und das gleichmäßige Gebet, aber auch melodische heilige Gesänge an unser Ohr dringen.«

Diese Zeilen stammen nicht aus der Feder eines der vielen flüchtigen Besucher des altehrwürdigen Klosters, sondern vom wohl besten abendländischen Kenner Kumbums, dem deutschen Forscher Wilhelm Filchner. Filchner hat sich im Jahre 1905, im Winter 1926/27 und im Frühjahr 1936 monatelang in der Klosterstadt aufgehalten und dabei nicht nur einen tiefen Einblick in das Leben der Mönche und den lamaistischen Kult gewonnen, sondern er wurde auch der Veränderungen gewahr, die das Kloster in diesem Zeitraum von dreißig Jahren durchmachte.

»Tausend Jahre sind vor ihm wie ein Tag«, mit diesem alttestamentarischen Spruch hat Filchner seine Eindrücke auf den Punkt gebracht. Dasein ist gelebte Religion. An dieser Grundsubstanz konnten auch die Wirren der Zeit nichts ändern. Jahrhundertelang schien es, als würde Tibet in einem Zustand »elastischer Starre«, in einem »plastischen Konservatismus« verharren. So jedenfalls war es bis vor kurzem, bis zum Jahre 1950. Dann traten Ereignisse ein, von deren Folgen auch Filchner bereits eine dumpfe Ahnung hatte, als er im Jahre 1954, im Vorwort einer Neuausgabe seines Tibet-Klassikers »Kumbum Dschamba Ling«, in tiefer Sorge um seine Lamafreunde schrieb: »Tausend Jahre sind hier wie ein Tag, sind es bis ›gestern‹ gewesen. Seit gestern freilich steht Tibet unter dem Begriff Zeit, genauer seit dem Herbst 1950. In diesem Herbst sind Mao Tse-tungs Truppen in Tibet einmarschiert. Sie haben das Danaergeschenk ›Zeit‹ mitgebracht, das heißt: den Wechsel, die Veränderung, den Fortschritt, nach oben oder unten. Wir wissen nicht, was ›morgen‹ in Tibet sein wird, wir wissen nur, daß die unumschränkte Priesterherrschaft dieses Reiches mit dem Einbruch Chinas zerbrochen ist. Ob morgen noch Gebete und Gesänge der hunderttausend Tibetermönche von den Bergklöstern herniederklingen und in den Tälern widerhallen, ob morgen noch Tschinellen und Tuben zum Butterfest in Kumbum rufen, ist morgen erst zu erkennen, denn hier entscheidet nicht das natürliche Gesetz des Lebens, sondern das unberechenbare Diktat der Macht.«

Wilhelm Filchner im Jahre 1903 unmittelbar vor dem Aufbruch zu seiner Expedition quer durch Amdo, ins Land der Golok und zu den Quellen des Gelben Flusses (Machu).

Dieses »morgen«, das Filchner hier in prophetischer Vorausahnung anspricht, ist heute Wirklichkeit; dieses »morgen« ist nun Gegenwart. Diese Gegenwart habe ich in den Jahren 1986—1991 im Zuge von sieben Aufenthalten kennengelernt, sie hat mein Kumbum-Bild geprägt, das ich nun zu skizzieren versuche.

Es ist sechs Uhr morgens. In der riesigen Klosterstadt ist es noch stockdunkel, kein Laut durchdringt die Stille. Die geschwungenen Dächer mit den vergoldeten Symbolen heben sich markant von der schwarzen Gebäudemasse ab und ragen als Silhouetten in den sternenfunkelnden Himmel hinein. Plötzlich steht eine Gestalt da, wie hingezaubert aufs Tempeldach. Nur schemenhaft zeichnet sich ein Mönch mit seinem wallenden Gewand ab. Jetzt setzt er ein Muschelhorn an den Mund und bläst mit voller Kraft hinein. Ein gleichmäßiger Klang entströmt dem seltsamen Instrument, brandet wie eine Woge über die Dächer und hallt von den gegenüberliegenden Talwänden wider. Dann ist es plötzlich wieder still. Minuten vergehen, Minuten beklemmender Stille. Jetzt hebt der Lama noch einmal das Horn, und wieder erschallt der fremdartige langgezogene Ton. Ein Klang, den man niemals mehr vergißt, wenn man ihn einmal vernommen hat. Es ist der Ruf, der die frommen Schläfer weckt. Kaum ist er verhallt, beginnt die Klosterstadt zu erwachen. Nach und nach gehen die ersten Lichter an, man hört schwere Tore knarrend und quietschend sich öffnen, in der Klosterküche wird Feuer gemacht. Noch ein drittes Mal ertönt das Muschelhorn, um auch die letzten Schläfer aus dem Schlummer zu holen und an ihr Tagewerk zu gemahnen. Aus dem Nichts ist die Gestalt am Klosterdach aufgetaucht, im Nichts ist sie wieder verschwunden. Statt dessen dringt aus einer der Kammern leise Musik, Glockenklang und Trommelschlag vereinigen sich zu einer zarten Melodie.

Mit einem Mal wird es in den gepflasterten Gassen lebendig. Dunkle Schatten huschen vorbei, tasten sich an weißen Mauern entlang. Wie von unsichtbaren Fäden gezogen, bewegen sich die Gestalten von allen Richtungen auf die große Gebets- und Versammlungshalle zu. Vor dem Eingang bleiben sie kurz stehen. Einige husten und räuspern sich lautstark, andere wickeln das Obergewand neu oder zupfen den Faltenmantel zurecht. Dann verschwindet einer nach dem anderen im dunklen Seiteneingang. Vor dem Haupteingang balgen sich ein paar Novizen. Knarrend werden die schweren Flügeltüren aufgestoßen, und die Mönchsschüler stürmen in den Innenhof. Alle versammeln sich vor dem Eingang zur großen Säulenhalle. Die Musik verstummt. Nun streifen die älteren Lamas ihr Schuhwerk ab, legen den gelben Raupenhelm auf die Schulter und treten ins spärlich beleuchtete Innere. Hier nehmen sie auf Teppichen Platz, die so angeordnet sind, daß sie sich in langen Reihen gegenübersitzen. Plötzlich wird die Flügeltür geschlossen. In wildem Geheul werfen sich die Novizen, die noch draußen sind, gegen die Tür und begehren Einlaß. Noch einmal wird das Tor für Augenblicke

»Tsongkhapas Ruhm liegt in seinen Reformen. Er war sein Leben lang nichts anderes als der einfache Abt des Klosters ›Freuden-Voll‹ (Ganden). Er war nicht süchtig nach Ehre und Macht, aber er war begierig, das Wahre vom Falschen zu trennen, das Reine vom Unreinen, das Sein vom Schein.«

Wilhelm Filchner

»Jede Handreichung, alles Tun der Mönche geschah wie unter einer beseligenden Gewißheit auf namenlose Freude. Und der Gedanke, in diesem Mittelpunkt des Lamaismus, in dieser Ruheinsel, so fern von der jagenden Welt wie auf einem anderen Stern, teilzuhaben an der Weihe einer Winternacht, erhellte auch mein Herz mit einem Schimmer von Zufriedenheit und Glück.«

Wilhelm Filchner

Nur noch wenige Mönche versammeln sich zur täglichen Morgenandacht. Sie wirken wie verloren in den riesigen Hallen der Klosterstadt.

geöffnet, die ganze Bande huscht hinein, und in Sekunden ist jeder auf seinem Platz. Das ist auch höchste Zeit, denn nun tritt eine respekteinflößende Gestalt in Erscheinung. Sie löst sich aus dem Halbdunkel und schreitet die Reihen der Mönche ab. Alle Gespräche verstummen, alle nehmen Haltung an. Das ist der Gebkö Lama, dessen Aufgabe es ist, für Disziplin zu sorgen. Seinen wachsamen Augen entgeht nichts. Er hebt seinen Stock und drischt auf eine der Säulen. Sofort stimmt ein Vorbeter Rezitationen an, und bald darauf setzt der ganze Chor der Mönche ein. Grimmigen Blickes, den Raupenhelm auf dem Kopf und den Stock unter den Arm geklemmt, wandert der Aufpasser auf und ab, während die Mönche ohne Unterbrechung ihre Gebete fortsetzen.

Ein Heiligtum wird ruiniert

Die Aufgabe des Gebkö Lama ist leicht geworden, denn die Zahl der Mönche, die sich heute zur täglichen Morgenandacht versammeln, ist klein. Hundert bis hundertfünfzig Lamas sitzen wie verloren in der riesigen Säulenhalle, in der sich früher bis zu 3000 versammelten. Die Tendenz ist weiter fallend. Trotzdem ist es diese Morgenandacht und nur diese, die noch einen Hauch jener Stimmung vermittelt, jener kraftgeladenen Atmosphäre, die den Ort einst erfüllte. In diesen zwei Stunden flackert noch einmal das alte Kumbum auf. Das wissen auch die tibetischen Pilger, die in der Morgendämmerung ihre Runden drehen. Es sind erschreckend

»2235 Jahre waren vergangen seit dem Tag, an dem Buddha am Ufer des Nerandjara die geistige Erleuchtung erlangt hatte, als ich im 31. Jahre des 6. Zyklus, im Jahr des männlichen Feuers und des weiblichen Vogels, Tsongkhapa in Amdo geboren wurde.«

Tibetischer Text

Das Kloster Kumbum   KAPITEL 2

wenige. Sie umkreisen die acht Tschörten am Klostereingang, ziehen hastig hinauf zum Goldenen Tempel, um auf dem blank gescheuerten Bretterboden ihre Niederwerfungen zu verrichten. Denn viel Zeit bleibt den Gläubigen zur Befriedigung ihrer religiösen Gefühle nicht, nicht einmal genug für eine Runde um das gesamte Heiligtum. Sobald die Sonne über die Lößhügel heraufzieht, geht sie im Kloster unter – die geistige Sonne. Dann verstummen die Gebete der Mönche, und die gemurmelten Mantras der Pilger werden übertönt durch laute chinesische Musik und Nachrichten aus Beijing, die aus Lautsprechern dröhnen. Profane Geschäftigkeit zieht ein. Den Platz vor dem Klostereingang nehmen die Krämer in Beschlag. Fotografen stellen ihre Requisiten auf: pseudo-tibetische Trachten, in denen sich chinesische Besucher gerne ablichten lassen. Die acht Tschörten, Symbole höchster Weisheit, werden als Schattenspender für geparkte Fahrzeuge mißbraucht. Alle Besucher – auch die Tibeter – müssen Eintrittskarten lösen, die im jeweiligen Tempel von gelangweilt dasitzenden Mönchen entwertet werden. Hier haben die Chinesen weitgehend ihr Ziel erreicht, nämlich die Kultstätte in ein Museum umzuwandeln und die Religiosität Andersdenkender zur Folklore herabzuwürdigen. Deshalb halten die chinesischen Tourismusplaner nun auch die Zeit für reif, das Kloster einem größeren Kreis westlicher Besucher zugänglich zu machen. In den letzten Monaten ist ein neues Hotel entstanden, das auch komfortorientierten Gruppenreisenden entspricht. Einige Zugeständnisse an die Umgebung sind der weiße Anstrich und das grüne Dach. Das bisher verfügbare kleine Gästehaus, ein integrativer

Tagsüber wird das Kloster zum Freilichtmuseum. Souvenirstände werden errichtet, und Touristen in karnevalsähnlichen Verkleidungen lassen sich als »Original-Tibeter« ablichten. Höhepunkt der Geschmacklosigkeit und Ignoranz gegenüber den religiösen Gefühlen Andersdenkender bilden die geparkten Fahrzeuge vor den acht Tschörten, die als Symbol höchster Weisheit von den Gläubigen ehrfürchtig umwandelt werden.

»Welch ein Unterschied ist zwischen diesen Lamas, die so hochherzig, gastlich und voll Bruderliebe Fremdlinge aufnehmen, und den Chinesen, diesem Krämervolk mit ausgetrocknetem Herzen und habgierigem Sinn, die sich von den Reisenden sogar ein Glas Wasser bezahlen lassen.«

Regis Evariste Huc

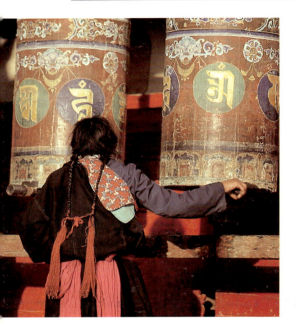

Die Pilger bleiben aus. Nur in den frühen Morgenstunden sieht man ein paar Tibeter ihre religiösen Übungen verrichten. Sie umschreiten die Heiligtümer und setzen Gebetszylinder in Bewegung, die mit Papierstreifen gefüllt sind, auf denen tausendfach das Mantra om mani padme hum *gedruckt ist.*

Sonnenaufgang über der Lößlandschaft um Kumbum.

Bestandteil des Klosters, in dem auch einheimische Pilger abstiegen, kann nun getrost geschlossen werden, denn Tibeter werden sich in Zukunft kaum mehr hierher verirren. Vielleicht täusche ich mich, vielleicht sehe ich da zu schwarz – ich hoffe es.

So zeigt sich Kumbum dem heutigen Besucher in erster Linie auf materieller Ebene, in seiner baulichen Substanz, den einzelnen Dukhangs und Lhakhangs, und den Geschichten, die sich um sie ranken, wenn man sie kennt. Den besten Überblick von der Gesamtanlage gewinnt man vom Hügel, der sich gegenüber den acht Tschörten erhebt. Ein schmaler Pfad führt von Osten her hinauf, vorbei am Platz der *Himmelsbestattung*, wo früher die Leichen den wilden Tieren zum Fraß hingelegt wurden. Der ganze Hügel ist mit Bäumen bepflanzt, nur auf seiner Spitze liegt eine kleine Wiese. Das ist mein Lieblingsplatz. Oft bin ich hier hinaufgestiegen, meistens in aller Frühe, gegen Ende der Morgenandacht, aber noch vor Sonnenaufgang. Nie habe ich eine Menschenseele hier getroffen, aber jedesmal fand ich ein kleines Opfer dort und noch glimmende Räucherstäbchen, die einen angenehmen Duft verströmten. Die Götter haben Kumbum noch nicht verlassen!

Von hier oben hat man einen unvergleichlichen Rundblick, nach allen Richtungen hin. Nach Norden und Osten zu, so weit das Auge reicht, erstreckt sich ein Meer von Hügeln und Schwellen, mit unzähligen, schachbrettartigen Feldern, die je nach Reifestadium der Ähren in allen Grün- und Gelbtönen schimmern. Als riesiger feuerroter Ball steigt die Sonne hinter den Lößhügeln auf. Die ersten Sonnenstrahlen, die das Kloster treffen, lösen eine Farborgie aus. Aus der Masse der Gebäude blinkt und leuchtet das Dach des Goldenen Tempels heraus. Die frisch gekalkten Tschörten nehmen sich als weiße Farbtupfer dazwischen aus, während der Tempel der

Schutzgottheiten und der Palast des Abtes mit ihren roten Mauern einen starken Gegensatz zu den weißen und braunen Mönchszellen bilden, die sich an grüne Hänge ducken.

Der Goldene Tempel

Das zentrale Heiligtum Kumbums, gleichzeitig eine der bedeutendsten Kultstätten des Lamaismus, ist der Goldene Tempel. An der Stelle, wo er sich heute erhebt, soll nach tibetischer Überlieung der große Tsongkhapa, der Begründer der *Tugendhaften*, der Gelug-pa, das Licht der Welt erblickt haben. Er ist der große Reformator des tibetischen Buddhismus, eine Art Martin Luther des Schneelandes. Er wandte sich gegen damals weitverbreitete schwarz-magische Praktiken unter den Mönchen und gegen die Verweltlichung des Klosterlebens, und ähnlich wie sein Pendant im Abendland, vertrat er seine Ideen in Wort und Schrift. Mit Erfolg, denn die reformierte Gelbmützenschule wurde zur dominierenden Lehrmeinung in Tibet. Seine Geburt wie auch sein ganzes Leben ist so von Legenden und wundersamen Begebenheiten geschmückt, daß es unmöglich ist, Historie und Mythos auseinanderzuhalten. Demnach ist er im Jahre 1357 als Sohn einer einfachen Hirtenfamilie geboren worden. Der Knabe, der den Namen Tsongkhapa – *Mann aus dem Zwiebeltal* – erhielt, soll bereits mit langem Haupthaar und weißem Bart auf die Welt gekommen sein. Als er das dritte Lebensjahr erreicht hatte, schnitt ihm die Mutter das lange Haar ab und warf es vor das Zelt. Dort wo es niederfiel, wuchs ein Sandelholzbaum aus dem Boden, auf dessen Blättern sich tausendfach das Bildnis des Buddha zeigte. Über dem Wunderbaum wurde ein Tschörten errichtet, und 134 Jahre nach Tsongkhapas Tod, anno 1560, als sich seine Lehre längst in Tibet verbreitet hatte, ließen sich ein paar Lamas in der Nachbarschaft nieder. Sie errichteten ein paar einfache Gebäude, die ihnen als Unterkunft dienten. Das war der Anfang von Kumbum.

Das Kloster entwickelte sich sehr schnell und stieg zu sagenhafter Größe und Ruhm auf. Alle Heiligtümer wurden im Laufe der Geschichte irgendwann einmal geplündert oder zerstört, nur der Tschörten mit dem Baum der *Hunderttausend Bilder Buddhas* soll noch im Urzustand erhalten sein und der Tempel mit dem goldenen Dach, der sich über dem Reliquienschrein erhebt. Dem zweistöckigen Heiligtum ist eine auf sechs Säulen ruhende Halle vorgesetzt. Die langen Zedernholzbretter am Eingang sind fast durchgescheuert, abgerieben und poliert von Generationen Gläubiger, die sich hier mit der Regelmäßigkeit eines Pendelschlages niederwerfen. Dahinter befinden sich die drei Eingangspforten zum Goldenen Tempel. Das sind rote Flügeltüren, mit buddhistischen Symbolen bemalt und mit schweren Ringen und Halbkugeln aus Messing beschlagen. Mit dem Überschreiten der Schwelle betritt man eine

»Die Stille im Tempeldorf von Kumbum ist eine Wohltat nach so vielen Wochen inmitten von Lärm. In den Tempeln von Kumbum wohnen an die 3800 Lamas, doch eine vollkommene Stille umhüllt die vielen Gebäude, die sich terrassenartig an den Hängen der zwei Berge hinaufziehen, welche ein enges Tal umschließen.«
Alexandra David-Néel

»Eifrige Gläubige messen gleichsam in fortlaufendem Kjangtschag den Weg mit ihrem Körper aus. Man kann ganze Pilgergruppen sehen, die von weither kommen und in so umständlichem und anstrengendem Schneckenmarsch die Götter von Kumbum grüßen. Ich bin in der Steppe, entfernt von menschlichen Siedlungen, einsamen Pilgern begegnet, die in gleicher Weise auf dem Marsch waren, von Kloster zu Kloster, von Heiligtum zu Heiligtum, von Labrang nach Lhasa, von Kumbum zum Wutai Shan, dem Heiligen ›Fünf-Terrassen-Berg‹ in Nord-Shaanxi, das sind 1600 Kilometer!«
Wilhelm Filchner

Teil I Amdo

Das Kloster Kumbum nach einer Aufnahme von Alexandra David-Néel aus dem Jahre 1920.

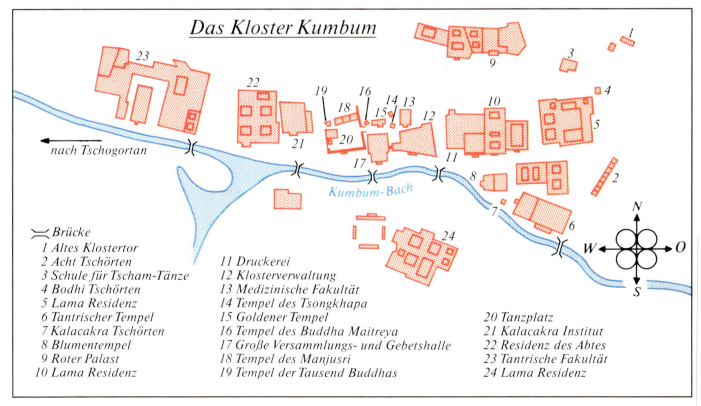

Das Kloster Kumbum

Brücke
1 Altes Klostertor
2 Acht Tschörten
3 Schule für Tscham-Tänze
4 Bodhi Tschörten
5 Lama Residenz
6 Tantrischer Tempel
7 Kalacakra Tschörten
8 Blumentempel
9 Roter Palast
10 Lama Residenz
11 Druckerei
12 Klosterverwaltung
13 Medizinische Fakultät
14 Tempel des Tsongkhapa
15 Goldener Tempel
16 Tempel des Buddha Maitreya
17 Große Versammlungs- und Gebetshalle
18 Tempel des Manjusri
19 Tempel der Tausend Buddhas
20 Tanzplatz
21 Kalacakra Institut
22 Residenz des Abtes
23 Tantrische Fakultät
24 Lama Residenz

Der große Tanzplatz des Klosters Kumbum. Im Hintergrund der Goldene Tempel.

andere Welt. Anfangs ist sie stockdunkel, und das Auge braucht Zeit, um sich daran zu gewöhnen, aber man benötigt noch viel mehr Zeit, um die ungeheure Fülle dessen aufnehmen zu können, was sich hier dem Besucher bietet. Wohin man auch blickt, überall geheimnisvolle Symbole, vom flackernden Schein der Butterlampen beleuchtete Gesichter, die golden glänzen. Ein ganzer Wald von Thangkas, dazwischen kleine Baldachine und bunte Schärpen. Dann steht man vor dem Allerheiligsten, das Kumbum zu bieten hat: Der Tschörten mit dem Wunderbaum darin, der aus dem Haupthaar Tsongkhapas erwachsen ist. Das monumentale Bauwerk nimmt zwei Stockwerke ein, nach oben zu wird es immer schmäler, und seine Spitze endet erst knapp unterhalb des Golddaches. Der Schrein ist über und über mit weißen und gelben Seidenschals bedeckt, so daß nur an wenigen Stellen die silberne Oberfläche durchschimmert. Der Wunderbaum liegt unsichtbar darin verborgen, nichts ist zu sehen, was den skeptischen Abendländer an seine Existenz glauben läßt. Dem Tibeter sind derartige Zweifel fremd; allein die heilige Scheu, mit der sich die Pilger gebeugten Hauptes daran vorbeidrücken, spricht eine beredte Sprache.

Rund um den Goldenen Tempel gruppieren sich weitere Heiligtümer. Da ist der Lhakhang des Maitreya, das älteste Tempelgebäude Kumbums, das im Jahre 1577 entstanden sein soll. Es beherbergt eine vergoldete Statue des Maitreya, des zukünftigen Buddha, der noch im Tushita-Himmel weilt und erst in 2500 Jahren erscheinen

»Wir dachten in Kumbum unwillkürlich an die christlichen Klöster, die vor Zeiten auch dem Reisenden gastliche Aufnahme und Seelenerquikkung gaben.«

Regis Evariste Huc

wird. Daneben steht ein kleiner Tempel, der jedoch einen der kostbarsten Schätze des Klosters birgt: eine vergoldete Figur des Tsongkhapa. Flankiert wird der Gründer der Gelbmützen von den schrecklichsten aller Gestalten, die der lamaistische Pantheon kennt: von Yamantaka, dem Herrn des Todes und der Unterwelt, der sich dem Besucher mit weit aufgerissenem Rachen und Reißzähnen zeigt. Aus seinem Haupt schlagen Flammen, und ein Kranz von Menschenschädeln windet sich um die Stirn. Mahakala, der *Große Schwarze*, ein mächtiger Hüter der Lehre, sieht nicht weniger furchteinflößend aus. Zu den beiden gesellt sich noch eine Dame – Lhamo –, auf einer bluttriefenden Satteldecke aus Menschenhaut reitend, die sie eigenhändig ihrem ungeratenen Sohn abgezogen hat.

Hinter dem Tempel des Tsongkhapa befindet sich die Medizinische Fakultät des Klosters, die in ganz Nordosttibet und der Mongolei berühmt war. Wendet man sich vom Goldenen Tempel nach links, dann gelangt man über einen offenen Durchgang in einen quadratischen, mit Steinen ausgepflasterten Innenhof. Er bildet den Mittelpunkt eines ganzen Gebäudekomplexes und ist anläßlich großer Festlichkeiten Schauplatz der Tscham-Tänze. Manchmal versammeln sich hier auch die Mönche, um ihre Disputationen abzuhalten. Alles ist dabei streng ritualisiert. Die »Prüflinge« sitzen in langer Reihe mit untergeschlagenen Beinen und aufgesetzten gelben Raupenhelmen nebeneinander. Vor jedem steht ein »Prüfer«, ebenfalls ein Lama, barhäuptig, die Gebetsschnur um den Arm geschlungen, und schleudert seine Fragen heraus. Um ihnen noch Nachdruck zu verleihen, hebt er beim letzten Wort den rechten Arm, schnellt wie ein Pfeil vor, als ob er den armen Prüfling über den Haufen rennen wolle, und klatscht die Hände zusammen. Der Angesprochene muß sofort darauf antworten. So geht das Schlag auf Schlag: Auf jede Frage folgt wie aus der Pistole geschossen eine Antwort. Dabei sind die Rollen nicht starr verteilt, sondern es ist durchaus möglich, daß der Prüfling den Spieß umdreht, aufspringt, und den Prüfer mit einer Gegenfrage konfrontiert.

Mönche beim Streitgespräch. Jede Bewegung, jede Körperhaltung ist ritualisiert.

In den Pausen gibt es Tee. Den schleppen Novizen in hölzernen Eimern aus der Klosterküche herbei. Bei schlechtem Wetter finden die Streitgespräche in der offenen Säulenhalle vor dem Tsuglhakang statt. Das ist auch der Ort von dem aus die hohen Würdenträger des Klosters dem Geschehen beiwohnen. Der Tsuglhakang selbst besteht aus drei Räumen, die jeweils Abbilder verschiedener Gottheiten beherbergen. Wie in den meisten Tempeln Kumbums ist auch hier Tsongkhapa vertreten. Aber dasjenige göttliche Wesen, dem hier besondere Verehrung zuteil wird, ist Manjushri, der Bodhisattva der Weisheit, dessen kolossale Figur in der mittleren Halle thront.

Der Tempel des tantrischen Kultes

Von den vielen Heiligtümern und Lehrstätten Kumbums möchte ich noch zwei Tempel herausgreifen, weil sie mich besonders beeindruckt haben. Einer davon steht etwas östlich der acht Tschörten, unmittelbar am Kumbum-Bach. Es ist ein Gebäude mit blutroten Mauern und einem kleinen aufgesetzten goldenen Dach, das in seiner Mitte einen viereckigen Innenhof bildet. Vor dem Eingang steht ein weißer Tschörten, der erst in jüngster Zeit errichtet wurde. Im Gegensatz zu den anderen Kultbauten Kumbums ist es nord-südlich ausgerichtet. Das ist der tantrische Tempel, der Ort, an dem der Kult für die zornvollen Wesenheiten und die vielen Dämonen des Schneelandes verrichtet wird. Jedes Kloster Tibets hat eine tantrische Kapelle, ein großes Kloster wie Kumbum sogar eine

»Trotz der Schönheit von Kumbum ziehe ich ihm bei weitem die echten tibetischen Klöster vor; es ist im chinesischen Stil erbaut, die meisten Gebäude waren vollkommen neu, denn das alte Kloster war vor einiger Zeit niedergebrannt. Auch die Atmosphäre von Einsamkeit und Geistigkeit, die mich bei den viel einfacheren heiligen Orten Tibets so mächtig anzog, konnte ich hier nicht wiederfinden.«

André Migot

Ausgestopfter Wildyak im Tempel des tantrischen Kultes. Er ist mit bunten Schärpen und Glücksschals behängt und ähnelt mehr einem Fabelwesen.

eigene Fakultät. Hier wird der Besucher in ein Reich für sich geführt, in das Schattenreich menschlichen Daseins. Er wird mit göttlichen Wesen konfrontiert, die ihm in ihrer anderen Ausdrucksform erscheinen, nicht friedlich lächelnd, sondern zornvoll rasend. Sie spiegeln ihm nicht zuletzt seine eigenen dunklen Bereiche wider, die er auf dem Weg zur Erleuchtung, zur Einheit, erkennen und erlösen muß. Wie wichtig dieser Bereich genommen wird, wie wenig man ihn verdrängen will, zeigt die Deutlichkeit, mit der er dargestellt ist. Da bleibt nichts ausgespart. An den Wänden sieht man ganze Szenarien verschiedener Höllen, niederer Daseinsebenen, mit den entsetzlichen Qualen und Leiden, die den Geschöpfen dort wiederfahren. Wohin man schaut, treten einem Wesen entgegen, zähnefletschend und bluttriefend, die man sich schrecklicher kaum vorstellen kann. Richtet man seinen Blick nach oben, zur offenen Galerie, dann starren einen von allen Seiten Tierfratzen an, die über die hölzerne Brüstung lugen. Da stehen präparierte, ausgestopfte Repräsentanten in Tibet lebender Wildtiere – Bär, Wildyak, Blauschaf –, die so mit bunten Khadaks behangen sind, daß sie wie Fabelwesen anmuten. Ein Pferd ist ebenfalls darunter, kein gewöhnliches natürlich; es soll über magische Kräfte verfügt haben und den neunten Panchen Lama auf seinem Rücken von Shigatse hierher getragen haben – in nur einem Tag! Noch etwas gibt es hier: Tormas. Das sind kegelförmige Gebilde unterschiedlicher Größen aus Teig. Sie sind unentbehrliche Bestandteile des tantrischen Kultes, denn sie dienen als Geisterfallen, als Gefängnisse, in die unbezähmbare Dämonen mittels magischer Rituale hineingezwungen werden.

Der Wunderbaum des Tsongkhapa

Das alte Klostertor von Kumbum.

Nur ein Steinwurf von der tantrischen Kultstätte entfernt, erhebt sich ein anderes interessantes Heiligtum – der sogenannte »Blumentempel«. Es ist ein kleines schmuckes Bauwerk mit grünem, geschwungenen Dach, umgeben von einer Mauer aus grün und blau glasierten Ziegeln. Gleich hinter dem Eingang befindet sich ein großer dunkler Stein, der über und über mit Butter beschmiert und von frommen Pilgerhänden mit Münzen beklebt ist. Auf diesem Stein soll die Mutter Tsongkhapas ihren Sohn zur Welt gebracht haben. Dahinter liegt ein ummauerter Fleck Erde, aus der sich ein üppiger Busch reckt. Das ist der berühmte Wunderbaum, ein Sprößling jenes Sandelholzbaumes, der aus dem Haupthaar des Heiligen erwachsen sein soll und der seit Jahrhunderten im silbernen Tschörten unter dem Golddachtempel eingeschlossen ist. Auf seinen Blättern zeigten sich heilige Silben und Bildnisse des Buddha. Die abgefallenen Blätter wurden von den Mönchen eingesammelt und an das Pilgervolk verkauft. Frühe europäische Besucher Kumbums haben keine Mühen gescheut, um hinter das Geheimnis dieser Wunderbilder zu kommen. Man ging davon aus, daß es sich zweifellos um einen frommen Betrug handeln müsse, weil nicht sein konnte, was nicht sein durfte. So wurden Blätter und Äste des Wunderbaumes nach Europa geschafft und dort untersucht. Dabei fand man heraus, daß der Sandelholzbaum gar keiner ist, sondern eine Syringenart, und daß die Zeichen und Bilder in die Blätter eingeätzt wurden. Die Tibeter konnten solche Argumente nicht erschüttern. »Wer gläubig ist, der sieht das Wunder«, war ihre Antwort.

Wer heute Kumbum besucht, der nähert sich dem Kloster über eine breite, leicht ansteigende Straße, die von kleinen Marktbuden gesäumt ist. Sie führt mitten hinein in den Klosterbereich, vorbei an den acht Tschörten, weiter zu einer chinesischen Kaserne, die unmittelbar hinter dem Kloster steht. Diese Straße ist neu. Der alte

Das Kloster Kumbum KAPITEL 2

Zugang ist mithin verschwunden und damit auch die bauliche Harmonie, die Ganzheit der Anlage. Das einstige Klostertor wurde ins Abseits gerückt, ohne Funktion steht es verwaist da. Ein weißer Tschörten-ähnlicher Bau mit einem Rundbogen in der Mitte, der den Durchgang bildet. Dem Sockel ist ein geschwungenes Ziegeldach aufgesetzt, von dessen Ecken tönerne Löwen herabblicken. Durch dieses Tor führte der alte Weg von Lussar, einem kleinen Mohammedanerdorf, ins Kloster hinein. Jenes Lussar, in dem Wilhelm Filchner einen langen, harten Winter zubrachte. Aus chronischem Geldmangel sparte er sich das Heizmaterial und aß sich dafür einmal in der Woche satt. Bei dreißig Grad Kälte fror er sich durch die Wintermonate und lebte mehr oder weniger von den Almosen, die er sich als Medizinmann verdiente. Zuletzt erkrankte er noch schwer. Als seine Not am größten war, erschien ein Retter in Gestalt eines jungen Franzosen. Seine großzügigen Geschenke

»Zum düstersten Kapitel meines Lebens und in des Wortes sinnfälliger Bedeutung zum wunderbarsten zugleich rechne ich meine Tage in Lussar. In diesem elenden Mohammedanernest habe ich erfahren, daß die verschlungenen, unbegreiflichen Wege, die von der Finsternis zum Licht führen, vom Leid zum Glück, von der Armut zum Glanz, ja auch von der trostlosen Verlassenheit zur wärmenden Brüderlichkeit, kurz sein können wie ein Augenblick, wie ein Gedanke, und daß sie es erst recht dann sind, wenn sich das verbitterte Gemüt gänzlich der Hoffnung entschlagen will.«
Wilhelm Filchner

Der »Blumentempel«. Hinter der grün und blau glasierten Mauer verbirgt sich der Stein, auf dem Tsongkhapas Mutter ihren Sohn zur Welt gebracht haben soll. Gleich daneben steht der Wunderbaum.

brachten Filchner zurück ins Leben, während der Wohltäter in den Tod ging: Nur wenige Wochen später wurde er unweit des Kuku Nor von Mongolen überfallen und ermordet.

Ein tibetisches Kloster ist nicht hinter dicken Mauern eingeschlossen, seine Grenze markiert ein Weg, ein magischer Kreis, den die Gläubigen abschreiten. Das Klostertor steht deshalb frei da. Es ist nur ein Punkt auf diesem Kreis – Ausgangs- und Endpunkt zugleich. Hier beginnt der Rundweg um das Kloster, ebenfalls mit einem Kreis, in dem der Pilger das Tor ein- oder mehrmals umwandelt. Dann wandert er rechtsläufig um das Heiligtum herum. Der Weg zieht oberhalb der weißen Mönchswohnungen am bewaldeten Hang entlang. Tschörten, Mani-Mauern und Opferplätze gibt es in regelmäßigen Abständen. Sie bilden gewissermaßen Stationen entlang

»Mit Freude hätte ich meine Tage in der Weltabgeschiedenheit Kumbums beschlossen. Zwei Jahre und acht Monate hatte ich hier verbracht.«

Alexandra David-Néel

Mönche bei den Vorbereitungen für das Fest der 10 000 Lichter, das zum Gedenken an Tsongkhapas »Himmelfahrt« gefeiert wird.

Mönch bei den letzten Vorbereitungen zum Fest der Butteropfer. Die feinen Kunstwerke aus Yakbutter werden in wochenlanger Arbeit hergestellt. Um zu verhindern, daß die Butter beim Modellieren schmilzt, müssen die Lama-Künstler ihre Finger immer wieder in eiskaltes Wasser tauchen.

des Weges, Einladungen für zusätzliche religiöse Handlungen, die die Pilger gerne annehmen. Bedruckte Papierstreifen hängen überall, ganze Büsche sind mit weißen Wollflocken bedeckt. An der Stelle, die dem Goldenen Tempel gegenüberliegt, ist eine Schnur von Baum zu Baum gespannt, an der Tierknochen baumeln, die mit heiligen Silben bemalt sind. Weiter schlängelt sich der ausgetretene Weg, quert den Kumbum-Bach oberhalb des *Studiensaales der Beschauung*, führt vorbei am *Roten Palast*, der Residenz des Abtes, und kehrt zum Ausgangspunkt zurück. Noch vor wenigen Jahren, als ich das erste Mal nach Kumbum kam, sah ich viele pilgernde Nomaden aus allen Teilen Amdos, die den Rundweg bevölkerten. Manche legten die zwei Kilometer lange Strecke prostrierend zurück, Körperlänge für Körperlänge, in unterbrochenen Niederwerfungen. Heute liegt der Rundweg öde und verlassen da. Eine gespenstische Leere hat sich eingenistet, während sinnloser Lärm und lautes Marktgeschrei ans Ohr dringen.

Feste in Kumbum

Seine feierlichsten Tage hat das Kloster im Winter. In der kalten Jahreszeit finden die wichtigsten Feste statt: das Lampenfest und das Fest der Butteropfer. Ersteres geht auf ein historisches Ereignis zurück und wird zum Gedächtnis an den Sterbetag des großen Tsongkhapa begangen. Das Fest findet am fünfundzwanzigsten Tag des zehnten tibetischen Monats statt. Schon lange vorher sind die Mönche damit beschäftigt, die Butterlampen zu reinigen, Dochte und Brennstoff zu sammeln. Den feierlichen Höhepunkt bildet das Entzünden Tausender Lichter am Abend. Dann erstrahlt das ganze Kloster im flackernden Licht der Butterlampen. Mit 10000 Lampen, so heißt es, hatten die Menschen einst Tsongkhapas Himmelfahrt erhellt, ebensoviele sollen zu diesem Gedenken brennen. Während die Lampen auf den Dächern, Fenstern und Simsen das nächtliche Kumbum beleuchten, sitzen die Mönche daneben und beten, bringen Opfer dar oder blasen kräftig in ihre Posaunen und Muschelhörner. Kurz vor Mitternacht verlöschen wie auf ein geheimes Signal alle Lampen zugleich, nur die Sterne leuchten weiter, und die grimmige Kälte der Winternacht fällt über das Kloster.

Die Krönung im jährlichen Festkalender vom Kumbum ist aber das Butterfest. Es ist Bestandteil der 15 Tage währenden Neujahrsfeierlichkeiten, genauer gesagt ihr krönender Abschluß. Die Vorbereitungen dazu nehmen viel Zeit in Anspruch. Wochenlang sind begabte Mönche damit beschäftigt, aus Yakbutter Figuren und Gebilde herzustellen. Einziges Werkzeug dazu sind ihre geschickten Hände. Die Werke sind oft so filigran, daß der Lamakünstler seine Finger beim Modellieren fortwährend in eisiges Wasser tauchen muß, damit die Butter unter seinen Händen nicht schmilzt. Zuletzt wird

»Die Mönche kamen auf den Punkt, der ihnen zu denken gab, zurück: ›Warum leben Sie anders als die Leute Ihres Landes? Was wollen Sie damit erreichen, daß Sie in eine Einsiedelei gehen?‹
›Ich will gar nichts damit erreichen. Das Leben in der Einsamkeit trägt sein Glück in sich selber.‹
›Wenn Sie wirklich so denken, warum reisen Sie dann?‹ meinte jetzt ein anderer meiner Zuhörer.
Diese Frage war nur folgerichtig; mehr als einmal hatte ich sie mir selbst gestellt.
›Das ist ohne Zweifel die Wirkung früherer Handlungen und Gedanken‹, antwortete ich, ›das Rad hat einen Antrieb empfangen und dreht sich noch eine Weile, nachdem der Töpfer aufgehört hat, es zu bewegen‹«.

Alexandra David-Néel

»Alles kam uns so seltsam vor; wir waren im Lande Amdo, das in Europa völlig unbekannt ist, in der großen weltberühmten Klosterstadt Kumbum, in einer Lamazelle. Es war wie ein Traum!«

Regis Evariste Huc

alles mit kräftigen Farben bemalt und zu komplizierten Arrangements zusammengesetzt, die ganze Legenden und mythologische Begebenheiten erzählen. Das eigentliche Butterfest beginnt mit Gebeten und Rezitationen der Mönche. Dann wird der Abt des Klosters vom Mabrang, dem *Roten Palast,* in einer feierlichen Prozession zum Goldenen Tempel geführt. Hier sitzt er während der Andacht regungslos auf seinem geschmückten Thronsessel. In der Zwischenzeit werden die kunstvollen Butterplastiken aufgestellt. Sie stehen teils unter freiem Himmel, teils unter riesigen viereckigen Zelten, die aus aufgespannten Teppichen bestehen. Im Inneren sind diese seltsamen Bauten mit Rollbildern behängt und mit Glühbirnen oder chinesischen Lampions beleuchtet. Nach Sonnenuntergang setzt der Besucherstrom ein. In langen Schlangen promenieren die Pilger an den ausgestellten Buttergebilden vorbei. Manche der Kompositionen sind so fein und detailliert gearbeitet, daß man — wenn man es nicht wüßte — nie auf die Idee kommen würde, daß alles nur bemalte Butter ist. Der Betrachter glaubt sich in ein Bilderbuch versetzt, in dem ihm die vertrauten Wesen und bekannten Legenden in eindrucksvoller Weise begegnen. Hier kommt sogar eine weitere Dimension dazu: die Bewegung. Manche Figuren werden durch eine verborgene Mechanik bewegt wie in einem Puppentheater. Vor ihnen drängt sich das Volk in Scharen. Bis Mitternacht sollen sich die Götter an den Opfern aus Butter erfreuen, bis Mitternacht erfüllt Räucherduft und vielstimmiges Gemurmel die Atmosphäre, bis Mitternacht gleiten die Gebetsschnüre unablässig durch die Finger, dann gehen die Lichter aus und die Gläubigen verschwinden rasch in ihren Nachtquartieren. Die Mönche jedoch bauen flink wieder alles ab; viele der Kunstwerke aus Butter werden einfach weggeworfen, ihrer Vergänglichkeit überantwortet, nur die allerschönsten wandern in Schaukästen und werden dort das ganze Jahr über ausgestellt. Am nächsten Tag zeigt sich das Kloster bereits wieder in seinem gewohnten Alltagsbild.

Tschogortan

Zu Kumbum gehört noch ein Heiligtum, das sich jedoch nicht im Bereich der Klosterstadt befindet, sondern ein paar Kilometer entfernt am Fuße eines Gebirges steht. Es soll an einer steilen Felswand kleben, nur aus kleinen zugemauerten Felsnischen oder Zellen bestehen, in denen Lamas aus Kumbum hausen, die sich für kürzere oder längere Zeitspannen in Klausur begeben. Nur wenige Europäer haben den Ort vor 1950 besucht, Berichte aus jüngster Zeit gibt es nicht. Ich habe zum erstenmal von Tschogortan gehört, als ich die Reiseberichte der Franzosen Huc und Gabet las. Die beiden Lazaristenpadres hatten sich in den Sommermonaten des Jahres 1845 in Tschogortan aufgehalten, bevor sie sich einer großen

Karawane anschlossen, um mit ihr nach Lhasa zu ziehen. Sie hatten so von Tschogortan und seiner Umgebung geschwärmt, daß ich mir fest vornahm, den Ort zu besuchen. Ich wußte aber nicht einmal, ob das Heiligtum überhaupt noch existiert, ob es nicht – was eher wahrscheinlich ist – das Schicksal der meisten tibetischen Klöster teilt, die der chinesischen Zerstörungswut zum Opfer gefallen sind. Das sollte aber nicht schwer zu erfahren sein, dachte ich mir, denn laut Huc liegt Tschogortan nur eine halbe Reitstunde von Kumbum entfernt. Die Entfernung dorthin mag wohl gering sein, aber mein Weg war ein langer. Wen immer ich nach diesem geheimnisvollen Platz fragte, keiner konnte oder wollte mir darüber Auskunft geben. Die Zeit unseres Aufenthaltes rückte unerbittlich dem Ende zu.

Es ist der vorletzte Tag, als ich mit Toni von den frühen Morgenstunden an unterwegs bin, um noch ergänzende Einstellungen für einen Fernsehbericht zu drehen. Zuletzt filmen wir vor dem *Roten Palast*, der Residenz des Abtes, aus dessen Inneren tiefe Baßtöne rezitierender Mönche, begleitet von rhythmischem Trommelschlag, zu uns dringen. Die Schwingung nimmt uns ganz gefangen, und gebannt lauschen wir den seltsamen Klängen, die uns verzaubern, die wir fühlend verstehen. Kaum ist der letzte Ton verklungen, ist auch der Zauber verflogen. Die Mönche strömen lachend und schnatternd ins Freie. Bald sind wir von neugierigen Lamas umringt, die alle einmal ihr Kloster durch das Zoom unsrer Filmkamera betrachten wollen. Ganz spontan werfe ich das Wort Tschogortan in die Runde. »Tschogortan«, wiederholt einer der Mönche.

»Wo ist Tschogortan?« frage ich auf chinesisch, weil ich kein Wort Amdo-Tibetisch kann. Da deutet ein Mönch nach Südwesten, beschreibt einen großen Bogen und macht mit der ausgestreckten Hand eine wellenartige Bewegung, die ich als Auf- und Abstiege interpretiere. Dort also, dort hinter den Hügelketten liegt Tschogortan.

Es ist knapp vor Mittag, als wir am nächsten Tag zum Abmarsch bereit sind. Beim Verlassen unseres Quartiers werden wir sogleich von Souvenirverkäufern und ein paar Mohammedanern bedrängt, die uns ihre Pferde vermieten wollen. Warum sollen wir nicht nach Tschogortan reiten? Huc und Gabet haben dies ebenfalls getan, und wenn wir damit schneller ankommen, kann uns das nur recht sein. Ich frage, wer von ihnen den Weg nach Tschogortan kennt. Selbstverständlich alle! Was für eine überflüssige Frage: Ein solches Geschäft will sich keiner entgehen lassen. Wir wählen zwei der Pferde aus und sind uns rasch handelseinig. Dann schwingen wir uns in die Sättel und reiten entlang des Pilgerweges nach Süden. Das Wort Reiten ist allerdings etwas übertrieben, denn wir kommen nur im Schneckentempo voran. Das liegt vor allem daran, daß mein Glück auf Erden nicht auf dem Rücken eines Pferdes liegt. Außerdem kommen bald die beiden Pferdebesitzer hinterhergelaufen,

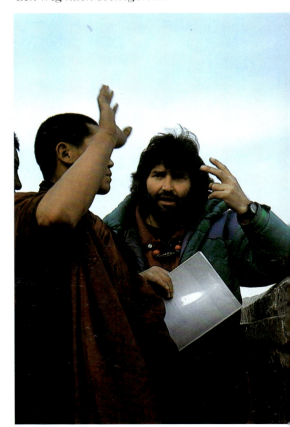

Ein Mönch aus Kumbum weist mir den Weg nach Tschogortan.

»Tschogortan liegt sehr malerisch. Die Wohnungen der Lamas stehen an einem hohen, steilabfallenden Berg. Sie werden von alten Bäumen beschattet, in deren Zweigen Raben und Reiher nisten. Am Bache haben die Lamas viele Dämme aufgeworfen, um den Tschükor, das heißt den Gebetsmühlen, Wasser zuzuführen.«
Regis Evariste Huc

Auf dem Weg nach Tschogortan.

weil sie fürchten, uns mitsamt ihren Gäulen nie mehr wiederzusehen. Nach einer halben Stunde haben wir erst den Bergrücken erklommen, der das Kloster umschließt. Steil schlängelt sich der Saumpfad wieder auf der anderen Seite hinunter. Wie erstarrte Wogen eines Meeres breiten sich die braunen Lößhügel nach allen Richtungen hin aus. Nur im Süden erhebt sich ein felsiger Bergstock.

Die beiden Männer aus Lussar führen uns zielstrebig in ein kleines Bauerndorf, aus dessen Mitte ein stockhohes Gebäude mit geschwungenem Tempeldach herausragt. Eine Stunde ist seit unserem Aufbruch vergangen, als wir vor dem Gebäude aus dem Sattel steigen. Das rote Tor ist fest verschlossen, und erst nach langem Klopfen öffnet es sich einen Spalt breit. Darin erscheint ein mür-

risch dreinblickender Mann, der uns barsch abweist. Nun müssen die beiden Pferdebesitzer zugeben, daß sie nicht die geringste Ahnung haben, wo Tschogortan liegt. Wir fragen uns im Dorf durch. Ein paar alte Männer weisen uns den Weg. Bereits nach einer halben Stunde, in der wir quälend langsam einen Hügel hinaufritten, wollen die beiden »Führer« eine Rastpause einlegen. Jetzt ist es genug, wir steigen ab und setzen den Weg zu Fuß fort. Die beiden Lussarleute reiten frohgelaunt zurück, weil sie trotzdem den ganzen Lohn einstreichen konnten. Fast im Laufschritt geht es den nächsten Rücken hoch. Dahinter teilt sich der Weg. Zufällig daherkommende Bauern helfen uns weiter. Wir queren Hügel um Hügel, laufen über endlos scheinende Geländerücken. Nirgendwo findet sich ein Zeichen, das auf ein Heiligtum hindeutet. Keine Gebetsfahnen, keine Mani-Mauern, kein aufgeschichtetes Steinhäufchen steht entlang des Weges. Drei Stunden sind wir nun unterwegs.

Das Kloster Kumbum KAPITEL 2 59

»Wie lange benötigte Huc, um nach Tschogortan zu reiten«?, frage ich Toni.

»Eine halbe Stunde.«

»Der muß aber das Wunderpferd aus dem tantrischen Tempel geritten haben, mit dem der Panchen Lama in einem Tag von Zentraltibet hierher flog.«

Mittlerweile haben wir uns den dunklen Bergketten genähert, die das Lößland nach Süden zu begrenzen. Noch einen Kilometer, dann stehen wir an einer Geländekante. Vor uns bricht die Lößwand in ein breites Flußtal ab. Nun wenden wir uns nach Westen, steigen zu einem kleinen Dorf hinunter und setzen den Weg im Talgrund fort. Immer steiler richten sich die Lößwände zu unserer Rechten auf. Wir biegen um einen Vorsprung – dann liegt Tschogortan da. Es ist

> »In dem steilen Berg wohnen an beinahe unzugänglichen Stellen fünf Lamas, die sich völlig der Beschaulichkeit ergeben haben. Einige leben in Höhlen, andere in hölzernen Zellen, die wie Schwalbennester am Berg hängen. Man kann ohne Leitern nicht hinauf- oder herabkommen. Einer dieser Eremiten hat sich völlig aus dem Leben zurückgezogen und allen Verkehr mit der Außenwelt abgebrochen.«
>
> **Regis Evariste Huc**

Eremitenbehausung und kleiner Tempel in Tschogortan. Das Felsenkloster wurde völlig zerstört und wird gerade wieder aufgebaut.

so versteckt, so raffiniert in die Felswand eingefügt, daß man es erst wahrnimmt, wenn man schon unmittelbar davor steht. Der eigentliche Zugang ist von oben her, von der Kante der Wand führt ein Pfad zum Eingangstor hinunter. Wir müssen uns den Zutritt erst verdienen und mühsam über loses Geröll hochklettern. Zur Talseite hin ist das Felsenkloster durch eine hohe Mauer abgeschirmt. Steile, gepflasterte Stufen führen zum Eingangstor hinauf. Es steht offen. Dahinter gibt es einen Felsensockel, auf dem ein quadratisches Gebäude mit geschwungenem Ziegeldach steht. Es befindet sich noch im Rohzustand, die Räume sind kahl und leer, alles ist neu. Das Kloster muß völlig zerstört worden sein, und man ist gerade dabei, alles wieder aufzubauen. Gleich dahinter ragt der Fels senkrecht auf. Daran krallen sich zwei schachtelförmige Bauten, die wie Erker aussehen und praktisch aus einem einzigen Raum bestehen. Durch ein winziges Loch fällt das einzige Licht ins Innere.

Monumentale Figur des Manjushri, des Bodhisattva der Weisheit, der den Ehrenplatz im Tsuglhakang einnimmt.

Das ist die Welt des Narjopa, eines Mönchs, der den Weg der Askese, das Leben in totaler Einsamkeit, gewählt hat. Vor einer der Eremitagen brennen Räucherstäbchen, und der Wind trägt uns einen betörenden Duft zu. Drinnen ist es fast dunkel und beklemmend still. Der Einsiedler ist wohl da, aber er beachtet uns nicht. Höher oben in der Felswand kleben weitere Klausen, sie sind noch viel abweisender und karger. Es sind meistens kleine Felsnischen, die man vorne zugemauert hat. Eine winzige Tür, ein Guckloch, das ist alles, wodurch sie sich von einem Grab unterscheiden. Eine unwirkliche Stille schwebt über dem Ort, kein Mensch läßt sich blicken. Wir wissen nicht, wieviele der Zellen von Einsiedlern bewohnt sind, wie viele hier der Welt entsagen, um dadurch Befreiung zu erlangen. Die Geschichten von solchen Asketen üben auf westliche Menschen immer eine merkwürdige Faszination aus, vielleicht deshalb, weil wir gerade das andere Extrem leben, den anderen Pol verwirklichen: die Weltbesessenheit. Aber keiner der beiden Pole allein führt zur Erlösung, lehrt uns Buddha, auch wenn beide einmal gelebt werden müssen. Die Befreiung, die Einheit, liegt in der Mitte. Das tibetische Symbol des Donnerkeils, der aus seiner Mitte in beide Richtungen ausstrahlt, ist ein schönes Bild dafür.

Während der Sommermonate dürfte es in Tschogortan nicht so ruhig sein wie jetzt im Winter. Dann kommen die Lamas der Medizinschule von Kumbum hierher und beziehen Quartier im Tal. Sie unternehmen dann täglich Exkursionen auf die umliegenden Berge, um Pflanzen und Wurzeln zu sammeln, aus denen sie heilkräftige Arzneien gewinnen.

Das Felsenkloster ist zauberhaft gelegen. Tief unten rauscht der Fluß dahin, und auf der gegenüberliegenden Talseite beginnen schon die Gebirge Amdos, die sich nach Süden und Westen hin fortsetzen und im heiligen Berg Amnye Machen gipfeln.

Wenn man das Tor des Goldenen Tempels durchschreitet, betritt man eine andere Welt. Die vom spärlichen Licht der Butterlampen beleuchtete Halle, die vielen Bildwerke und das unausgesetzte Gemurmel der Pilger und Gläubigen lassen eine mystische Stimmung entstehen, in die man unwillkürlich einschwingt.

Kapitel 3

Entlang alter Karawanenwege

»Wir waren jetzt auf der uralten Karawanenstraße, die seit Jahrtausenden begangen wird und durch tiefe, in den Erdboden getretene parallele Furchen erkennbar ist.«

Wilhelm Filchner

Wie verloren wirkt der einsame Reiter in der Weite tibetischer Gebirgswelt. Dennoch ist sein Pfad von unsichtbaren Wesen behütet, denen man das kleine Heiligtum im Hintergrund errichtet hat. Der silberne Tschörten, ältestes Symbol für Buddha, erinnert den Vorbeiziehenden an den höchsten aller Wege – den zur Erleuchtung.

Eines der acht Glückssymbole ist die weiße, rechtsdrehende Muschel, die als Horn geblasen die Erleuchtung Buddhas verkündet.

»Die Kleidung der Bevölkerung war rein tibetisch: die Männer trugen Pelzmützen, hohe Lederstiefel und jene Art von Mänteln, wie man sie in verschiedenen Abwandlungen fast überall in Tibet antrifft. Die Frauen trugen lange, ärmellose Wollgewänder mit hellen Blusen aus Baumwolle oder Seide und zu jeder besonderen Gelegenheit einen langen verzierten Kopfputz, der ihnen über den Rücken herunterhing.«

Tenzin Gyatso, der 14. Dalai Lama

Es war im Holz-Schwein-Jahr des tibetischen Kalenders, im Jahr 1935 unserer Zeitrechnung, als der Regent Tibets an den heiligen See Lhamoi Latso pilgerte. Dieser See liegt ungefähr 120 Kilometer südöstlich von Lhasa, und seine spiegelglatte Oberfläche gilt als Orakel. Nach tibetischem Glauben vermag man im Wasser des Sees die Zukunft zu erblicken. Zu dieser Zeit befand sich das Land in einer schwierigen politischen Lage. Es hatte keinen Führer. Denn das weltliche und religiöse Oberhaupt Tibets, der Dalai Lama, die dreizehnte Inkarnation des Bodhisattva Tschenresi, war verstorben, aber seine Wiederverkörperung konnte noch nicht gefunden werden.

Der Regent war nun hierher gekommen mit der Hoffnung, Aufschluß zu erhalten, in welchem Teil des Landes der neue Dalai Lama gesucht werden muß. Nachdem er einige Tage am Ufer des Sees in Meditation und Gebet verbracht hatte, erschienen auf der Oberfläche die drei tibetischen Schriftzeichen *ah*, *ka* und *ma*, gefolgt vom Bild eines Mönchsklosters mit jadegrünen und goldenen Dächern und einem Haus mit türkisfarbenen Ziegeln. Die Vision wurde genau aufgezeichnet. Dann schwärmten hohe Lamas und Würdenträger in alle Teile des Landes aus, um den Ort zu suchen, der dem Regenten erschienen war. Eine Gruppe kam schließlich auch zum Kloster Kumbum, dessen goldene und grüne Dächer ihrer Aufmerksamkeit nicht entgingen. Die Suche in der näheren Umgebung führte sie in das Dorf Taktser, wo ihnen ein Haus mit türkisfarbenem Dach auffiel.

Als sie erfuhren, daß dort ein zweijähriger Knabe wohnt, stieg das Interesse weiter an. Nun wurde der Junge einer Vielzahl an Prüfungen unterzogen. Er mußte aus einer Reihe gleichartiger Ritualgegenstände jene erkennen, die dem 13. Dalai Lama gehörten und von ihm benutzt wurden. Die drei Schriftzeichen, die sich auf der Wasseroberfläche des heiligen Lhamoi Latso zeigten, deuteten ebenfalls auf diese Gegend hin. Die Silbe *ah* steht für Amdo, der tibetischen Provinz, in der sie sich befanden; *ka* mochte auf Kumbum hinweisen; außerdem konnte mit den beiden Zeichen *ka* und *ma* das Kloster Karma Rolpai Dorje gemeint sein, das sich gleich oberhalb von Taktser erhebt und das der 13. Dalai Lama einst besucht hatte. Schließlich kam die Suchkommission zum Ergebnis, daß der Sohn dieser einfachen Bauernfamilie die gesuchte Inkarnation ist. Tenzing Gyatso, der 14. Dalai Lama, war gefunden.

Seit Jahren hege ich den Wunsch, einmal das Dorf Taktser und das Geburtshaus des Dalai Lama zu besuchen. Es liegt nur wenige Kilometer vom Kloster Kumbum beziehungsweise von der Stadt Xining entfernt. Trotzdem erweist es sich als schwierig, das Vorhaben in die Tat umzusetzen. Zuerst versuche ich es auf offiziellem Wege, aber es zeigt sich schnell, daß dieser niemals zum Ziel führt. Die Behörden blocken alles ab. Jetzt wollen wir es auf eigene Faust probieren. Das scheint noch aussichtsloser. Wir stehen nämlich sofort einem Problem gegenüber, mit dem wir gar nicht gerechnet hatten. Wir müssen feststellen, daß es den Ort Taktser gar nicht mehr gibt. Er ist ausgelöscht, ausradiert, von allen modernen Landkarten verschwunden. Es gibt ihn natürlich schon noch, aber nicht mehr unter diesem Namen. Die Chinesen haben nämlich die tibetischen Namen durch neue chinesische ersetzt – im ganzen Land. Deshalb hat Tibet auf neueren Kartenwerken aufgehört zu existieren. Das gilt aber nicht nur für chinesische Karten, sondern bedauerlicherweise auch für neue Karten, die im Westen aufgelegt wurden. Die Verlage haben einfach die chinesischen Namen und damit die Sprache der Unterdrücker übernommen. Weil wir aber nur den alten tibetischen Namen wissen, müssen wir mühselig nach jemandem suchen, der den Ort kennt. Unsere Beharrlichkeit wird belohnt.

Eine unerwartete Entdeckung

Mit einem gemieteten Fahrzeug machen wir uns auf den Weg. Der Fahrer behauptet felsenfest, uns hinzuführen. Nachdem wir einige Kilometer auf der Hauptstraße Xining–Lanzhou in Richtung Osten zurückgelegt haben, biegen wir in ein nach Süden weisendes Tal ab. Jeder Quadratmeter Boden ist hier landwirtschaftlich genutzt: Weizenfelder so weit das Auge reicht, in unterschiedlichen Reifestadien und Farbschattierungen. Dazwischen kleine Bauerndörfer, in denen moslemische Salar leben. Nichts ist hier tibetisch. Nach einiger Zeit ändert die Landschaft ihr Gesicht. Jetzt treten die Berge wieder enger zusammen, das Tal verwandelt sich zur Schlucht, die Straße wird schmal und holprig. Menschliche Siedlungen hören ganz auf. Zur Rechten zieht ein bewaldeter Hang hoch, der an senkrecht aufragenden Felswänden endet.
Hier hält der Fahrer an und bedeutet uns, einem schmalen Pfad bergwärts zu folgen. Nach kurzem Anstieg flacht das Gelände ab; wir treten aus dem Wald heraus und stehen inmitten eines gigantischen Amphitheaters aus lotrechten Felswänden. Eine der Wandfluchten ist mit kleinen rechteckigen Nischen durchlöchert. Ein ganzer

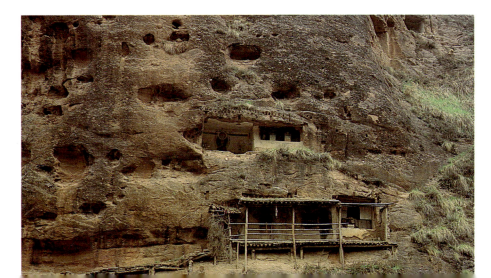

Zerstörtes Höhlenkloster. Wie durch einen Schwerthieb wurden die hölzernen Vorbauten abgetrennt und die aus dem Fels gehauenen Mönchszellen geplündert.

Höhlenkosmos enthüllt sich unseren staunenden Augen. Selbst an den unzugänglichsten Stellen hat man Kammern herausgehauen. Sie sind offen und leergeräumt, nur von wenigen Mauern leuchten noch Fresken herab. An zwei Klausen sind noch hölzerne Vorbauten dran und zerfallende Treppen und Geländer, die einst die Höhlen miteinander verbanden. Obwohl die ganze Anlage zerstört wurde, ist eines noch immer eindrucksvoll zu erkennen, nämlich die Absicht der Erbauer, sich vor der Welt zurückzuziehen. Wer immer diese Mönche, Asketen, Sucher waren, die hier ihr Dasein fristeten, unmißverständlicher läßt sich die Entschlossenheit zur Weltflucht nicht ausdrücken, als es sich in dieser Anlage manifestiert.

Die meisten Nischen sind leergefegt. Die Fresken an den Rückwänden wurden herausgemeißelt oder mit chinesischen Schriftzeichen überkritzelt.

Als Ganzheit, im Zusammenspiel von Natur und Architektur, macht das Höhlenkloster noch immer einen erhabenen Eindruck. Die Auswahl des Platzes, die Anordnung der Zellen, alles kündet von sehendem Geist. Eine heilige Ruhe liegt über dem Ort. Ich stehe nur da, ganz offen für die Schwingungen, die von ihm ausgehen. Zu welchen Tiefen menschlichen Geistes, zu welchen Erfahrungen und Erkenntnissen mag man hier gekommen sein? Wir sind so von der Stimmung des Ortes überwältigt, daß es uns gar nicht bewußt wird, daß wir eigentlich nach etwas anderem suchten. Unsere Gefühle und Phantasien in diesen Momenten sollen nicht darüber hinwegtäuschen, daß hier ein Akt von unerhörter Barbarei geschehen ist. Alle Einsiedeleien sind zerstört – bis auf eine einzige. Die Holzbauten, die an der Wand klebten, wurden wie durch einen Schwerthieb abgetrennt und herabgestürzt. Wir versuchen ein paar der exponiertesten Höhlen zu erklettern. Kein leichtes Unterfangen. Wir queren Felsbänder, arbeiten uns im brüchigen Gelände hoch. Manche Zellen sind halb mit Schutt gefüllt, so daß man nur hineinkriechen kann. Zwischen Mauerresten, zerbrochenen Ziegeln und Holztrümmern finden wir eine Buddhafigur aus Ton und Votivtäfelchen mit dem Bodhisattva Manjushri, der mit seinem flammenden Schwert die Dunkelheit der Unwissenheit zerteilt. Möge er sich auch der Unwissenheit derer erbarmen, die hier ein sinnloses Zerstörungswerk vollbrachten. Die Fresken an den Rückwänden der Zellen sind entstellt, insbesondere wurden die Gesichter der Buddhas herausgemeißelt, der Rest mit chinesischen Zeichen überkritzelt. Als wir den oberen Rand der Felswand erreichen, entdecken wir ein weiteres Detail. In den luftigen Grat, der zu beiden Seiten senkrecht abfällt, ist ein Pfad hineingehauen. Hier konnten die Eremiten kleine Spaziergänge unternehmen, hier konnten sie sich ungestört der Naturbetrachtung widmen und im wahrsten Sinne des Wortes in die Ferne sehen. Der Ausblick ist überwältigend. Nach Osten zu breitet sich ein Meer von grünen Hügeln und Schwellen aus, in westlicher Richtung dagegen reihen sich gestaffelte Bergketten, die immer höher wachsen und am Horizont von firngekrönten Gipfeln überragt werden.

Das ganze Heiligtum liegt verlassen da, keine Menschenseele zeigt sich, kein Laut hallt von den Wänden wider. Wir wissen nichts über den Ort, nicht einmal seinen Namen kennen wir. Ein unergründliches Geheimnis schwebt darüber, und die Erinnerung an das Leben vergangener Tage bewahren nur noch die nackten Wände, die Bäume und der Wind, der sie mit sich fortträgt. Aber die Tibeter scheinen den heiligen Platz nicht ganz aufgegeben zu haben, denn fromme Gläubige haben am Wandfuß einen neuen Tempel errichtet. Das Gebäude hat ein geschwungenes Dach mit grün glasierten Ziegeln und eine hohe Umfriedungsmauer. Im Vorhof erhebt sich ein hölzerner Mast, von dem zeltartig Seile zu Boden führen, die mit Gebetsfahnen behängt sind. Die rot bemalte Flügeltür ist mit schweren Hängeschlössern gesichert, und auf unser Klopfen antwortet niemand.

Auf der Suche nach dem Geburtshaus des Dalai Lama

Es verstreicht mehr als ein Jahr, bis ich wieder in dieser Gegend bin. Wieder frage ich nach Taktser und dem Geburtshaus des Dalai Lama, wieder finde ich jemanden, der vorgibt, den Ort zu kennen, und wieder mache ich mich mit einem gemieteten Fahrzeug auf den Weg. Alles scheint sich noch einmal zu wiederholen. Wir folgen der Straße nach Lanzhou, biegen dann nach Süden ab und bewegen uns durch eine Landschaft, die mir vom letzten Jahr her vertraut ist. Deshalb bin ich mir sicher, daß wir zielstrebig das zerstörte Höhlenkloster ansteuern. Da biegen wir in westlicher Richtung ab, folgen einer holprigen Piste, die sich in Schleifen zu einem Paß hinaufschraubt. Kaum liegt der Paß hinter uns, befinden wir uns

> »Es geschieht hin und wieder, daß Mönche das Kloster verlassen und doch nicht ›in die Welt gehen‹, sondern sich noch viel stärker, unerbittlich von jedem weltlichen Umgang abschließen. Es sind Mystiker, Fanatiker, die sich in den Bergen eine Höhle suchen und sich auch einmauern lassen. Gutherzige Menschen bringen ihnen Nahrung, die sie ihnen durch eine vergitterte Öffnung in die dunkle, kalte Gruft zuschieben. Werden die ›Ri-thöd-pas‹ vergessen, verhungern sie. Jahre und jahrzehntelang meditieren sie in ihrer Höhle. Manche erblinden. Das Volk achtet sie hoch und spricht von ihnen in scheuer Verehrung.«
> Wilhelm Filchner

Nur in den unzugänglichsten Eremitagen finden sich noch Fresken, die nicht gänzlich zerstört wurden.

»Ich wurde in einem kleinen Dorf namens Taktser im Nordosten Tibets geboren. Es war der fünfte Tag des fünften Monats im Holz-Schwein-Jahr, nach christlicher Zeitrechnung also das Jahr 1935 ... Die Gegend war herrlich. Unser Dorf lag auf einem Plateau inmitten fruchtbarer Weizen- und Gerstenfelder. Die Hochebene wiederum ist umgeben von Hügelketten, auf denen dichtes Gras von leuchtend grüner Farbe wächst.«

Tenzin Gyatso, der 14. Dalai Lama

Taktser, der Geburtsort des 14. Dalai Lama. An der Stelle des einfachen Geburtshauses steht eine neue Residenz. Verwalterin ist die über 70jährige Tschilosai, eine Verwandte des Dalai Lama. In ihrem Gesicht spiegelt sich das Leiden des tibetischen Volkes.

inmitten eines Gewirrs von Lößkegeln, wie sie auch für die Umgebung des Kumbum-Klosters so charakteristisch sind. Alles ist mit schachbrettartigen Feldern überzogen, auf denen Männer und Frauen in chinesischer Kleidung arbeiten. Dann taucht ein kleines Dorf auf. Es blickt von einem der Hügel stolz auf uns herab. Ein Konglomerat flacher Lehmwürfel in erdbrauner Farbe. Aus ihrer Mitte erhebt sich ein zweistöckiges Gebäude mit weiß und rot getünchten Mauern und einem geschwungenen Dach, dessen grüne Ziegel weithin leuchten. An allen Ecken flattern Gebetsfahnen. Das muß Taktser sein.

Ein steiler Pfad führt uns zum Dorf hinauf. Vor dem Eingang zum Heiligtum liegt ein kleiner Platz. Hier treffen wir auf eine Gruppe Frauen, die gerade damit beschäftigt sind, Gerste zum Trocknen auszubreiten. Ich frage nach Tschilosai. Da löst sich eine Alte aus der Gruppe und kommt langsamen Schrittes auf uns zu. Sie trägt chinesische Kleidung und auf dem Kopf einen modernen Sonnenhut. Ihr Gesicht gleicht einer steinernen Maske, tiefe Furchen und Falten hat das Leben darin eingemeißelt. Keine Gefühlsregung verrät, ob wir willkommen sind oder nicht. Ohne ein Wort zu verlieren, führt sie uns ins Innere. Wir betreten die Dalai-Lama-Residenz, die an der Stelle des einstigen Geburtshauses steht, durch

einen Seiteneingang. Die betagte Tschilosai, eine Tante des Dalai Lama, bringt uns zuerst in ihre Wohnung, die aus einem einzigen großen Raum besteht. Dort holt sie ein paar Schlüssel, greift ihre Gebetsschnur, und geleitet uns über eine knarrende Holztreppe in das Obergeschoß. Einen Raum nach dem anderen schließt sie uns auf, alles darin ist neu, alles ist vorbereitet, soll den Eindruck erwecken, als würde der Dalai Lama jeden Augenblick hierher zurückkehren. Nur das wehmütig-traurige Gesicht von Tschilosai spricht eine andere Sprache, die Sprache der Bitternis, der Hoffnungslosigkeit. Nur einmal huscht für Augenblicke ein Lächeln über ihr Gesicht, als sie uns ein paar alte Familienfotos zeigt. Es gibt nur mehr wenige Tibeter in Taktser, keiner von ihnen trägt tibetische Tracht. Alles scheint verwaist, wirkt museal. Mit den Menschen haben auch die Götter den Ort verlassen. Geblieben ist die Kulisse der Landschaft; die weiten Hügelketten mit den Gersten- und Weizenfeldern, und im Süden der Ami-Chiri, »der Berg, der den Himmel durchstößt«, der alte Sitz der lokalen Gottheit.

> »Unser Haus war ein quadratisches Gebäude, der Hof lag in der Mitte. Es hatte nur ein einziges Stockwerk, das aus einem steinernen Fundament und im übrigen aus Lehm bestand. Die Kanten des flachen Dachs waren mit türkisfarbenen Ziegeln eingefaßt. Durch das nach Süden gerichtete Haupttor erblickte man den Ami-chiri. Gebetsfahnen flatterten von der Spitze einer großen Stange, die in der Mitte des Hofes stand.«
>
> Tenzin Gyatso, der 14. Dalai Lama

Mit dem Fahrrad in die Bergwelt Amdos

Zurück in Xining. Die langgezogene Stadt liegt in einem breiten fruchtbaren Talbecken auf knapp 2000 Meter Höhe. In früheren Zeiten war Xining Kreuzungspunkt wichtiger Karawanenwege, die von Norden her, aus der Mongolei, oder von Osten, aus China, nach Zentraltibet und Lhasa hinaufführten. Eine Ta-lu, ein »Großer Weg« verlief von Xining aus in Richtung Westen, zog sich am Ufer des Tso Ngombo (Kuku Nor) entlang, durchschnitt das Tsaidam-Becken, bog dann nach Süden ab und erreichte schließlich über öde Gebirgswüsten die heilige Stadt Lhasa. Kürzer, aber ungleich schwieriger und gefährlicher, war der Weg, der vom Tso Ngombo in Richtung Südwesten führte, quer durch das Gebiet der räuberischen Golok-Nomaden, weiter über die Quellgebiete des Gelben Flusses, und den Oberlauf des Jangtse nach Lhasa strebte. Dieser Weg galt als einer der unsichersten in ganz Tibet; nur große Karawanen mit ausreichender Bedeckung wagten es, ihn zu betreten sowie ausländische Forscherpioniere, die geographisches Neuland lockte.
Dieser Weg ist es, der mich schon lange interessierte, denn er öffnet Tore zu einigen der großartigsten Landschaften Tibets: zum heiligen Berg der Golok, dem Amnye Machen; zu den beiden Quellseen des Machu (Gelber Fluß); zum Oberlauf des Drichu (Jangtsekiang) und dem alten Zentrum der Rotmützen: Jyekundo (Yushu). Außerdem eignet sich dieser Weg, der längst zu einer Straße ausgebaut ist, für die Art der Fortbewegung, zu der wir uns entschlossen hatten, nämlich für das Fahrrad. Damit erhoffen wir uns genügend Bewegungsradius und Mobilität, um größere Abschnitte des Landes kennenzulernen, aber trotzdem nicht auf ein menschliches Maß

> »Die Landschaft um uns bildet den vollkommensten Gegensatz zu der, die wir in den vergangenen Monaten durchquerten. Keine unwegsamen Schluchten, keine tobenden Wildbäche, keine malerischen chinesischen Berge mit Felszacken und scharfem Grat. Die graswachsenen nahen Gipfel breiten ihre gerundeten Formen frei aus. Das Bild der Landschaft hat an Weite gewonnen, eine unerschütterliche Ruhe liegt darüber, eine Selbstsicherheit und Gelassenheit, die sich dem Beschauer mitteilt.«
>
> Alexandra David-Néel

Auf Amdos Hochflächen, den steinigen Pisten, die sie durchziehen, ist das Fahrrad ein geeignetes Fortbewegungsmittel. Man bewegt sich in einem menschlichen Maß, in einem Tempo, das die Landschaft erfahrbar macht, und es ergeben sich viele Möglichkeiten spontaner Begegnungen.

verzichten zu müssen, auf ein Tempo, das die Landschaft erfahrbar macht. Wir verfügen allerdings über keinen Freibrief, uneingeschränkt durchs Land radeln zu können, sondern müssen uns mehr oder weniger an eine vorher vereinbarte Route halten und chinesische Begleiter akzeptieren, die jeweils eine Tagesetappe vorausfahren. Trotzdem ist unsere Bewegungsfreiheit durch die geländegängigen Bikes ungleich höher, als wenn wir uns der Willkür eines chinesischen Chauffeurs aussetzten. Und wie die Erfahrung zeigte, haben wir stets unsere Ziele erreicht, spätestens dann, wenn sich der sogenannte Zufall mit bürokratischer Dummheit verband.

Es ist Ende April, als wir in Xining losradeln. Wir sind zu dritt, Günther und Beatrice heißen meine Gefährten. Unser Ziel ist der Amnye Machen. Wir wollen so weit als möglich radeln, dann mit einer Yak-Karawane zum Fuße des Gebirges wandern und einen der Gipfel besteigen. Der Winter hält das Land noch fest in seinem Griff; es schneit und stürmt, als wir die Stadt verlassen. Wir folgen dem Lauf des Xining He nach Westen. Bald rücken die Berge enger zusammen, und wir tauchen in ein System von Schluchten ein, die gerade dem Fluß und der Straße ausreichend Platz bieten. Hoch oben in den gegenüberliegenden Wänden der Schlucht, führt die Trasse der Eisenbahn, durch Tunnels und über Brücken. Der Schienenstrang endet in Gormo, Golmot oder Golmud. Drei Namen, die alle ein und denselben Platz bezeichnen. Die unterschiedlichen

Namen sind verwirrend. Das kommt daher, daß die Chinesen in nicht mehr zu überbietender Arroganz die alten tibetischen und mongolischen Namen einfach ausgelöscht und durch neue chinesische ersetzt haben. Man benötigt schon kriminalistische Fähigkeiten, um mit Hilfe alter Quellen und neuer Karten die einzelnen Örtlichkeiten zu bestimmen. Aus Gründen der Solidarität mit den Tibetern habe ich, wann immer ich sie in Erfahrung bringen konnte, die tibetischen Namen wiedergegeben.

Vor uns liegt der uralte Marktflecken Tankar. Hier zogen die Karawanen von der Mongolei nach Tibet und umgekehrt durch. Hierher kamen die freien Stämme der Nomaden, die Golok und ihre Nachbarn, um Handel zu treiben. Zwei Wege führten von Tankar nach Zentral-Tibet hinein. Es galt zu wählen: den langen und sicheren Weg oder den kürzeren, aber gefährlicheren einzuschlagen. Zwei Routen führen auch heute noch von hier weiter. Wir nehmen die interessantere, jene, die nach Südwesten weist, ins Land der Golok. Indessen ist das Wetter besser geworden, das Schneetreiben hat aufgehört, und bisweilen dringt sogar die Sonne durch. Ihre gebündelten Strahlen fallen wie Spotlichter auf gerundete grüne Hügel, die von Feldern überzogen sind. Dazwischen eingebettet liegen kleine Bauerndörfer mit niedrigen Lehmbauten. Jede Dorfdurchfahrt wird zum Spießrutenlauf. Von allen Seiten rennen die Leute herbei, um unsere Fahrräder zu begutachten. Da kennt man sich aus. Jedes Detail wird mit kritischen Blicken geprüft und auch schon mal ausprobiert: die 16-Gang-Schaltung, die Bremsen usw. Aber am meisten staunt man über das geringe Gewicht unserer Mountain-Bikes im Vergleich zu ihren schweren Waffenrädern. Die Bewunderung für unsere Drahtesel währt aber nur so lange, bis sie den Preis erfahren. Danach halten sie uns eher für Verrückte, soviel Geld bloß für ein Fahrrad auszugeben. Wenn sie erst wüßten, was wir dafür bezahlt haben, daß wir durch ihr Dorf radeln dürfen – ich glaube, sie würden gänzlich an unserem Verstand zweifeln, und wir müßten ihnen sogar recht geben.

In einer kleinen Garküche können wir uns stärken. Das ist auch nötig, denn nun steigt die Straße an. In vielen Windungen zieht sie den ersten hohen Paß hinauf. Das landwirtschaftlich nutzbare Gebiet hört auf und damit auch die chinesischen Bauerndörfer. Beim Aufstieg zum Paß liefern uns ein paar Zugmaschinen ein Wettrennen. Als die Steigung zunimmt, bleiben die stinkenden Vehikel zurück, und der ohrenbetäubende Motorenlärm weicht wieder der Stille. Von oben herab grüßen uns die ersten Gebetsfahnen. Die dünne Luft macht uns zu schaffen, der Atem ist rasend schnell, der Brustkorb droht zu zerspringen. Eine letzte Kurve, noch ein paar Meter, dann flacht das Gelände ab. Wir stehen auf dem Sonne-Mond-Paß und ringen nach Luft. Es ist die erste Stufe, die – gleich einer Treppe – von Paß zu Paß aufs tibetische Hochland hinaufführt. Es vergehen Minuten, bis wir uns so weit erholt haben,

»Die Karawanenstraße von fast tausend Kilometer Länge führt durch eines der menschenleersten Gebiete der Welt. Es ist die ›Große Graswüste‹, wie Alexandra David-Néel sie genannt hat, eine grenzenlose Wildnis grüner Hügel, in der nur wilde Tiere leben. Sie ist ein östlicher Ausläufer des Tschangthang, dieser großen Eiswüste, die den ganzen Norden Tibets einnimmt – vom Kunlun-Gebirge bis zum Kuku Nor.«

André Migot

»Gerade gestreckt und unabsehbar weit zog sich das Hochtal in nordwestlicher Richtung hin, eingesäumt von parallel laufenden, grünlich gefärbten Höhenzügen, die aus den Hochebenen flach anstiegen. Nirgends gab es mehr einen Baum oder Strauch, nichts schien den Blick in die endlose Ferne zu hemmen.«

Albert Tafel

Tibeterinnen aus dem Kuku Nor-Gebiet, die zum Einkaufen nach Daotanghe gekommen sind. Sie tragen breitkrempige Hüte, ihr Haar ist zu feinen Zöpfen geflochten und fällt wie ein Vorhang herab.

daß wir imstande sind, die neue Umgebung aufzunehmen. Gleich neben der Straße erhebt sich ein riesiges Lha-tschö, ein den Schutzgottheiten errichtetes Opfer, das aus einem steinernen Sockel herauswächst. Meterhohe Holzstangen recken sich in den Himmel. Sie formen ein dickes Bündel und sind mit ungezählten Papier- oder Stoffähnchen behängt, auf die Glückssymbole oder heilige Zeichen gedruckt wurden. Schafwollflocken kleben wie Schneebälle daran, und der Duft von verbranntem Reisig erfüllt die Atmosphäre. Auch die Berge ringsum sind plötzlich lebendig geworden: Überall auf den Gipfeln und Graten flattern Gebetsfahnen büschelweise im Wind. Alles kündet von der Allgegenwart unsichtbarer Wesen und ist Ausdruck eines kosmischen Bewußtseins, der Verbundenheit mit allem, was ist. Dieses Land hat Seele!

Die herbe Schönheit Tibets heißt uns bereits an seiner Schwelle willkommen. Ein eisiger Wind fährt uns entgegen, schwarzgraue Wolkenmassen schieben sich von Süden heran. Wir starren fasziniert auf das schmale Band der Straße, das sich darin verliert. Minuten später sind wir selbst mitten drin, eingetaucht in ein Inferno aus Nebel, Wind und Schnee. Als wir wieder ausgespuckt werden, liegt Daotanghe vor uns da. Das schäbige Nest gruppiert sich um eine Straßenkreuzung. Es besteht aus einigen Läden, ein

Entlang alter Karawanenwege KAPITEL 3

paar Garküchen und einem vor Dreck strotzenden Fernfahrerquartier. Dazwischen laufen ein paar bunt gekleidete Gestalten umher – Tibeterinnen, die das Angebot der Händler goutieren. Sie tragen breitkrempige Hüte, das Haar ist zu feinen Zöpfchen geflochten und fällt wie ein Vorhang über die Schultern. Auf dem Rücken trägt jede von ihnen einen ganzen Juwelierladen: Stoffbänder, die mit Dutzenden Türkisen, roten Korallen und Bernstein bestückt sind. In dieser Umgebung gleichen sie Geschöpfen aus einer anderen Welt. Daotanghe ist chinesisch und bedeutet »rückwärts fließender Fluß«. Denn im Gegensatz zu den meisten Flüssen Tibets, fließt dieser von Osten nach Westen. Schließlich finden wir uns in einer der Garküchen wieder. Eine Gruppe Tibeterinnen nimmt am Nebentisch Platz, um uns genauer betrachten zu können. Kaum hat der Wirt sie entdeckt, weist er sie barsch aus dem Lokal. Nicht etwa, weil er um die Moral der Damen besorgt gewesen wäre, sondern weil sie in seinen Augen *Fantse* sind, »westliche Barbaren«, wie die Tibeter von den Chinesen seit jeher verächtlich genannt werden. Empört verlassen wir das Lokal, der Wirt und unsere chinesischen Begleiter schütteln den Kopf, spätestens jetzt sind wir in ihren Augen ebenfalls westliche Barbaren.
Am nächsten Morgen überrascht uns das schöne Wetter. Alle Wol-

ken haben sich aufgelöst, der Himmel ist stählern blau, und die Sonne hat im Nu den Schnee im Tal aufgesogen. Die Wiesen schimmern im satten Grün, während die umliegenden Gebirge im blendenden Weiß leuchten. Daotanghe liegt genau im Schnittpunkt zweier Straßen. Eine führt in Richtung Süden weiter – zu unserem Ziel, ins Land der Golok und zum heiligen Berg Amnye Machen; die andere leitet nach Westen, an die Ufer des Kuku Nor, den berühmten Blauen See. Wir können der Verlockung des geheimnisumwitterten Sees nicht widerstehen.

Tso Ngombo, der Blaue See

Der Zauber des Kuku Nor liegt in seiner Weltabgeschiedenheit, in der Schwierigkeit, mit der man ihn erreicht, in der Gefahr, die heute an seinen Ufern lauert!«

Albert Tafel

Kaum merkbar fällt die Straße zur Seenplatte hinunter ab. Überall stehen schwarze Yakhaar-Zelte. Sie sehen wie riesige Spinnen aus; die zu Boden gespannten Seile gleichen den langen Beinen, die eingenähten weißen »Fenster« an der Vorderseite könnten die Augen sein. Dann plötzlich ist er da, der Tso Ngombo, wie ihn die Tibeter nennen, ein dunkelblaues Meer inmitten schneebedeckter Bergketten. Um seine Südufer schmiegen sich saftige Wiesen wie smaragdgrüne Bänder, im Norden dagegen branden hohe Sanddünen in mächtigen Wogen heran. An seinem Ostrand hat sich eine herrliche Lagune gebildet. Hier schlagen wir unser Lager auf. Es ist ein idyllisches Fleckchen Erde; ringsum grasen Yaks, Pferde und Schafe friedlich nebeneinander. Die Weiden am Blauen See sind die besten in ganz Amdo. Entsprechend dicht bevölkert sind seine Ufer. In sanften Formen steigen die Hügel aus den Ebenen auf und wachsen schließlich zum Kuku Nor-Gebirge empor. Auf luftiger Höhe thront ein Kloster. Seine weißen und roten Mauern leuchten

Kleines Kloster am Tso Ngombo. Es ist neu, aber viel lebendiger, als viele der großen, berühmten Heiligtümer, die immer mehr zu Museen werden.

freundlich zu uns herab. Wir nehmen unsere Bikes und radeln den steinigen Weg hinauf. Die ganze Anlage ist neu. Ein gutes Dutzend Mönche bevölkern das kleine Heiligtum, überwiegend junge. Neugierig scharen sie sich um unsere Räder. Einer schwingt sich sogar in den Sattel und dreht eine Proberunde. Auch ein paar Pilgergruppen sind unterwegs, die ohne Unterlaß ihre Runden ziehen und vor den Tempeln Niederwerfungen verrichten. Die Mädchen und Frauen unter ihnen sind auffallend hübsch. Ihre Zöpfe, die wie Strähnen herabfallen, sind noch zusätzlich mit Yakhaar verlängert. Gekrönt wird die Haartracht mit einem Schmuckstück, das ich nirgendwo sonst fand. Es ist ein breites Band mit Türkisen und roten Korallen, das ans Ende der Zöpfe geknüpft wird.

Unterhalb des Klosters befindet sich eine Schule. Schmale, barakkenähnliche Gebäude, die von einer hohen Mauer umgeben sind. »Vor der Befreiung gab es in Tibet keine einzige Schule. Heute gibt es in Tibet 3 Hochschulen, 14 Fachschulen, 64 Mittelschulen und über 2300 Grundschulen, in denen 140 000 Studenten und Schüler studieren bzw. lernen«, verlautet die »Beijing Rundschau« in einer Serie über Tibet. Daß es in Tibet vor der »Befreiung« keine einzige Schule gab, ist eine glatte Lüge. Denn was waren die 6000 Klöster anderes als Schulen, gute Schulen sogar, in denen nicht bloß rationales Wissen vermittelt wurde. Was aus der chinesischen Statistik nicht hervorgeht, ist die Information, von welcher Art diese neuen Schulen sind. Davon konnten wir uns nun selbst überzeugen, als wir unangemeldet in den Unterricht platzen. Das Lehrpersonal wird überwiegend aus Chinesen rekrutiert. Hauptgegenstand: Erziehung zum chinesischen Staatsbürger. Der Unterricht in den Klassenräumen läuft immer nach demselben Schema ab: Der Lehrer sagt etwas vor, die Schüler wiederholen alles stereotyp im Chor. Der

Der Haarschmuck der Kuku Nor-Tibeterinnen besteht aus einem breiten Band, das mit Türkisen und roten Korallen besetzt ist.

Grundschule am Tso Ngombo. Hauptgegenstand: Erziehung zum chinesischen Staatsbürger.

»Unbelebt, tot lag das Ufer da. Vergeblich sucht das Auge nach einem Lebenszeichen auf dem wogenden, blauen Meere, das nach Nordwesten kein Ende zu haben scheint. Vergebens späht man an seinem Rande nach einem Stückchen Treibholz. Die langen, salzigen Wogen branden und brausen auf einen toten Strand und das frische Blau.«
Albert Tafel

Der Tso Ngombo, der heilige See Nordosttibets. Im Norden bedrängen hohe Sanddünen seine Ufer, im Süden erstrecken sich grüne Weiden, die fettesten in ganz Amdo.

Schreibunterricht findet im Schulhof statt. Mangels Papier und Feder müssen die Schüler ihre Übungen mit zugespitzten Hölzern in den Sand malen. Einmal am Tag wird der Schulhof zum Exerzierplatz. Die Schüler werden aus den Klassen getrieben, stellen sich in langen Reihen auf, dann hallen laute Befehle über den Platz, und alle beginnen sich wie Marionetten zu bewegen. Traurig verlassen wir den Ort, wir sind schockiert. Es ist so unsagbar viel, was an diesen jungen Menschen systematisch kaputtgemacht wird.

Am nächsten Tag sind wir wieder unterwegs. Wir fahren entlang der Südufer des Kuku Nor westwärts. Still und ruhig liegt der tiefblaue See da. Weit draußen treibt ein kleines Eiland wie ein Kahn auf dem Meer. Das ist Tsoling, die heilige Insel. Auf ihr sollen ein paar Einsiedler hausen, die nur im Winter, wenn der See fest zugefroren ist, ihrer selbsterwählten Isolation entfliehen können. Ihr Umfang beträgt nicht mehr als dreieinhalb Kilometer, ihre Oberfläche ist hügelig und graswachsen. Etwas westlich der heiligen Insel ragen weitere Felsklippen aus dem Wasser. Sie sind von weißer Farbe und noch viel kleiner als Tsoling. Die Tibeter behaupten, diese Felsbrocken seien einst von einem bösen Dämon namens Tscheger Sämo nach der heiligen Insel geworfen worden, mit der Absicht, sie zu vernichten. Die mythische Tradition über die Entstehung des Blauen Sees stellt eine Verbindung zu Lhasa her, nämlich zu jener Zeit, als man dort vergeblich versuchte den Dschokhang-Tempel zu errichten. Immer wieder stürzten die Mauern ein, aber niemand wußte eine Erklärung dafür. Da schickte der König Gesandte in alle Teile seines Landes aus, mit dem Auftrag, nach der Ursache des

Unglücks zu forschen. Einer von ihnen kam auch in die Ebene, die heute der Tso Ngombo bedeckt. Hier traf er einen blinden, alten Heiligen, der in greisenhafter Schwatzhaftigkeit erzählte, daß genau an der Stelle, wo der König den Dschokhang bauen wolle, ein unterirdischer See liege, und der, sobald ein Abgesandter des Königs davon erfähre, hierher fließen werde. Kaum war das Geheimnis ausgesprochen, da ergoß sich das Wasser in die Ebene. Der Abgesandte konnte sich auf seinem Pferd gerade noch retten, während der alte Heilige von den Fluten verschlungen wurde. Der Wasserspiegel stieg und stieg und hätte wohl auch die umliegenden Berge überschwemmt, wenn nicht eine Gottheit sich erbarmt und das Loch, aus dem das Wasser herausquoll, mit einem großen Stein verschlossen hätte. Dieser Stein ist die heilige Insel Tsoling. Den Wasserdämon aber ärgerte es, daß er nicht mehr Unheil anrichten konnte, und er schleuderte Steinbrocken nach der Insel, um die Öffnung wieder herzustellen. Sie fielen jedoch schon auf halbem Wege in den See und blieben dort liegen, wo sie noch heute als kleine Felsklippen aus der Seeoberfläche ragen.

Gerne hätte ich der heiligen Insel einen Besuch abgestattet, aber die Natur hat es so eingerichtet, daß nur im Winter, für kurze Zeit, eine Brücke aus Eis zu den Einsiedlern hinüberführt, und nur dann kann Tsoling von Pilgern besucht werden. Der ganze See ist tabu: Kein Boot darf ihn durchpflügen, niemand darf darin baden und sein Wasser verschmutzen. Der Tibeter hält sich daran, der Fremde aber nicht. Vor achtzig Jahren lagerte die Expedition des Russen Kozlov an den Ufern des Sees. Sie hatten ein Boot dabei und erreichten

»In alten tibetischen Liedern, selbst weit im Süden von Kham und an den großen Goldflüssen, ist immer viel vom Tso Ngombo (Kuku Nor) und seinen herrlichen Wiesengründen die Rede. Man besingt Könige, die einst hier Heldentaten verrichteten, und Königreiche, die da oben einst in Blüte standen, die schwarzen und weißen Hor-Könige.«

Albert Tafel

Auf diesem felsigen Eiland brüten im Mai die Kormorane. Dahinter der Blaue See, der sich wie ein Meer am Horizont verliert.

> »Die Kuku Nor-Mongolen wie auch die Banag-Tibeter, und zwar Männer wie Frauen, tragen kleine spitze, mit weißem Lammfell rings verbrämte Filzmützen als Hauptcharakteristikum. Es ist die kalmükische Kalpa.«
>
> Albert Tafel

> »Im Westen sichte ich trotz des dichten Talnebels den azurblauen Kuku Nor. Die von der Sonne beschienenen sandbraunen Ufer leuchten in Ocker und Karmin. Der geheimnisvolle See wird in weiter Ferne durch beschneite Berge begrenzt.«
>
> Wilhelm Filchner

nach mehreren Versuchen die heilige Insel Tsoling. Dort fanden sie einen halb verfallenen Tschörten, einen kleinen Tempel und ein paar ummauerte Höhlen. Drei davon waren bewohnt. Der erste Einsiedler, der sie erblickte, erlitt einen solchen Schreck, daß er mit weit aufgerissenen Augen stundenlang dasaß und Bannformeln herunterleierte. Er muß die Fremden für alles andere als menschliche Wesen gehalten haben, da sie mitten im Sommer erschienen waren. Stürmisches Wetter hielt die Europäer tagelang auf der heiligen Insel gefangen. Die drei Eremiten indessen hatten sich an die Fremden gewöhnt und waren begierig zu erfahren, wie es ihnen gelungen ist, die Insel zu erreichen. Nachdem sich der Sturm gelegt hatte, ruderten Kozlovs Männer zurück und die Mönche hatten ihre Welt wieder für sich allein.

Abgesehen vom legendenumwobenen Eiland Tsoling und den benachbarten Felsklippen, gibt es noch eine andere interessante kleine Insel. Sie erhebt sich unmittelbar am steil abfallenden Westufer des Sees und ist ebenfalls bewohnt, man möchte fast sagen überbevölkert, aber nicht von Menschen, sondern von Hunderten Seevögeln, die dort ihre Brutplätze haben. Die Vogelinsel ist die unmittelbare Fortsetzung einer felsigen Landzunge, die als schmaler Finger in den See hineinragt. Die ganze Landzunge ist ein Vogelparadies. Kormorane und Fischmöwen brüten hier. Zur Beobachtung der Tiere hat man ein Observatorium eingerichtet.

»Die Nester der Vögel sind strengstens geschützt«, erklären uns die chinesischen Begleiter. Deshalb staunen wir nicht schlecht, als man uns am nächsten Morgen im nahegelegenen Gästehaus Vogeleier serviert. Auf die Frage, wie derlei »Wunder« möglich sind und wie die streng geschützten Eier in der Hotelküche landen können, läßt man uns wissen, daß die Vogeleier für die Teilnehmer einer Konferenz lokaler Kader bestimmt waren, die knapp vor unserem Eintreffen zu Ende ging. Wir verstehen, da bedarf es keiner weiteren Erklärungen. Zurück nach Daotanghe.

Durch den Tala – die Große Steppe – westwärts

Wir verlassen nun die Ebenen des Tso Ngombo und wenden uns zunächst nach Süden. Es gilt, das südliche Kuku-Nor-Gebirge zu überqueren. In vielen Windungen zieht sich die Straße zum Paß hinauf. 3500 Meter zeigt der Höhenmesser an, als wir keuchend und schwitzend am höchsten Punkt stehen. Auf der anderen Seite geht es in rasendem Tempo hinab, mitten hinein in ein System bizarrer Schluchten. Einmal begegnen wir einer malerischen Karawane, die mit Hab und Gut zu den fetten Weiden des Blauen Sees zieht. Die Tiere sind schwer beladen. Sogar auf die Rücken der Schafe hat man Säcke mit Gerste geschnürt. Plötzlich treten die Berge zur Seite und eröffnen ein grandioses Panorama. So weit das Auge

reicht: gewellte Hochflächen, von Wind und Wasser seltsam zerfressen und mit tiefen Erosionstälern durchzogen. Die Mischung von Schnee und nacktem Boden verleiht der Landschaft Plastizität, schafft ein abstraktes Kunstwerk.

Eingebettet in dieser Kulisse liegt die Stadt Gungga (Gonghe), Verwaltungszentrum des gesamten Kuku-Nor-Bezirkes. Es ist eine jener traurig-typischen Neugründungen, die heute in allen Teilen Tibets zu finden sind. Die Fast-Food-Architektur des modernen China prägt das Antlitz dieser Stadt. Überall die gleichen langweiligen Straßen und die Kaufhäuser mit ihrem Einheitsangebot. Wir reihen uns ein in den Strom der Radfahrer, der tagsüber nie abreißt. Auf den Bürgersteigen und in den Geschäften drängen sich die Menschen. Dazwischen sieht man hin und wieder Passanten mit etwas dunklerer Hautfarbe, seltsamer Haarmode und bunten Trachten. Das sind Tibeter, und sie sind hier so fremd, als wären sie Besucher von einem anderen Stern. Hier wurde nicht nur der Name ausgetauscht, hier hat Tibet tatsächlich aufgehört zu existieren; es findet sich höchstens noch auf einer Plakatwand an der Hauptstraße, von der eine Nomadenfrau mit einem Kind im Arm herunterlächelt.

Im Zuge unseres Aufenthaltes gelingt es Günther, – er ist Kinderchirurg –, dem lokalen Krankenhaus eine Visite abzustatten. Seine Eindrücke faßt er folgendermaßen zusammen: »Der Leiter des

Blick auf das Talbecken von Gungga. Die Erosion hat hier eine Mondlandschaft geschaffen. Dahinter beginnt der Tala, die »Große Steppe«.

In der Stadt Gungga (Gonghe) existieren die Tibeter nur mehr auf Plakatwänden.

Hospitals ist Tibeter. Ärzte und Pflegepersonal rekrutieren sich vorwiegend aus Chinesen. Die tibetischen Patienten werden jedoch durchweg von ihren eigenen Angehörigen verköstigt und gepflegt. Die Behandlung erfolgt mit chinesischer oder westlicher Medizin, häufig kombiniert. Bei meinem Rundgang wurde ich von einem Tibeter angesprochen, der mich bat, seinen 18jährigen Bruder zu untersuchen, der wegen einer Tuberkulose schon seit drei Monaten in stationärer Behandlung war. Der junge Tibeter litt unter starken Schmerzen im Wirbelsäulenbereich. Wahrscheinlich handelte es sich dabei um ein durch das lange Liegen aufgetretenes Nierensteinleiden, das bis dahin unbehandelt blieb. Die dreimonatige stationäre Behandlung kostete bereits 4000 Yuan, ein Vermögen, wenn man bedenkt, daß eine Nomadenfamilie im Jahr durchschnittlich 1500 Yuan erwirtschaften kann, das von der Familie des Patienten durch Verbrauch der Ersparnisse und Anleihen bei Verwandten aufgebracht wurde.« Da klingt es wie blanker Hohn, wenn man in der schon einmal zitierten »Beijing Rundschau« liest: »Jeder Bezirk hat sein eigenes Krankenhaus für tibetische Medizin. Alle Bauern und Viehzüchter erhalten kostenlose medizinische Betreuung ...«

Der Abschied von Gungga fällt nicht schwer. Am nächsten Morgen radeln wir aus der Stadt hinaus. Kaum liegen die letzten Häuser hinter uns, beginnt die Straße steil anzusteigen. Über mehrere Geländestufen klettern wir aus der Talsenke heraus. Oben angekommen, stehen wir am Rand einer gewaltigen Ebene; ausgebleicht und ausgetrocknet liegt sie unter dem tiefblauen Himmel da, über den bisweilen weiße Haufenwolken segeln. Kaum Pflanzen, kein Wasser, nur Kiesel und Sand. Das ist der Tala, eine menschenleere Wüstenei, der Schrecken früherer Karawanen. Der Name Tala entstammt der mongolischen Sprache und heißt einfach »Große Steppe«, die Tibeter nennen die wasserarme Einöde Dothang, die »steinerne Ebene«. Der Tala wird im Norden vom Süd-Kuku-Nor-Gebirge, im Westen vom Semenow-Gebirge (Heka Shan) und im Süden vom Gelben Fluß begrenzt. Ein uralter Karawanenweg durchschneidet den Tala, ein Weg, dem auch die Tibetforscher Rockhill, Filchner und Tafel gefolgt waren. Aus dem einstigen Karawanenpfad ist eine breite Straße geworden, auf der wir mit unseren Mountain-Bikes entlangrollen. Das Zusammenwirken von Wind und Sand läßt Dünen von beträchtlicher Höhe entstehen. Sie sind von der typischen Barchanform, mit halbmondförmigem Grundriß, an der konvexen Seite flach, an der konkaven steil abfallend. Die flache Seite ist nach Westen gerichtet und läßt damit erkennen, daß im Tala der von Westen kommende Wind dominiert. Den ganzen Tag über bewegen wir uns durch diese seltsam farblose Gegend. Hin und wieder finden sich ein paar Lehmhäuser und Ziegen, die der kargen Natur ihre Existenz abringen. Drei volle Tage benötigten die Karawanen von einst um hier durchzukommen, kaum eine schaffte das ohne Verluste. Heute hat der Tala seinen

Lager auf der Hochebene des Honganchu (Dahoba).

Schrecken verloren, selbst mit dem Fahrrad ist es nur mehr eine leichte Tagesetappe.
Nach Stunden taucht aus dem Dunstschleier der Wüste ein mächtiger Gebirgswall auf und kündigt das Ende der »Großen Steppe« an. Die firngekrönten Gipfel baden im Licht der untergehenden Sonne. Im Süden erhebt sich ein steiler schwarzer Bergkegel, den der wandernde Sand von allen Seiten bedrängt. Das ist der Amnye Bayan, der »reiche Bergvater«, der heilige Berg dieser Gegend. Er gilt den Tibetern als riesenhafter Wächter des Machu, des Gelben Flusses, der in seinem Inneren unermeßliche Schätze birgt. Eine einzige Quelle soll es dort geben, auch einen heiligen Hain und ein kleines Heiligtum, das Lama-Eremiten als Wohnstatt dient. Die ersten Wasserlöcher tauchen auf, der unfruchtbare Sand verschwindet und macht allmählich wieder grünen Weiden Platz.
Dort, wo der Tala endet, liegt das Dorf Heka. Das ist ein chinesischer Name und setzt sich aus He (der Fluß) und Ka (die Mündung) zusammen. Als der deutsche Forscher Albert Tafel zu Anfang des Jahrhunderts hier durchkam, gab es ein paar Nomadenzelte und eine verfallene chinesische Festung. Daraus ist eine schäbige Barakkensiedlung entstanden, die sich im Stile einer Wildweststadt entlang der Straße zieht. Gleich nach Heka beginnt der Aufstieg zum

Semenow-Gebirge. Der alte Karawanenweg führt in direkter Linie zum Paß hinauf, während die Straße sich in kilometerlangen Schlingen hinaufwindet. Das Massiv steckt noch fest in seinem Winterkeid. Ab 3600 Meter Höhe liegt der Schnee so tief, daß mit den Fahrrädern kein Weiterkommen mehr möglich ist. Zahlreiche Fahrzeuge sind hängengeblieben und blockieren die Straße. Wir müssen schaufeln und schieben, um unser Begleitfahrzeug durchzubringen. Ein eisiger Wind und ein Büschel zerfetzter Gebetsfahnen erwarten uns auf dem 3900 Meter hohen Paß. Das Gebirge führt auf alten europäischen Kartenwerken den Namen des Nestors der Asienforschung, des Russen Peter Petrowitsch Semenow, der um die Mitte des 19. Jahrhunderts den Tian Shan erkundete. Von der Höhe des Gebirges genießt man eine beherrschende Rundsicht. Weit draußen im Südosten ist das tief eingeschnittene Tal des Machu zu erkennen, nach Südwesten dagegen breiten sich weitere Grassteppen aus, die von schneebedeckten Gebirgen begrenzt werden.

Bald nach dem Paß kommen wir an den Dahoba, einem Gebirgsfluß, der sich eine tiefe Schlucht gegraben hat. Es beginnt bereits zu dämmern, als wir den in eisige Fesseln geschlagenen Bach, den die Tibeter Honganchu nennen, überqueren. Gleich danach finden wir ein idyllisches Fleckchen, auf dem wir unsere Zelte aufschlagen. Wir befinden uns am östlichen Rand einer Hochebene. Der Himmel

Mädchen aus der Gegend des Blauen Sees auf Pilgerfahrt.

über uns erstrahlt im Abendrot, und die seltsamen Wolkengebilde scheinen die Berge zu berühren, die zu allen Seiten wie Wächter dastehen. In der Ferne sind ein paar Yakhaar-Zelte zu erkennen. Wir sind müde und sinken bald in einen tiefen Schlaf.

Am nächsten Morgen werden wir schon früh geweckt. Die ersten Tibeter haben sich eingefunden und umkreisen laut schnatternd unser Zelt. Sie zupfen an den Schnüren und Planen, schließlich öffnet sich wie durch Zauberhand der Zelteingang und ein paar dunkle, wettergegerbte Gesichter tauchen auf, die uns fröhlich anlachen. Einer von ihnen fordert uns auf, ihm zu seinem Zeltplatz zu folgen. Gerne nehmen wir die Einladung an. Damals ahne ich nicht, daß sich aus dieser Begegnung eine Freundschaft entwickeln wird, die zu einer Serie weiterer Aufenthalte führt, die es mir ermöglichen, das Leben einer Nomadenfamilie in einem ganzen Jahreszyklus zu beobachten.

Abendstimmung am Honganchu (Dahoba). Über den Himmel segeln seltsame Wolkengebilde, die am Horizont Berge berühren, deren Linien für die Ewigkeit geschaffen scheinen.

Teil I Amdo

Kapitel 4

Dokpas, die Bewohner der Einöde

»Weite ist hier noch weiter,
Leere noch leerer.
Und der Geist des Landes wiederum
nährt sich von diesen Nomaden,
die die steinerne Leere beleben.«

Michael Taylor

Anmut und Selbstbewußtsein, Wesensmerkmale der tibetischen Nomadenfrau, vereinigt dieses Golok-Mädchen in eindrucksvoller Weise.

Die beiden goldenen Fische sind eines der acht glückbringenden Zeichen. Sie symbolisieren die Befreiung des Geistes aus dem Ozean des Samsara.

»Sie sind frei, selbständig, selbstsicher und selbstbewußt; Menschen von ausgeprägtem Individualismus, die stolz, stark und oft störrisch sind und sich nicht so leicht unter den Willen eines anderen beugen, es sei denn, daß sie in diesem den überlegenen Führer anerkennen.«
Matthias Hermanns

Wir wandern am Rande der großen Grasebene nordwärts. Ringsum weiden hundertköpfige Yak- und Schafherden. Am Fuße der Bergketten, die die Hochalmen wie ein Kranz umschließen, stehen schwarze Yakhaar-Zelte der Nomaden. Die guten Weiden, die Flußnähe und nicht zuletzt die für den Handel günstige Straße, haben dazu geführt, daß der Ort für tibetische Verhältnisse dicht besiedelt ist. Die Folgen aber bleiben nicht aus. An vielen Stellen ist die Grasnarbe aufgerissen, zeigen sich Löcher und Gruben, die der Erosion ermöglichen, ihr zerstörerisches Werk zu vollenden. Einige der Hügel, die zweifellos einmal mit Gras überzogen waren, haben sich bereits in unfruchtbare Sandberge verwandelt. Ein solcher versandeter Bergrücken schiebt sich nun zwischen uns und dem Honganchu. Wendet man seine Augen von den schädlichen Folgen der Überweidung ab und läßt den Blick in die Ferne schweifen, dann offenbart sich eine zauberhafte Landschaft. Wie ein gelb-grün schimmernder Ozean breiten sich Hochflächen nach allen Richtungen hin aus, Yaks und Schafe als schwarze und weiße Punkte darauf hingestreut. Dahinter steigen braune, sanft geschwungene Hügelketten auf, die von viel höheren, bizarr geformten und schneebedeckten Bergketten überragt werden.

Im Südosten erhebt sich ein markanter, gezackter Kalkberg, dessen Wände steil abfallen. Er gilt den Nomaden der ganzen Umgebung als heilig, und eine Pilgerschaft dorthin ist fast so verdienstvoll wie zum heiligen Berg Amnye Machen. Der deutsche Forscher Albert Tafel lagerte für ein paar Tage an diesem Platz und nannte die Kalkklippe Tschegr Fisung. An ihrem Fuß fand er eine halb zerstörte Gompa, die ein einzelner Eremitenlama bewohnte. Außer diesem gab es dort nur noch eine alte Nonne, die jedoch noch weltabgeschiedener, nämlich in einer der schwer zugänglichen Felsnischen, hauste. Sie bekannte sich zum Bön-Glauben, der vorbuddhistischen Religion Tibets, und drehte ihren Gebetszylinder gegen den Uhrzeigersinn. Die Bönpo gelten auch heute noch in Tibet als Experten im Umgang mit Dämonen und Naturgeistern. Ihre Domäne ist die Magie. Sie werden häufig im Falle von Krankheiten herbeigerufen. Einer von Tafels einheimischen Begleitern, den das Fieber gepackt hatte, ließ sich von der Bönpo-Nonne behandeln. Danach ersuchte auch Tafel um eine Therapie, aber nicht, weil er erkrankt war, sondern aus purer Neugier, um ihre Fähigkeiten zu prüfen. Die Sitzung mit der Einsiedlerin faßt er so zusammen:

»Stier war ihr Blick auf mich gerichtet. In der Linken eine klirrende Glocke, in der Rechten eine wie Blech tönende Handtrommel aus zwei Menschenschädeln, begann sie erst im Baß, dann kreischend und gellend, immer rascher, immer fürchterlicher auf mich einzuschreien. Jetzt läßt sie Trommel und Glocke sinken und fährt mir mit ihren dünnen Krallenfingern mit teuflischem Gebrüll fast ins Gesicht. Jetzt streicht sie schmeichelnd und geschmeidig wie der gewandteste Magnetiseur über meinen Körper, und einen Augenblick später geht es weiter mit Glockenklang und Trommelschlag… Zwei Stunden lang arbeitete sie so mit mir, dann sollte der böse Geist meiner Krankheit gebannt sein. Ich konnte aber in der Folge viele Nächte nicht ruhig schlafen, immer wieder mußte mir die alte Tschumo mit ihren schmutzigen Krallen ins Gesicht fahren und mich aufwecken.«

Nun, vielleicht war gerade das die beabsichtigte Therapie der Bönpo auf die Falschheit des Europäers, der ihr die Krankheit nur vortäuschte, beziehungsweise die unmittelbaren karmischen Früchte, die er sich mit dieser Handlung herangezogen hatte.

Im Nomadenlager

Indessen sind wir in ein nach Nordosten weisendes Tal eingebogen. Sanft steigt das Gelände an. Als wir auf der Kuppe stehen, weitet sich das schmale Tal und gibt eine ausladende Mulde frei. Hier stehen drei Häuserwürfel aus Lehm und drei schwarze Yakhaar-Zelte. Kaum haben uns die Zelthunde entdeckt, stürmen sie auch schon laut kläffend los. Trotz der Bedeckung eines Tibeters gebärden sie sich wie verrückt und erwecken den Anschein, als würden sie jeden Augenblick über uns herfallen. Erst als ein paar Frauen auftauchen und sie mit Steinwürfen verjagen, wagen wir den Siedlungsplatz zu betreten. Mit unserer Ankunft wird es im Nomadenlager rasch lebendig. Die Bewohner kommen aus den Zelten und Häusern geeilt und umringen uns von allen Seiten. Es sind fast nur Frauen und Mädchen. Eine Alte, die in ihrer linken Hand unausgesetzt einen Gebetszylinder in Rotation hält, tritt vor, um uns zu begrüßen:

»Wir stehen vor den Behausungen der ›Kuhhirten‹, der ›Bewohner der Einöde‹, die den Namen Dokpas führen. Dieses Völkchen, das die riesigen, halb wüstenartigen Grasregionen um den Kuku Nor bewohnt und in verschiedene Stämme eingeteilt ist, lebt ausschließlich in Zelten.«

Wilhelm Filchner

Wie eine große Spinne ruht das schwarze Yakhaar-Zelt in der kargen Landschaft. Der weiße Rauch könnte ihr Atem sein, die hölzernen Stangen mit den gespannten Seilen ihre langen Beine.

»Demoche«, bleibt in Frieden.
»Demoche«, erwidern wir den Gruß.

Eine Welle der Herzlichkeit schlägt uns entgegen. Wieder erhellt dieses Lachen ihre Gesichter, das so anrührt. Da ist keine Spur von Scheu oder gar Mißtrauen, kein berechnendes Abtasten und Taxieren, sondern eine Offenheit, wie ich sie bei keinem anderen Volk erlebte. Mit größter Selbstverständlichkeit bitten uns die Frauen ins Zelt und bedeuten uns, auf den ausgebreiteten Teppichen rechts der Feuerstelle Platz zu nehmen. Wo sonst in Asien dürfen die Frauen ungestraft fremde Männer empfangen, wenn die eigenen nicht zugegen sind. In China, in Indien, ganz zu schweigen vom islamischen Orient wäre dies absolut unmöglich. Das allein zeigt schon, wie selbstbewußt die tibetische Nomadenfrau ist, wie sicher sie sich fühlt. Sie ist die unumschränkte Herrin des Zeltplatzes, hier kann sie schalten und walten, wie sie will. Der Mann vertritt die Familie nach außen, er reist und treibt Handel.

Erst am Abend kommen die Männer von der Arbeit nach Hause und können sich um ihre Familien kümmern.

Alter wird respektiert und als Quelle von Lebensweisheit geachtet. Primus inter pares ist die 64jährige Lhamotso. Sie ist es auch, die aus der Gruppe der Frauen heraustritt, um uns zu begrüßen. Sie ist die große Mutter der vier Familien, die hier miteinander leben und durch vielfältige verwandtschaftliche Beziehungen verbunden sind. Lhamotso kniet auf der Stirnseite des langgestreckten Lehmofens und wirft uns zuweilen einen wohlwollenden Blick zu, während sie mit lauter Stimme Anweisungen gibt, wie die fremden Gäste zu bewirten sind. Zwischendurch fließt halb murmelnd, halb gesungen das Mani-Mantra über ihre Lippen. Dann wieder scheucht sie die kleinen Mädchen zurück, die in ihrer unbezähmbaren Neugier immer näher rücken und die rechte Zelthälfte betreten, die für

weibliche Personen tabu ist. Denn in jedem Nomadenzelt herrscht eine genau festgelegte Ordnung. Rechts vom Eingang, wo auch wir sitzen, befinden sich die Plätze der Männer und Gäste, links die der Kinder und Frauen. Mittelpunkt ist die offene Feuerstelle. An der Zeltwand lagern die Vorräte an Gerste, Butter und Reis und die notwendige Gerätschaft des Nomaden – der hölzerne Teemischzylinder, eine Getreidemühle, das Gefäß zum Buttern. Dem Eingang gegenüber, praktisch vor der Zeltrückwand, befindet sich immer ein Altar, der je nach Reichtum der Familie mit Heiligenbildnissen, Butterlampen, seidenen Khadaks und Opfergaben ausgestattet ist. Davor befindet sich einer der beiden Pfähle, die das Zelt tragen. Dieser gilt ebenfalls als heilig. Meistens sind Büschel von Pferde-, Yak- und Schafhaaren daran geknüpft, die den Tieren vor dem Schlachten oder Verkauf ausgerissen wurden. Ein Lama hat sie geweiht und am heiligen Pfahl befestigt.
Auch der Herd verdient es, näher betrachtet zu werden. In den meisten Fällen ist er ein langes, schmales, stufenförmiges Lehm-

Schon sehr früh müssen sich die Kinder an die Hauptnahrung des Nomaden gewöhnen, an Tsampa, ein nahrhafter Brei aus Gerstenmehl, Yakbutter und Tee.

gebilde, das aus zwei parallel zueinander laufenden Mauern besteht. Dort, wo die Mauern am höchsten sind, wird der Brennstoff gelagert. Gefeuert wird ausnahmslos mit getrocknetem Yak- oder Schafdung. Mit einer einzigen Bewegung kann die Nomadenfrau der Glut neue Nahrung zuführen. Zu einer Seite hin gibt es eine Öffnung, wo die Asche herausquillt. Es wird dafür gesorgt, daß die Glut nie ganz erlischt und Tee den ganzen Tag über warm gehalten werden kann. Die Feuerstelle teilt nicht nur das Zelt in zwei Hälften, sie gilt ebenfalls als heiliger Ort. Denn sie ist Sitz des Herdgeistes Thablha, der das Feuer bewacht. Darum darf es nicht verunreinigt werden: Man darf nicht in die Asche spucken, nichts Schmutziges hineinwerfen, nicht überkochen lassen. Kommt ein derartiges Mißgeschick dennoch vor, dann bedarf es bestimmter Sühneopfer, um den Herdgeist wieder zu besänftigen und somit folgenschweres Unglück für die Zeltbewohner zu vermeiden. Selbst an längst aufgelassenen Zeltplätzen wird dem zurückgelassenen Lehmofen und dem darin wohnenden Herdgeist dieselbe Achtsamkeit entgegengebracht, wenn ihn Reisende benutzen, die des Weges kommen. Das gilt auch für die Feuerstellen, die nur aus drei zusammengestellten Steinen bestehen und die man häufig am Wegesrand findet. Es ist nicht verwunderlich, daß das Feuer eine so hohe Bedeutung bei den Nomaden hat. Wer einmal das Leben dieser Menschen geteilt hat, der wird diese Abhängigkeit begreifen. Ohne Feuer gäbe es keine menschliche Existenz auf diesen unwirtlichen Gebirgswüsten. Nur wir haben in unserem künstlichen und objektivierten Dasein die Beziehung zu den Grundelementen – zu Feuer, Erde, Wasser und Luft – verloren. Für uns sind das selbstverständliche Dinge, deren Wertigkeit uns erst bewußt wird, wenn wir sie zerstört haben. Hier und wo immer man sich elementarer Natur aussetzt hat man die Chance, ein wenig von dieser Bewußtheit und Sensibilität zurückzugewinnen, die wiederum dem Nomaden so selbstverständlich ist beziehungsweise war.

In der Zwischenzeit kocht das Wasser am Herd. Die Nomadenfrau bricht nun ein Stück von einem großen Teeziegel ab, zerdrückt es mit den Fingern und wirft die Teeblätter ins kochende Wasser. Dann mengt sie noch frische Yakmilch hinzu, und nach ein paar Minuten wird der Tee serviert. Früher wäre es undenkbar gewesen, ohne eigene Teeschale in Tibet herumzureisen. Jeder Tibeter, auch der ärmste Bettler, besaß eine, ohne sie hätte man einfach nichts bekommen. Heute verfügt jede Nomadenfamilie über ein paar billige chinesische Schalen. Mit größter Vorsicht, damit ja kein Tropfen auf das Feuer fällt, wird der Tee ausgeschenkt und genauso vorsichtig uns über den Herd gereicht. Die Schale wird mit beiden Händen gefaßt, das gilt als höflich. Zusätzlich stellt man noch eine hölzerne Kiste vor unsere Füße. Darin finden sich die drei Bestandteile des Hauptgerichts aller tibetischen Nomaden: Gerstenmehl, Yakbutter und Krümelkäse. Aus ihnen bereitet man Tsampa, einen äußerst nahrhaften Brei. Allerdings muß die Tsampabereitung geübt sein. Die Käsekrümel lasse man lieber in Ruhe, sie sind hart wie Stein und mit unserem verkümmerten Beißwerkzeug kaum zu knacken. So leere man zuerst seine Schale mit Tee, fülle sie zur Hälfte mit Gerstenmehl, füge einen Klumpen Yakbutter hinzu und lasse Tee darübergießen. Dann trinke man oder besser gesagt: schlürfe man die fettige Brühe. Mit dem verbliebenen Rest schließlich forme man eine teigige Masse, die dann die richtige Konsistenz hat, wenn sie sich mit Gerstenmehl, Butter und Tee zu einer Kugel formen läßt. Das ist Tsampa.

Die Gerste konnten die Nomaden früher bei den tibetischen Bauern gegen Butter, Wolle und Häute eintauschen: heute sind sie gezwun-

»Die dortigen Frauen tragen einen eigenartigen, geschmackvollen Rückenschmuck, meterlange Bänder mit faustgroßen silbernen Halbkugeln und Steinen besetzt, von denen zwei in einem Abstand von 20 Zentimetern nebeneinander an den Zöpfen befestigt werden.«
Wilhelm Filchner

gen, diese bei Händlern zu erwerben, genauso wie ihren geliebten Ziegeltee, der seit eh und je aus der chinesischen Provinz Sichuan kommt. Dieser Tee wird vornehmlich aus alten Blättern, Stengeln und allerlei Abfällen gewonnen, in Teehäusern gedämpft und in Holzformen zu rechteckigen Ziegeln gepreßt. Den Chinesen gilt er als minderwertig, aber die Tibeter schätzen ihn über alles. Er schmeckt bitter und herb und muß stets gut abgekocht werden. Das lebensnotwendige Tsampamehl gewinnt der Nomade, indem er zuerst die Gerste in einer flachen Pfanne röstet, deren Boden mit Sand bedeckt ist. Danach wird die geröstete Gerste vom Sand getrennt und mit Hilfe einer steinernen Handmühle gemahlen. Nach dem sättigenden Tsampamahl müssen wir noch Unmengen an Tee trinken. Nach jedem Schluck verlangt die Nomadenfrau unsere Schalen, um sie wieder randvoll zu machen. Man muß die gefüllten Schalen stehenlassen, denn eine leere würde heißen, daß man noch nicht genug hat, und dies würde von der Gastgeberin als Aufforderung verstanden werden, diese erneut zu füllen.

Lhamotso und ihre Sippe

Lhamotso — was soviel wie »Engel« bedeutet — führt uns von Wohnplatz zu Wohnplatz, gefolgt von der ganzen Schar Kinder und Halbwüchsiger. Vier Familien haben sich hier zusammengeschlossen. Es sind im wesentlichen die Familien von Lhamotsos Kindern. Drei davon — zwei Töchter und ein Sohn — leben hier. Ein weiterer Sohn ist nach alter tibetischer Tradition in den Mönchsstand eingetreten und wohnt im Kloster. Der hier lebende Sohn heißt Tsering — das bedeutet »langes Leben« — und bewohnt mit seiner hübschen Frau Tschilo, die aus Heka stammt, und ihren beiden Kindern Wamatso und Tashi Tserang einen der festen Lehmbauten. Das rechteckige braune Gebäude besitzt einen ummauerten Vorhof und besteht praktisch aus einer einzigen Vorratskammer und einer Wohnküche, deren größtes Mobiliar eine Holzpritsche ist, die drei Viertel des Raumes ausfüllt. Tsering ist Lastwagenfahrer und tätigt den Handel für die gesamte Gruppe. Sein Fahrzeug, ein alter chinesischer Jiefang, ein Lastwagen Marke Befreiung, konnte für 4000 Yuan gemeinsam erworben werden. Damit sind sie in der glücklichen Lage, ihre Produkte auf entfernten Märkten anbieten zu können und sind damit weniger von den chinesischen Händlern der näheren Umgebung abhängig, die den Markt beherrschen und die Preise festsetzen. Tserings Familie besitzt 70 Yaks und 150 Schafe. Sie stufen sich selbst als arm ein, reiche Nomaden, so geben sie an, würden 200–300 Yaks besitzen. Pro Yak sei 1 Yuan an Steuer zu entrichten.

Ein weiteres der drei gemauerten Häuser bewohnt Lhamotso selbst. Es ist das schönste und größte von allen und thront noch dazu auf

»Weil in Tibet das Verhältnis der Geschlechter zueinander so ganz anders ist als in China, verachten die Chinesen die Tibeter als Barbaren, als kulturlose und sittenlose Wilde, weil sie glauben, daß echte Kultur nur in der Beachtung des chinesischen Sittenkodex und im Schreiben der chinesischen Charaktere bestehe. Die Seele der Kultur ist jedoch die Kultur der Seele und des Herzens.«

Matthias Hermanns

einem Hügel, der sich inmitten des Siedlungsplatzes erhebt. Abgesehen von den beiden Räumen verfügt das Haus noch über einen Anbau, in dem sich eine kleine private Kapelle befindet. Hier hängen überall an den Wänden Bilder von buddhistischen Gottheiten und Heiligen. Die Rückwand ziert ein kleiner Altar, auf dem sich Gebetsbücher, Butterlampen, seidene Glücksschals und die Gebetsschnur befinden, und dorthin wandert auch sofort das Dalai-Lama-Bild, das ich ihr schenke.

Den dritten Häuserwürfel schließlich bewohnt Lhamotso Tochter Jonghe mit ihrem Mann Lopsang und den vier Töchtern Tscharle, Datsang, Lintso und Debe.

Jonghes Schwester und ihre Familie sind die Besitzer jenes prachtvollen Yakhaar-Zeltes, in dem wir bei unserer Ankunft so gastlich bewirtet wurden. Es ist von einer brusthohen Lehmmauer umgeben, die einigermaßen Schutz vor den Winterstürmen bietet. Auf der gesamten Stirnseite und über dem Eingang ist eine Schnur gespannt, von der weiße Stoffetzen herabhängen, die mit heilbringenden Formeln bedruckt sind. Links vom Zelteingang befindet sich auch eine Stange, an die ein rundes Metallschälchen geknüpft ist, in dem mindestens einmal am Tag Zypressenzweige, Gerstenmehl und Butter verbrannt werden. Hier wird der Schutzgeist des gesamten Zeltes verehrt, Guryi Gonpo, der auf Bildern mit einer gewaltigen Keule bewaffnet dargestellt ist.

Etwas oberhalb, auf aussichtsreicher Hanglage, befindet sich ein weiteres Zelt, allerdings ein viel kleineres, das auch keine Umfriedungsmauer schützt. Hier schlafen die halbwüchsigen Mädchen, und dort befindet sich auch die große steinerne Mühle, mit der die tägliche Tsamparation gemahlen wird. Ein Stück entfernt, noch weiter oben, steht ein drittes Zelt. Es wird von Tschilos Schwester und ihrer Familie bewohnt. Zwischen den Zelten und Häusern gibt es mehrere schwarze, pyramidenförmige Haufen. Sie bestehen aus gesammeltem, getrockneten Yakdung, dem einzigen Brennstoff, den es hier gibt. Unterhalb von Tserings Haus liegt eine kreisförmige, ummauerte Fläche. Dort werden die Schafe in den eisigen Wintermonaten während der Nacht hineingetrieben. Die zottigen Yaks brauchen derlei Komfort nicht, sie sind winterfest und können auch der größten Kälte standhalten.

Ein Ort ist noch zu erwähnen. Er liegt auf einem kleinen Hügel und ist den zahlreichen Lhas und Lus – den Erd- und Wassergeistern – geweiht, die die Natur beseelen. Aus der Spitze des Hügels reckt sich eine Stange, an deren oberem Ende sich ein hölzernes Gebilde befindet, ähnlich einem Starenhäuschen, in das der Wind hineinfährt und kleine Rädchen in Bewegung setzt. Zu Füßen des Hügels erhebt sich noch ein kleiner gemauerter Tschörten, Symbol für den erleuchteten Buddhageist. Das also ist die Welt dieser Nomaden, eine Welt, die sie nur einmal im Jahr verlassen, nämlich in den Monaten August und September, um auf Weiden zu wechseln, die

Ein Platz in der Mitte des Nomadenlagers ist den lokalen Gottheiten geweiht und Buddha selbst, dessen erleuchteter Geist der kleine Tschörten symbolisiert, vor dem Lhamotso täglich das Mani-Mantra absingt und gleichzeitig den Gebetszylinder andreht.

Links oben: Lintso

Links: Debe

Oben: Tscharle

Unten: Dotsang

rund zehn Kilometer entfernt sind. Dann spätestens ist alles Gras in der näheren Umgebung abgeweidet.

Strategien des Überlebens

Gegen Abend kommen auch die Männer heim. Die Knaben und Halbwüchsigen treiben die Yaks und Schafe herbei. Sie jauchzen und singen dazu und lassen die Steinschleudern knallen. Alle helfen zusammen, alles ist eingefahrene Routine. In wenigen Minuten sind die Tiere für die Nacht versorgt. Nun eilen die Frauen mit den Melkkübeln daher, blitzschnell werden Stricke um die Hinterbeine geschlungen und die Yakkühe mit flinken Händen gemolken. Erst danach dürfen die Jungtiere an die Mütter heran. Die kostbaren Herden werden niemals nachtsüber auf den Weiden gelassen. Sie könnten Raubtieren zum Opfer fallen oder gestohlen werden. Das Zusammentreiben der Tiere vor dem Zeltplatz hat auch den Vorteil, daß der Yakdung nicht irgendwo im Gelände gesucht werden muß. Nachdem die Tiere versorgt sind, nimmt die Familie gemeinsam die Abendmahlzeit ein. Es ist die Hauptmahlzeit des Tages. Tee und Tsampa sind die gewohnten Bestandteile. Gelegentlich gibt es noch getrocknetes Yakfleisch oder gekochtes Schaffleisch. Die Fleischbrühe gilt als besonderer Leckerbissen und wird zum Schluß serviert. Geschlafen wird auf Filzmatten oder Teppichen, die man flink ausrollt. Das universale Kleidungsstück, der knöchellange Fellmantel, wird auch in der Nacht nicht gänzlich abgelegt und dient als Decke. Eine gewisse Unempfindlichkeit ist schon notwendig, um in einem Nomadenzelt gut zu schlafen. Denn der Körper ist einem Wechselbad der Temperaturen ausgesetzt. Auf der einen Seite, zum Herd hin, ist einem heiß, auf der anderen dagegen friert man vor Kälte, die durch die grobmaschige Zelthaut kriecht.

Die Tibeter sind chronische Frühaufsteher. Gleichgültig ob sie sich an ihrem Wohnplatz befinden oder als Pilger irgendwo unterwegs sind, stets erheben sie sich, wenn es draußen hell wird. Der neue Tag beginnt, wie der letzte aufgehört hat: mit mehreren Schalen Tee und Tsampa. Dann gilt ihre Aufmerksamkeit wieder den Tieren. Die Männer und Hirtenjungen treiben die Schafe aus dem ummauerten Verschlag. Die Frauen sind damit beschäftigt, noch schnell ein paar Kühe zu melken, dann werden auch die Yaks losgebunden. Rasch ergreifen die Hirten ihre Schleuder und den Tagesproviant – einen Beutel voll Tsampa und etwas Krümelkäse – und ziehen mit den Herden davon. Zurück bleiben die Frauen, Mädchen und Kleinkinder. Für die Daheimgebliebenen wartet nun eine Reihe von Arbeiten, die zur täglichen Routine gehören. Da ist einmal das Einsammeln des frischen Yakdungs. Die Fladen werden in Säcken gesammelt, dann am Boden aufgeschüttet und verteilt, damit sie während des Tages trocknen. Der trockene Dung wird schließlich auf einen der Haufen

Jonghe beim morgendlichen Melken der Yakkühe. Es ist Mitte Januar und so kalt, daß die Finger beim Fotografieren klammsteif werden. Die Nomadenfrau scheint davon unberührt, als würde ein unsichtbarer Panzer sie schützen.

Sobald die Tiere auf die Weiden gewandert sind, beginnen die Frauen mit dem Einsammeln des zurückgelassenen Yakdungs. Das ist tägliche Routinearbeit, denn der getrocknete Yak- und Schafdung ist auf den holzarmen Hochflächen der einzige Brennstoff des Nomaden.

Dopkas, die Bewohner der Einöde KAPITEL 4

geleert, die den Vorrat an Brennmaterial bilden. Einige der Frauen oder halbwüchsigen Mädchen machen sich dann auf den Weg zum Fluß hinunter, um den täglichen Bedarf an Wasser heranzuschaffen. Das ist vor allem im Winter eine Knochenarbeit, wenn der Fluß vollkommen zugefroren ist und alles Wasser in Form von Eis-

Nomaden sind Frühaufsteher. Kaum ist die Sonne aufgegangen, verlassen sie ihre Zelte, und bald ziehen die Hirten mit den Yaks und Schafen auf die Weiden hinaus.

Durch Beobachten und Nachahmen lernen die Nomadenkinder all die Tätigkeiten, die sie als Erwachsene beherrschen müssen. Lintso beim Spinnen der Schafwolle.

Viele Stunden und Tage verbringt Tschilo, um aus Yakhaar lange schmale Bahnen zu weben, die zur Herstellung oder zum Ausbessern der Zelthaut dienen.

blöcken heraufgeschleppt werden muß. Die Kleinkinder werden tagsüber von der Großmutter oder den älteren Geschwistern betreut.

Viele Stunden verbringen die Frauen und Mädchen mit dem Spinnen der Yak- und Schafwolle. Der richtige Umgang mit der Spindel erfordert viel Geschick und Erfahrung, Fähigkeiten also, die meistens den älteren Frauen eigen sind. Eine andere, aber nicht minder anstrengende Tätigkeit ist das Weben schmaler Bahnen aus Yakhaar, die zur Zelthaut zusammengenäht werden. Diese Arbeit wird im

»Das beständige Leben in der freien Natur – das Zelt dient ihm nur, um bei Tag seine Mahlzeit einzunehmen und in der Nacht dort auszuruhen – schärft die Sinne. Das Gehör ist äußerst fein und vermag sogleich die verschiedensten Geräusche zu unterscheiden. Sie haben ein besonders scharfes Auge, können in sehr weiter Entfernung selbst die Farbe eines Pferdes erkennen und vermögen in pechschwarzer Nacht sicher den Weg zu verfolgen. Auf einer meiner Reisen schaute ein Tibeter durch mein Zeiss-Fernrohr. Er setzte es jedoch verächtlich ab und sagte: ›Das sehe ich mit meinem bloßen Auge genauso gut.‹«

Matthias Hermanns

Frühjahr verrichtet. Die Webvorrichtung ist so groß, daß sie nur im Freien aufgestellt werden kann. Die mehrere Meter langen schwarzen Yakhaar-Schnüre sind fest über ein Holzgerüst gespannt. Das Verweben der groben Schnüre erfordert große physische Kraftanstrengung.

Je länger man das Leben dieser Nomaden beobachtet, desto mehr offenbart sich, wie sehr sie von der Wohlfahrt ihrer Herden, insbesondere vom zottigen Yak, abhängig sind. Man kann sich kaum vorstellen, was der Yak dem Nomaden alles gibt. Der Yak gibt Milch, daraus macht man Butter, Käse und Joghurt; aus dem Yakhaar wird die Zelthaut gewonnen, wie wir gesehen haben; aus der Haut macht man Riemen, Gurte, Zaumzeug, damit kann man Boote bespannen, um Flüsse zu überqueren. In die Haut wird Tee zum Transport eingenäht, in den Magen zur Lagerung die Butter. Der Yakmist wird gesammelt, getrocknet, liefert den lebenswichtigen Brennstoff. Wegen des allgemeinen Holzmangels haben sie manchmal nicht einmal die Stangen, die sie zum Aufstellen ihrer Zelte benötigen. Auch diese gibt ihnen der Yak. Die Sehnen werden zusammengenäht, mit Kieselsteinen gefüllt, dann läßt man sie mehrfach im Freien gefrieren und wieder von der Sonne erhitzen, so lange bis die Sehnen fest und hart sind, dann entfernt man die Kieselsteine; übrig bleibt eine hohle, superleichte Zeltstange! Der Yak ist Reit- und Lasttier, Fleischquelle, ja selbst auf die gebleichten Knochen und Schädel können noch viele Gebetsformeln aufgemalt werden, bevor man sie irgendwo als Opfergabe niederlegt.

Wie kostbar dem Nomaden seine Tiere sind, zeigt allein schon der Umstand, daß es beinahe für jedes Alter einen eigenen Namen gibt. Sie haben eine eigene Bezeichnung für das gerade geworfene Pferd, Yak oder Schaf, für das ein-, zwei-, drei-, vier- oder fünfjährige Tier. Ein Yak hat deshalb für den Tibeter einen weitaus höheren Wert als der Kilopreis seines Fleisches. Nicht so für die Chinesen, die den Handel kontrollieren und denen die Nomaden ihre Tiere weit unter Wert verkaufen müssen.

Soll ein Tier geschlachtet werden, sei es zum eigenen Bedarf oder zum Verkauf, dann wird stets auch die Nomadenfrau mitentscheiden. Bei Tieren, die sie als Mitgift in die Ehe einbrachte, hat sie allein Verfügungsrecht. Geschlachtet darf ein Tier nur vom Mann werden. Während der Kulturrevolution mußten die Tibeter auch dieses Tabu brechen. Die Frauen wurden gezwungen, Tiere zu töten. In der Regel werden die Tiere erstickt. Sind sie tot, öffnet man den Bauch und weidet sie aus. Das Blut wird im Bauch aufgefangen, es darf nicht auf die Erde fließen. Das gilt auch für das Kastrieren junger Tiere. Deshalb wird der Samenstrang mit einer starken Sehne abgebunden, sodaß die Blutzirkulation unterbrochen wird und die Hoden absterben.

Folgen chinesischer Unterdrückung

Es ist noch nicht lange her, seit die Kommunisten eingesehen haben, daß es keine bessere Nutzung von Hochflächen und Gebirgen gibt als den Nomadismus. Die schlimmsten Auswüchse der Kulturrevolution wurden Anfang der achtziger Jahre korrigiert, als sich Chinas Flirt mit dem Kapitalismus allmählich auch in Tibet auszuwirken begann. Die Kommunen wurden aufgelöst, das kollektivierte Eigentum wieder unter den Familien aufgeteilt, eine beschränkte Reise- und Religionsfreiheit gewährt. Die brutalen Eingriffe in die überkommene Kultur und das an die lokalen Gegebenheiten angepaßte Leben der Nomaden hatten zu wirtschaftlichen Katastrophen, zu Hungersnöten geführt und bitterem Haß, den man überall spürt. Die herrschenden Chinesen wollten eine homogene atheistische Gesellschaft errichten, und der Angriff auf die tibetische Kultur war ein totaler. Nichts sollte davon mehr übrigbleiben, nicht einmal die Sprache. In den Jahren der politischen Umerziehung, der entwürdigenden Klassenkampfsitzungen, die die Tibeter von der Minderwertigkeit ihrer Kultur und Lebensform überzeugen sollten, ist viel mehr zerbrochen, als heute durch äußere Restauration wiedergutgemacht werden kann. In Kampagnen wurden die tibetischen Wildtiere als nutzlose Schädlinge gebrandmarkt und von den chinesischen Besetzern mit automatischen Waffen abgeknallt. Auch die Tibeter wurden gezwungen, sich daran zu beteiligen; wie Flüchtlinge berichten, mußten sie dabei ein festgesetztes Plansoll erfüllen, andernfalls wurden sie bestraft. Die damals herrschende allgemeine Nahrungsknappheit trieb viele Tibeter zur Jagd, um überhaupt ihre Familien ernähren zu können. Das alte buddhistische Gesetz, kein lebendes Wesen zu töten, schon gar nicht aus Profitgier, ist irgendwo auf der Strecke geblieben. Wie sonst ist zu erklären, daß Tibeter, die mich zum heiligen Berg Kailas begleiteten, auf die wenigen Wildtiere schießen wollten, denen wir begegneten, daß im Markt von Jyekundo die Felle von streng geschützten Schneeleoparden und Luchsen angeboten werden und daß tibetische Jäger Antilopen nachstellen, weil sich das Horn gut verkaufen läßt. Es wird in der chinesischen Medizin zur Herstellung von Arznei verwendet.

Gewiß haben die Chinesen durch das wahllose Abschlachten in der Vergangenheit die größten Schäden angerichtet, aber der verbliebene Rest in den letzten Nischen der tibetischen Gebirgswelt wird weiterhin durch den Menschen bedrängt. Die Situation ist dramatisch. Die tibetischen Wildtiere stehen heute auf den Listen bedrohter Arten an oberster Stelle. Ich war zwischen 1985 und 1991 insgesamt länger als ein Jahr in Tibet unterwegs, bin dabei Hunderte Kilometer zu Fuß gewandert, habe weite Strecken mit dem Fahrrad zurückgelegt und Tausende Kilometer mit geländegängigen Fahrzeugen. Dabei bin ich dreimal einer kleinen Gruppe von Wildeseln

»Die Chinesen, die in diesem Teile Tibets stark vertreten sind, machen den Tibetern ihre angestammten Weideplätze streitig, und außerdem müssen die Tibeter den chinesischen Grenzbeamten hohe Steuern in Yakwolle zahlen. Dazu verkaufen die Chinesen den Tibetern schlechte Ware und bedienen sich obendrein falscher Maße. Die Tibeter sind in diesem Gebiet ganz der Spielball chinesischer Willkür.«
Wilhelm Filchner

»Hundertköpfige Kulan-Herden, eine Wildeselart, wagten sich aus Neugier oft sehr dicht heran und umschwärmten unsere Karawane.«
Wilhelm Filchner

(Kyangs) begegnet, ebensooft sah ich Antilopen, einmal erblickte ich einen Luchs, einmal einen Fuchs und ein einziges Mal einen Schwarzhalskranich. Nie sah ich einen Wildyak, einen Bären oder gar einen Schneeleoparden. Wenn auch die Menschen fehlten, hatte ich das Gefühl, als befände ich mich auf einem toten Planeten, als gäbe es hier gar kein Leben. Es waren jedoch Gebiete, in denen zu Beginn des Jahrhunderts noch riesige Tierherden herumstreiften, die – so berichten europäische Forscherpioniere – so zahm waren, daß sie sich den Karawanen auf kürzeste Entfernung näherten.

Nomadenfamilie auf Wanderschaft. Der zottelige Yak ist Reit- und Lasttier des Nomaden.

»Diese Welt des Himmlischen und Dämonischen, des Göttlichen und Magischen, des Geheimnisvollen und Wunderbaren wird von ihnen stark erlebt und in ihren Sitten und Gebräuchen nachgefühlt. Doch kommen sich die Tibeter in dieser Welt des Unheimlichen und doch Anheimelnden nicht verloren und hilflos vor, sondern stehen mit beiden Füßen fest auf dem Boden der rauhen Wirklichkeit. Ihr starker Wille, ihr sicheres Streben, ihr stolzes Selbstbewußtsein und überlegenes Weltgefühl künden von einem rastlosen Streben, sich einen festen Platz in dieser und in der anderen Welt zu erobern.«
Matthias Hermanns

In den Monaten April und Mai fällt viel Schnee auf das Land der Amdo-Nomaden. Wenn man den Winter nach den Schneemengen bemißt, so findet er in diesen Monaten statt. In den klassischen Wintermonaten Januar und Februar liegt kaum Schnee, die ganze Landschaft ist monoton braun: im April dagegen sind alle Berge über 4500 Meter Höhe tief verschneit. Das Wetter ist zu dieser Zeit extrem wechselhaft. Manchmal wird es unter der Einstrahlung der Höhensonne so warm, daß man stöhnt und schwitzt, dann aber zieht es sich blitzschnell zu und alles versinkt in wenigen Minuten in einem Flockenwirbel. Aber der Schnee bleibt nicht lange liegen. Sobald die Sonne wieder da ist, trocknet sie den Schnee sofort auf. Die Natur aber erblüht. Überall sprießen Blumen und das Gras leuchtet in sattem Grün. Im Sommer fällt der Niederschlag eher in Form von Regen. Das Gras ist dann am fettesten und man kann förmlich zusehen, wie die Tiere der Nomaden immer wohlgenährter werden.

Die Sommermonate sind es auch, in denen die Nomaden ihren religiösen Pflichten nachkommen und ausgedehnte Pilgerreisen unternehmen. An erster Stelle steht dabei die Wallfahrt zum großen Ahnherrn Amdos, zum Geisterkönig Machen Pomra, der seinen Wohnsitz im Eispalast des Amnye Machen genommen hat. Diesen heiligsten Berg Amdos wenigstens einmal im Leben zu sehen und zu umrunden ist selbstauferlegte Pflicht eines jeden Nomaden. So scheuen sie keine Anstrengung, keine Mühsal, dieses Ziel zu erreichen. Der Amnye Machen zieht die Menschen magisch an. Von allen Richtungen, von nah und fern, strömen die Gläubigen ihm zu. Sie kommen auf Pferden und Yaks dahergeritten, mit Kind und Kegel, beschützt von ihren gefürchteten Hunden, die die Pilgerkarawanen ständig umkreisen. Sie haben ihre kostbaren Kleider angelegt, Zelte und Proviant dabei. Überall wo sie lagern entstehen kleine Zeltsiedlungen, wird an offenen Feuerstellen gekocht und der Buttertee bereitet, den sie unausgesetzt trinken, um der Dehydration des Körpers in dieser Höhe entgegenzuwirken. Die Umrundung des Amnye Machen dauert durchschnittlich vier bis fünf Tage, aber viele sind Wochen unterwegs, um erst einmal an den heiligen Berg heranzukommen.

Im August tritt Lhamotsos Sippe ihre Wanderschaft an. Dann verlegt man das Lager für zwei Monate auf Weidegründe, die zehn Kilometer entfernt sind. Das ist absolut notwendig, damit sich die Grasflächen in der Umgebung des »Basislagers« erholen. Es muß nachwachsen können, um die Tiere durch die kargen Wintermonate zu bringen. Das Grasland ist unter den einzelnen Nomadenfamilien genau aufgeteilt, und es sind immer die gleichen Weideflächen, die sie benutzen. Man wird deshalb auch nie mehr als drei bis sechs Zelte finden, die sich zusammengeschlossen haben, denn sonst wären die gemeinsamen Herden so groß, daß das Grasland der näheren Umgebung sehr schnell abgeweidet sein würde und sie gezwungen wären, das Lager häufig zu verlegen. Das »Basislager« wird nicht ganz entblößt und leer zurückgelassen. Wohl ziehen die meisten Siedlungsbewohner mit ihren Zelten und Herden ins neue Lager hinauf, aber zwei Frauen bleiben zurück – die alte Lhamotso und ihre Schwiegertochter Tschilo. Die beiden kümmern sich um Tschilos jüngsten Nachwuchs, um die kleine Tashi Tserang, die erst vor wenigen Monaten geboren wurde.

»Wenn der Frühling da ist, hat sich das Bergvölkchen gerüstet, die geschützten Winterplätze am Fuß der Berge mit Hochtälern und guten Weideplätzen zu vertauschen. Mit Zelten, Kind und Kegel und allem Vieh ziehen sie ab. Einige der schwarz- oder graufarbigen Yaks mit weißen Bäuchen sind mit Zelten und Zubehör bepackt. Auf einem Milchyak thront eine ihr Kind stillende Frau im schönsten Schmuck, den sie alle anlegen bei Reisen in ihrem geliebten Land.«

Wilhelm Filchner

Geburt, Liebe und Tod im Leben der Nomaden

Bei den Nomaden herrscht die Vorstellung, daß Geburt und Sterben, Werden und Vergehen, auf dem Erdboden zu erfolgen haben. Die Niederkunft geschieht gewöhnlich in einem kleinen Zusatzzelt. Ist kein solches vorhanden, dann verlassen die Männer das große Familienzelt, und die Geburt erfolgt dort. Bemerkenswert ist die

Tschilo mit ihrer jüngsten Tochter Tashi Tserang. Der Lederbeutel, den sie wie einen Rucksack auf dem Rücken trägt, ist ein Abwehrzauber. Darin befinden sich mit heiligen Formeln bedruckte Papierstreifen und Fetische, die das Kind vor Krankheiten und Unfällen schützen sollen.

Sitte, daß die Nabelschnur auf keinen Fall durchschnitten werden darf, weder mit einem Messer, noch mit irgendeinem anderen scharfen Gegenstand, sonst würde, so glaubt man, die Lebenskraft des Kindes durchtrennt. Die Nabelschnur wird deshalb von einer Helferin oder der Gebärenden selbst mit den Zähnen abgebissen. Drei Tage nach der Geburt wird das Kind zum erstenmal gewaschen. Auch findet zu diesem Zeitpunkt die rituelle Namengebung statt. Ein Lama wird gerufen, der verschiedene Zeremonien und Opfer durchzuführen hat, die die Lebenskraft des Kindes stärken sollen. Es muß immun gegen Dämonen werden, die Krankheiten verursachen. Zum Schluß ruft er laut den Namen des Neugeborenen. Der Name wird vorher von den Eltern ausgesucht. Er unterliegt nicht irgendwelchen Modeströmungen wie bei uns, ist auch nicht Schall und Rauch, sondern bezieht sich auf Ereignisse im Zuge der Geburt, drückt den Wunsch der Eltern für ein gnädiges Schicksal aus oder erinnert an verstorbene Verwandte, von denen man glaubt, daß sie in diesem Kind wiedergeboren wurden. Tschilos jüngstes Kind erhielt deshalb den Namen Tashi Tserang, das heißt »glückliches langes Leben«. Zur Sicherung eines günstigen Schicksals verbrennen die Eltern viele auf Papier gedruckte Windpferde, sogenannte Lungta, weil diese Opfer den Schicksalsgott günstig stimmen. Im Falle von Tashi Tserang ist der Lama zum Entschluß gekommen, daß das Kind einen Abwehrzauber tragen muß. Das sind mit Bannformeln bedruckte Papierfetzen und allerlei Fetische, die man in einen ledernen Beutel einnäht und dem Kind auf den Rücken bindet.

Die Kinder der Nomaden sind schon sehr früh kleine Erwachsene. Durch Zuschauen und Nachahmen lernen sie bald all die Tätigkeiten, die sie im Nomadenleben können müssen. Im Alter von fünf bis sechs Jahren wird den Mädchen zum erstenmal das Haar zu 108 Zöpfen geflochten. Die Zahl 108 gilt den Tibetern als heilig. Buddhas Schriften in tibetischer Sprache umfassen 108 Bände, eine Gebetsschnur hat 108 Perlen, ein großes Kloster 108 Gebäude…

Die chinesischen Besatzer erlauben den tibetischen Familien nur zwei Kinder. Für jedes weitere Kind müssen die Eltern 1000 Yuan Strafe bezahlen. So geschah es im Falle von Jonghe und Lopsang, die fünf Kindern das Leben schenkten. Damit hatten sie noch Glück gehabt, denn die Chinesen praktizieren noch ganz andere Methoden, um zu verhüten, daß die Tibeter zu zahlreich werden. Zwangssterilisation! Ein derartiger Fall sollte uns später noch begegnen.

Die Nomaden leben in monogamen Ehen zusammen. Andere in Tibet praktizierte Eheformen wie Polygamie (Vielweiberei) und Polyandrie (Vielmännerei) kommen hier in der Regel nicht vor. Es gibt nur eine Situation, die Polygamie toleriert: nämlich dann, wenn die Frau unfruchtbar ist. In diesem Fall darf der Mann sich scheiden lassen oder eine zweite Frau nehmen, um Nachkommen zu erhalten. Dieses Recht kann auch die Frau in Anspruch nehmen, wenn

Tashi Tserang, »glückliches langes Leben«, im Alter von zwei Jahren. Den magischen Schutz aus Leder hat sie bereits abgelegt. Er hat seine Funktion erfüllt.

der Mann zeugungsunfähig ist. Polygame Ehen gab es in der Adelsgesellschaft Zentraltibets. Ehen, wo eine Frau gleich alle Brüder einer Familie heiratete, wurden unter Bauern praktiziert. Diese Form des Zusammenlebens entstand aus wirtschaftlicher Not und hatte den Vorteil, daß der bäuerliche Besitz nicht geteilt werden mußte. Formell vermählte sich die Frau nur mit dem ältesten Sohn, aber die jüngeren Brüder wurden automatisch ihre Gatten.

In älteren Schriften tauchen immer wieder Berichte auf, die von einem Frauenkönigtum künden, das einmal in Tibet existiert haben soll. Sie gehen auf alte chinesische Annalen zurück und setzen sich in den Schriften europäischer Forscherpioniere fort. Der Mythos scheint unausrottbar. Zuletzt vermutete man eine Königin bei den wilden Golok-Nomaden. Aber in Wirklichkeit ist dort nichts bekannt, ja die Golok waren nicht einmal in Königtum und Stammesfürsten organisiert.

Die Eheschließung ist im Leben des Nomaden ein wichtiger und einschneidender Akt. In den meisten Fällen zieht die Frau zum Mann, jedoch gibt es auch Ausnahmen, wie das Beispiel der beiden Töchter von Lhamotso belegt, wo es die Männer waren, die hierher zogen. Die Nomaden wachsen sehr frei auf. Die Mädchen werden weder aus Angst vor sexueller Betätigung und deren Folgen weggesperrt, noch gibt es irgendwelche Tabus, so daß sich die jungen Menschen ohne Schuldgefühle begegnen können. Entsteht aus einer vorehelichen Beziehung ein Kind, so stellt das keinen Makel für die Frau dar, ganz im Gegenteil, es bezeugt, daß die Frau fähig

»Bei den Tibetern beobachtete ich oft wunderschönes Familienleben, während in China das Zusammenleben häufig zur kalten Konvention herabgesunken ist, in der nur Egoismus großgezogen werden kann.«
Albert Tafel

»Es ist eine schwierige Aufgabe, diesen doppelten Wall von langen Zöpfen aufzubauen, die in diesem Teil Tibets noch durch Strähnen schwarzer Wolle verlängert werden. Wenn die Frauen ihre Zöpfe herabhängen lassen, bilden sie um Kopf und Schultern einen weichen, durchsichtigen Schleier, was sie sehr gut kleidet. Die Enden der Zöpfe werden dann mit einem farbigen Band zusammengebunden, das am Gürtel befestigt ist.«

André Migot

Buddhas Lehre umfaßt in tibetischer Sprache 108 Bände, eine Gebetsschnur hat 108 Perlen, ein großes Kloster 108 Gebäude, und eine Nomadenfrau flicht ihr Haar zu 108 Zöpfen.

ist, für Nachkommenschaft zu sorgen. Haben sich zwei Nomaden und deren Familien zur Heirat entschlossen, bedarf es einer ganzen Reihe von Vorbereitungen, bis der eigentliche Akt der Eheschließung durchgeführt werden kann. Zuerst wird man einen Lama beauftragen, das Horoskop der beiden zu erstellen. Es muß erst geprüft werden, ob die zwei Individuen überhaupt zusammenpassen, miteinander harmonieren. Dann wird ein Brautpreis ausgehandelt, den der Mann beziehungsweise seine Familie und Verwandten aufbringen müssen. Er richtet sich verständlicherweise nach den Vermögensverhältnissen der Familie des Mannes und gilt gewissermaßen als Entschädigung dafür, daß die Familie der Frau eine wertvolle Arbeitskraft verliert. Erst mit der Übergabe des Brautpreises ist die Heirat endgültig gesichert. Nun muß ein Lama den günstigsten Tag für die Hochzeit bestimmen.

Am Tag vor der eigentlichen Hochzeitsfeier findet im Zelt der Frau die Zeremonie des Brauthaarflechtens statt. In den Zelten beider beteiligter Familien ist ein Lama zugegen, und überall werden Opfer und Rituale durchgeführt. Alles scheint nach alten mythischen Vorbildern, nach bestimmten Archetypen, abzulaufen. Jeder Teil des Hochzeitsgewandes wird vom Lama geweiht. Zu den wichtigsten kultischen Handlungen gehören magische Rituale zum Schutze der Braut. Denn sie ist es, die den heimatlichen Herd, das Zelt ihrer Familie verläßt und damit aus dem Schutzkreis der Familiengeister heraustritt. Auf dem Weg von ihrem angestammten Zelt zu dem des Mannes ist sie besonders gefährdet, weil sie praktisch schutzlos ist. Deshalb versucht der Lama jene Dämonen, die sie dabei bedrohen, in ein Torma, eine Geisterfalle aus Teig, zu bannen. Die Braut wird nun vom Bräutigam und seinen Verwandten abgeholt und zu ihrer neuen Familie geleitet. Hier erst wird der eigentliche Heiratsakt vollzogen. Aber zuerst muß die Braut noch durch ein magisches

Ritual unter den Schutz der neuen Familiengeister gestellt werden. Danach essen beide vom Fleisch eines Opferlammes und gelten fortan als Mann und Frau.

Matthias Hermanns, der sich eingehend mit dem Leben der Amdo-Tibeter befaßt hat, berichtet noch von einer anderen Eheform, die er »Himmelsbrautehe« nennt. Sie soll dann geschlossen werden, wenn es in einer Familie eine erwachsene Tochter gibt, für die kein Mann gefunden werden kann. In diesem Fall wird sie in einer feierlichen Zeremonie »dem Himmel« verheiratet. Sie hat damit die legitime Stellung einer verheirateten Frau und das Recht, mit jedem Manne ihrer Wahl zu verkehren und Kinder zu zeugen. Wenn man bedenkt, daß früher sehr viele Männer in den Mönchsstand eintraten, der sie wie im Falle des Gelbmützen-Ordens zum Zölibat zwang, kann man sich vorstellen, daß es am Heiratsmarkt einen Frauenüberschuß gab, dem die Institution der »Himmelsehe« Rechnung trug.

Matthias Hermanns schreibt dazu folgendes: »Die Existenz der Himmelsbraut-Eheform zeugt für das moralische Empfinden der Tibeter, indem sie die Mädchen, welche keinen Mann erhalten können, vor der Prostitution bewahren und ihnen die rechtlich gesicherte Stellung der verheirateten Frau geben.«

Neben der Geburt gilt dem Nomaden der Tod als größtes Mysterium im Leben. So wie die Geburt ist auch der Tod für ihn nur ein Durchgang in eine andere Form des Daseins. Er sieht der Realität von Existenz auf menschlicher Ebene wesentlich geistesgegenwärtiger ins Auge als wir. Er ersinnt keine neurotischen Konzepte der Abwehr, der Verdrängung, sondern akzeptiert, daß zum Leben auch der Tod gehört. Es ist für ihn nicht so entscheidend, wann er stirbt, sondern wie. Eine Anleitung für das Mysterium des Todes findet sich im »Bardo Thödol«, dem sogenannten »Tibetischen Totenbuch«, aus dem der Lama vorliest. Aus dieser wertvollen Sammlung tiefen Wissens erfährt er ganz genau, welche Erscheinungen und Erlebnisse ihm in den Phasen des Sterbeprozesses – den Bardos – widerfahren und wie er darauf reagieren soll. Im Bardo, dem längstens 49 Tage dauernden Zustand zwischen Tod und Wiedergeburt, entscheidet sich, ob sein Geist endgültig Befreiung erlangt oder in eine weitere Wiedergeburt gezogen wird. Auch wenn es ihm nicht gelingt, in den lichtvollen und beglückenden Zustand des Nirvana einzutreten und kraft den Wirkungen seines Karma wieder in den Kreislauf der Wiedergeburten eintaucht, so sind die Anweisungen des »Tibetischen Totenbuches« trotzdem eine große Hilfe und dazu geeignet, Ängste abzubauen.

So sehr man sich um das unsterbliche Bewußtsein kümmert, so wenig Aufhebens wird um die sterbliche Hülle gemacht. Der Körper des Toten wird im Freien den wilden Tieren zum Fraß ausgesetzt. Himmelsbestattung nennt man diese Art der Beseitigung des korporalen Teiles des Menschen. Die Leiche wird grob zerstückelt und

»Nach tibetischer Vorstellung ist es der Vater, der seine Kinder mit den Knochen ausrüstet. Von der Mutter her kommen Fleisch und Blut. Darum geht bei ihnen die Verwandtschaft nur nach der väterlichen Seite und nicht nach der Seite der Mutter, weil letztere keinen Anteil an den Knochen hat. Darum bestehen bei Heiraten mit Verwandten von mütterlicher Seite keine Ehehindernisse, so daß ihr Sohn die Tochter ihres Bruders heiraten kann.«

Matthias Hermanns

»Darauf legen sie den Sterbenden auf die rechte Seite. Diese Lage wird die ›Liegende Lage des Löwen‹ genannt. Dann preßt der Lama die rechte und linke Halsschlagader des Sterbenden, damit die Seele genötigt wird, durch die Scheitelöffnung zu entweichen. Nun tritt der entscheidende Moment ein, wenn die Seele den Körper verläßt. In diesem Augenblick wird der Bardo des Klaren Lichtes der Wirklichkeit, der der unfehlbare Geist des Dharma-Kaya ist, von allen lebenden Wesen zuerst erblickt.«

Matthias Hermanns

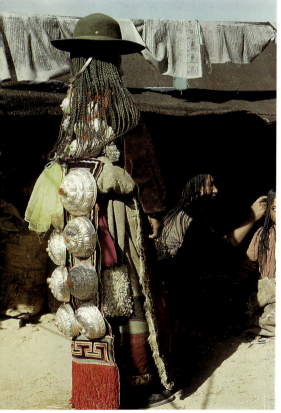

dann an bestimmten Plätzen deponiert. Es gilt als glückliches Omen, wenn die Tiere den Leichnam in kurzer Zeit verzehren.

Die härteste Zeit im Jahreszyklus des Nomaden sind sicherlich die grimmig kalten Wintermonate. Sie sind sehr trocken, es fällt kaum Schnee, aber die Erde ist steinhart gefroren, und nicht selten fegen eisige Stürme über das Land. Die Tiere müssen mit wenig Nahrung auskommen und magern während dieser Zeit sichtlich ab. 25 bis 30 Grad unter Null haben wir gemessen, als wir einmal im Februar bei Lhamotsos Sippe unsere Zelte aufschlugen. Das war aber auf dem ummauerten Platz vor Tserings Haus; draußen wäre es noch etwas kälter gewesen. Die Nomaden haben eine erstaunliche Kälteunempfindlichkeit entwickelt — mußten sie auch, denn ob Sommer oder Winter, Sturm oder Sonnenschein: immer sind sie im Freien. Oft war es den ganzen Tag über so kalt, daß wir es nur kurze Zeit außerhalb der schützenden Behausung aushielten, trotz Handschuhen und Daunenjacken, während die Nomadenfrauen davon völlig unberührt ihren Arbeiten nachgingen. Melken, Einsammeln des Yakdungs, Wasserholen, alles ohne Handschutz, ohne dicke Strümpfe, oft mit billigen, längst aufgerissenen chinesischen Turnschuhen der Marke *Krieger*.

Auch in der kalten Jahreszeit unternehmen die Nomaden gerne Pilgerreisen — besonders in den Tagen von Losar, dem Neujahrsfest. Dann ziehen sie zu den großen Weihestätten ihrer Umgebung, in die Klöster Labrang, Kumbum oder Ragya am Ufer des Gelben Flusses. Eine seltene Geschäftigkeit herrscht dann in den Zelten. Man wäscht Körper und Haare. Ich betone dies deshalb, weil der Tibeter im Grunde weniger nach körperlicher Sauberkeit als vielmehr nach innerer Reinheit strebt. Dann hüllt man sich in die kostbarsten Gewänder. Die Frauen tragen lange Mäntel, die mit Fischotterfellen verbrämt und mit Seide bestickt sind. Schwere Ketten aus Türkisen, Korallen und Karneolen werden um den Hals gelegt. Lange Stoffbahnen hängen den Rücken herunter, die silberne Halbkugeln zieren. Männer und Frauen tragen Pelzmützen. Aus ihren Gesichtern kann man die innere Freude herauslesen, die sie empfinden, über viele Jahre hinweg verbotene religiöse Feste wieder feiern zu dürfen. Trotz dieser leidvollen jüngsten Geschichte haben die Nomaden das Lachen nicht verlernt, ihre Lebensfreude scheint unauslöschlich, sich aus dem Grunde ihres Wesens zu nähren. Oft wird behauptet, die Umwelt präge den Menschen; eine karge und lebensfeindliche Umgebung versteinere das Herz und stimme den Menschen melancholisch, heißt es. Der tibetische Nomade straft all dies Lügen, er könnte gerade als Beweis dafür angeführt werden, daß genau das Gegenteil stimmt.

Lintso in ihrem Festgewand. Der prachtvolle Rückenschmuck besteht aus silbernen Halbkugeln, die mit roten Korallen besetzt sind.

Unbeschwertes Hirtendasein. Dann, wenn die Nomaden für zwei Monate ihr festes Lager verlassen und zu neuen Weideplätzen ziehen, ist die schönste Zeit des Jahres angebrochen. Die beiden Hirtenkinder liegen scherzend und lachend im frischen Gras, während die Yaks und Schafe sich an den fetten Weiden schadlos halten.

Zu Losar, dem tibetischen Neujahrsfest, haben die Frauen und Mädchen ihre kostbarsten Kleider angelegt. Die knöchellangen Mäntel sind mit Fischotterpelzen verbrämt und mit bunter Seide bestickt.

TEIL I Amdo

Kapitel 5

Amnye Machen, kein Wintermärchen

»Ungeduldig klingelten die Glöckchen und tanzten die roten Wollquasten meiner Tragtiere. Die Stunde des Aufbruchs war da. Ein Abenteuer, aufregender als alle früheren, lag vor mir.«

Alexandra David-Néel

Über tief verschneite Täler und Schluchten führt der Weg an den Amnye Machen heran.

Das goldene achtspeichige Rad, eines der acht Glückszeichen, steht für den edlen achtfachen Pfad der Lehre (Dharma).

Hinter uns die weite Ebene des Honganchu (Dahoba), vor uns das Gebirge Siansipei (Erla Shan). Wir folgen einem Ta-lu, einer alten Karawanenstraße, auf der auch die Expeditionen von Filchner und Tafel entlanggezogen waren.

Ein strahlend klarer Morgen bricht an. Eisige Kälte liegt über der weiten Ebene des Honganchu. Als die ersten Sonnenstrahlen den Lagerplatz treffen, kriechen wir aus dem Zelt. Bis zum großen Küchenzelt sind es nur ein paar Schritte. Günther bemüht sich, den Kocher in Gang zu bringen, eine Art chinesischer Flammenwerfer, den er bisher erfolglos zu beherrschen versuchte. Auf den Hochflächen ringsum wird es plötzlich lebendig. Von allen Seiten treiben die Nomaden ihre Yak- und Schafherden aus den Gebirgstälern heraus, wo sie ihre geschützten Zeltplätze haben. Auch im Zelt unserer chinesischen Begleiter entsteht Bewegung; einer nach dem anderen kriecht ins Freie, man hört sie husten, spucken und die Morgentoilette verrichten. Ein paar bunt gekleidete, malerische Gestalten nähern sich dem Lagerplatz. Bald schieben sich dunkle, wettergegerbte Gesichter durch den Zelteingang. Es sind Angehörige von Lhamotsos Sippe, die gekommen sind, um unsere Abreise zu beobachten. Interessiert betrachten sie die fremdartigen Gegenstände, die im Zelt herumliegen. Wir sind so stolz auf unsere High-Tech-Ausrüstung, aber in Wirklichkeit ist es beschämend, was wir alles brauchen, um hier für kurze Zeit zu überleben. Dann helfen sie uns beim Abbau der Zelte. Da kennen sie sich aus, gekonnt packt jeder zu. In Windeseile ist das Lager abgebaut. Während die Chinesen ihr Fahrzeug beladen, schwingen wir uns auf die Räder, ein letztes »Demoche« (»bleibt in Frieden«) zu den Tibetern, und wir strampeln los. Jeder hat seinen Tagesbedarf an Proviant dabei, außerdem Sturmkleidung und diversen Kleinkram, den wir entweder in der Lenkradtasche oder in einem kleinen Rucksack untergebracht haben.

Kerzengerade durchschneidet die staubige Piste das gelb-grüne Hochplateau und hält direkt auf ein firngekröntes Gebirgsmassiv zu, das die Ebene nach Westen hin abriegelt. Über uns ein stählern blauer Himmel, mit plastischen Wolkengebilden, die so tief segeln, daß man meint, sie berühren zu können. Beiderseits der Piste grasen hundertköpfige Yakherden. Die Hirtenjungen liegen faul im Gras und winken uns zu, wenn wir an ihnen vorüberfahren. Die Gebirgsbarriere wird südlich umgangen, entlang eines Flüßchens, das sich eine tiefe Schlucht durchgebrochen hat. Dahinter erstrekken sich weitere Hochebenen und weitere Gebirge, die sie umkränzen. Kilometer für Kilometer, Stunde um Stunde bewegen wir uns durch die unermeßliche Weite der Bergwelt Amdos. Irgendwann überholen uns die Chinesen, vom fahrenden Auto rufen sie uns zu, daß sie weiter vorne auf uns warten wollen.

Bisweilen stehen die schwarzen Nomadenzelte direkt an der Straße. Das sorgt zwar für Abwechslung, hat aber den Nachteil, daß es sich kaum vermeiden läßt, mit den kontaktfreudigen Wachhunden nähere Bekanntschaft zu machen. Meistens liegen einer oder gar mehrere dieser pechschwarzen Ungeheuer mitten auf dem Weg. Dann heißt es sofort absteigen, ein paar Steine greifen und vorsichtig näherpirschen. Es zeigt sich sehr bald, ob der Hund die Straße für zu bewachendes Terrain hält oder nicht. Im günstigen Fall wird er widerstrebend und laut kläffend den Weg freigeben. Sonst bleibt einem nichts anderes übrig, als ins Gelände auszuweichen und die blockierte Stelle in einem großen Bogen zu umgehen. Man macht sich keine Vorstellung, wie konsequent diese Hirtenhunde den Zeltplatz bewachen. Gleich ihren Herren kennen sie keine Angst. Ich habe erlebt, daß sie sogar Autos angreifen und dabei getötet werden.

»Es gab eine Masse wilder Tiere in diesem Gebiet, das von Menschen fast nie betreten wird. Herden wilder Yaks, wilde Esel und eine Art Gazellen kamen ganz nahe zu uns heran, und an den Ufern der Seen nisteten Gänse und viele andere Arten von Wildvögeln.«
André Migot

Auf Filchners Spuren

Die Straße nähert sich einem Fluß, der von Norden herabkommt – einer der vielen Nebenflüsse des Machu (Gelber Fluß). Tief hat er sich in die Hochebene eingegraben, steil brechen die Uferwände ab. In der Vergangenheit muß ein derartiges Hindernis den Karawanen große Mühen bereitet haben, heute ist die Überquerung ein Kinderspiel. Eine gemauerte Brücke überspannt den Gebirgsbach, der um diese Jahreszeit noch fest zugefroren ist. Auf der anderen Seite führt die steinige Piste in spitzem Winkel aus der Schlucht heraus. Sofort umgibt uns wieder das vertraute Bild: Grasflächen breiten sich nach allen Richtungen hin aus, dahinter schneebedeckte Gebirge, die im Sonnenlicht baden. Auf einer Geländekuppe erwarten uns die Chinesen.

Mittagsrast. Danach geht es weiter. Die Piste ist plötzlich wieder geteert. Sie nähert sich einem weiteren Fluß, an dessen linkem Ufer wir entlangradeln. Es dürfte der Tschassora des Wilhelm Filchner sein. Wir befinden uns auf einem Ta-lu, einer alten Karawanenstraße, an der auch Filchners Expedition zu den Quellen des Gelben Flusses entlangzog. Es ist der gleiche Weg, den der Franzose Grenard auf seiner dramatischen Flucht einschlug, nachdem sein Gefährte Dutreuil de Rhins in der Nähe von Jyekundo von Tibetern ermordet worden war. Vor uns türmt sich ein hoher, von Nordwesten nach Südosten verlaufender Gebirgskamm auf. Die Straße hält geradewegs darauf zu und beginnt immer steiler anzusteigen. Auf alten Karten wird dieser etwa 4500 Meter hohe Gebirgswall mit Siansipei bezeichnet. Die Chinesen nennen ihn heute Erla Shan. Den tibetischen Namen konnte ich nicht herausbekommen. Sie pflegten selten ganze Gebirgszüge zu benennen, sondern immer nur einzelne Gipfel und Pässe.

Filchners Karawane war kurz davor vom ausgetretenen Weg abgewichen und überschritt das Gebirge etwas weiter nördlich – mit unerhörten Schwierigkeiten und großen Verlusten. Bei strömendem Regen erklommen sie die Paßhöhe, aber beim Abstieg versanken die schwerbeladenen Tiere buchstäblich im Morast. Die zu Tode erschöpften Yaks und Pferde mußten abgeladen und einzeln ausgegra-

Hängengebliebene Fahrzeuge blockieren die Paßstraße über das Gebirge Siansipei (Erla Shan).

»Nur für kurze Augenblicke enthüllte sich uns das mächtige Panorama, sahen wir im Süden die strahlend weiße Gipfelmasse des heiligen Amnye Machen um tausend Meter Tausende von Schneehäuptern überragend, blinkte von weit im Westen, der noch in eisige Fesseln geschlagene Spiegel des Tosson Nor (mongolisch), des Buttersees, zu uns herüber.«

Albert Tafel

ben werden. Für einige kam jede Hilfe zu spät, sie sind an diesem »Unglücksspaß« elendiglich erstickt. Filchner zog im regenreichen Monat Juli durch dieses Gebiet, aber jetzt ist es April, und wir haben deshalb weniger mit Morast zu kämpfen als mit Schnee, zuviel Schnee. In 4000 Meter Höhe müssen wir von den Fahrrädern steigen, es ist kein Weiterkommen mehr möglich. Alle sportlichen Ambitionen werden auf die Rückfahrt verschoben. Selbst das Fahrzeug der Chinesen wäre ohne fremde Hilfe kaum drübergekommen. Es bedarf einiges Geschiebes, um auf der tief verschneiten Piste die Paßhöhe zu erreichen. Auf der anderen Seite dagegen liegt kaum Schnee. In vielen Windungen führt die Straße vom Paß hinunter. Entlang eines halb zugefrorenen Baches rollen wir schließlich in der Siedlung an den Heißen Quellen ein. Der Ort hat seinen Namen von schwefelhaltigen Quellen, die dort dampfend aus dem Boden sprudeln und das Tal hinabfließen. Der romantische Name steht allerdings im Widerspruch zur Realität. Man darf sich darunter nichts Großartiges vorstellen oder gar die Illusion von einem Badekurort verbinden. Denn was sich hinter dem Namen Wenquan – das heißt

Wenquan, chinesische Neugründung an den heißen Quellen. Die traurige Ansammlung barackenähnlicher Bauten steht für jenen zweifelhaften »Fortschritt«, den die Chinesen den Tibetern aufzwingen.

Heiße Quellen – verbirgt, ist wenig erfreulich. Der Ort besteht aus zwei Dutzend trauriger Baracken, die in langen Reihen beiderseits der Straße stehen. Ein paar Garküchen, ein paar Läden, in denen das Überangebot billigen Fusels belegt, daß der Daueraufenthalt hier nur mit der entsprechenden Dosis von Destillaten zu ertragen ist. Dann und wann donnert ein Lastwagen durch und verscheucht Schweine und Ziegen, die gewöhnlich auf der Straße promenieren. Wir ziehen im lokalen Gästehaus ein. Es gleicht einer Ruine. Das einzige, was dort quicklebendig ist, ist das Heer der Läuse, wenn man sich in die vor Dreck strotzende Bettwäsche legt. Wir flüchten zu einer Garküche, die von moslemischen Salar betrieben wird.

Hier gibt es frische, von Hand gezogene Langnudeln. Sie schmecken köstlich. Am nächsten Morgen lockt uns die Hoffnung auf ein gemütliches Bad zu den Quellen hinunter. Es sind nicht die einzigen in Tibet, heiße Quellen gibt es auch auf der Tschangthang und in Zentraltibet. Sie sind den Tibetern seit Jahrunderten bekannt und werden wegen ihrer heilkräftigen Wirkung von Kranken gerne aufgesucht. Das ist gewiß auch hier der Fall gewesen – in der Vergangenheit. Nur, heute trifft man keinen Tibeter mehr. Das ist kein Wunder, denn oberhalb der Quellen wurde die öffentliche Latrine von Wenquan plaziert, und dort, wo das schwefelige Wasser aus der Erde sprudelt, steht nun eine »Therme«, deren Anblick allein einem die Lust auf ein Bad raubt.

Wir haben genug von Wenquan und fahren los. Tiefhängende, schwarzgraue Wolkenbänke rollen von Südwesten heran. Es riecht nach Schnee. Die Straße windet sich zu einem weiteren Paß hinauf, der über ein Bergmassiv führt, das die Chinesen sinnigerweise »Fallschirm-Gebirge« nennen. Es ist tief verschneit. Jenseits des Passes, eingebettet zwischen hohen schneebedeckten Bergketten, ruht ein türkisfarbener See. Er heißt Merduch Tso, mongolisch Kara Nor. Seltsam leer und verlassen liegt der See samt seiner Umgebung da. Er liegt auf über 4000 Meter Höhe, ist abflußlos, trotzdem ist sein Wasser süß. Auf den kargen Weiden ringsum dominieren Carex-Grasarten. Die Uferzonen sind sumpfig und deshalb für die Nomaden unbewohnbar. Früher soll die Umgebung des Sees und auch die des benachbarten Tosson Nor, des Buttersees, den die Tibeter Dungre Tso nennen, bevorzugtes Jagdgebiet der Nomaden gewesen sein. Als der deutsche Forscher Albert Tafel zu Anfang unseres Jahrhunderts mit seiner Karawane hier lagerte, beobachtete er große Herden von Wildyaks und Kyangs, einmal begegnete er sogar einem seltenen tibetischen Hirsch. Nichts von alledem ist heute mehr zu sehen.

Die Verhältnisse werden immer winterlicher. Schwere, dunkle Wolken branden wie Wellen daher. Bald fällt der Schnee in dicken Flocken vom Himmel. Die ganze Landschaft versinkt unter einer weißen Decke. Unserem Fahrer sind die winterlichen Straßenbedin-

»Die Wasserscheide zwischen dem Huang Ho und dem abflußlosen Zentralasien war wieder einmal überschritten. Fromme Reisende hatten an der Stelle einen großen Steinhaufen zusammengetragen, ein Lhatse aus lauter weißen Quarzbrocken errichtet und dessen Spitze mit prächtigen Wildyakschädeln gekrönt. Im Südosten vom Passe – wir hatten nur einem Tälchen zu folgen – lag zum Greifen nahe ein großer Seespiegel, der Merduch Tso (mongolisch Kara Nor) der Tibeter.«
Albert Tafel

Erzwungene Rastpause auf dem Weg zum Amnye-Machen-Massiv. Das Begleitfahrzeug ist bei der Überquerung des Tawu-Flusses steckengeblieben.

Zeltbehausung einer Golok-Familie unmittelbar vor Tawu Dölma. Die Vorberge des Amnye Machen stecken noch tief in ihrem Winterkleid.

gungen ebenso fremd wie das Land selbst und seine Bewohner. Gutgemeinte Ratschläge weist er stur zurück. Er will nicht sein Gesicht verlieren. Dahinter verbergen sich Unsicherheit und Angst. Unser Vertrauen in seine Fahrkünste hat den Nullpunkt erreicht. Kaum eine Steigung, auf der er nicht hängenbleibt. Wir schaufeln den Weg frei und schieben das schwere Fahrzeug, wann immer es notwendig ist. Irgendwann einmal verlassen wir den Hauptweg und biegen nach Süden ab, folgen einer Piste allerletzter Ordnung, die bald spurlos im Schnee verschwindet. Zwei der Chinesen laufen voraus, um das Fahrzeug durch das Gelände zu lotsen. Mit ihren hochhackigen Schuhen und den Sakkos sehen sie nur zu komisch aus. Fremder kann man nicht sein. Alles um uns ist weiß: der Weg, der mehr erahnt als gesehen werden kann, die Ebene, die Berge und der Himmel. Hin und wieder sieht man schwarze Punkte zu Hauf, das sind Yaks. Sie stehen wie zu Stein erstarrt da, mit gesenkten Köpfen, gegen die Windrichtung. Dazwischen gibt es größere schwarze Flecken, Nomadenzelte, aus denen blaßgrauer Rauch aufsteigt. Plötzlich gibt es im Fahrzeug einen heftigen Stoß, es hüpft und rattert noch einige Meter weiter, dann sitzen wir fest. Die Hinterräder haben sich tief in den Morast eingegraben. Nach zwei Stunden geht es weiter. Mittlerweile hat der Schneefall aufgehört, aber die Fahrverhältnisse sind deshalb kaum besser geworden. Einen wirklichen Lichtblick beschert uns eine Herde wilder Antilopen, die sogar eine Zeitlang neben uns herlaufen und dann hinter einem Bergrücken verschwinden. Seit vielen Kilometern folgen wir einem breiten Fluß, der sich eine tiefe Schlucht gegraben hat. Nun zwingt uns die Piste unerbittlich in das Flußbett hinunter. Sie endet am Ufer. Das verheißt nichts Gutes. Es hilft nichts, da müssen wir durch. Der Fluß hat sich an dieser Stelle in mehrere Arme aufgeteilt, das Terrain dazwischen ist tiefer Morast. Die beiden Beifahrer erkunden den Übergang. Der wird zum Fiasko. Schon nach wenigen Metern steckt das Fahrzeug bis zur Achse im feuchten Sand. Da die Chinesen kein entsprechendes Werkzeug dabei haben, müssen unsere Lawinenschaufeln herhalten. Der Fluß erweist sich als vorläufig letztes Hindernis, denn nach erfolgreicher Überquerung treffen wir in Tawu Dölma (Xiadawu) ein.

Der Ort ist ein fossiles Überbleibsel aus der Mao-Ära. Er besteht aus einer Ansammlung einfacher Baracken, die im Schlamm zu versinken drohen, und hat die Funktion, die Nomaden der Umgebung zu verwalten – insbesondere die freiheitsliebenden Golok. Wir werden in einen Raum geführt, dessen Wände mit roten Fahnen, alten Mao-Bildern und Plakaten behängt sind. Es ist der Raum für politische Erziehung in der Kommune. Hier wurden während der Zeit der Kulturrevolution die verhaßten Klassenkampfsitzungen abgehalten. Hier können wir unser Gepäck und die Fahrräder einstellen. Zum Schlafen überläßt man uns einen Raum, in dessen Mitte ein kleiner Herd steht, an dem sich gleich eine Tibeterin zu schaffen macht

Amnye Machen, kein Wintermärchen   KAPITEL 5

Tawu Dölma macht den Eindruck eines tristen Flüchtlingslagers. Die stolzen und freien Golok sind nur mehr ein Schatten ihrer selbst; alle Lebensfreude ist verschwunden. Der chinesische Terror hat hier viele Gesichter – Zwangsabtreibungen und Sterilisationen bei Frauen, Schulunterricht als Instrument kultureller Überfremdung.

Unser Quartier in Tawu Dölma.

und in kurzer Zeit mit getrocknetem Yakdung ein Feuer in Gang bringt.
Tawu Dölma besitzt einen kleinen Kaufladen, eine Schule und sogar eine Krankenstation, erklären uns die lokalen Kader. In der Schule

»Ein Tibeter sagte einmal zu mir in einem ganz sarkastischen Ton: ›Die Chinesen halten sich für ein Volk von hoher Kultur und verachten uns als wilde Barbaren, die keine Moral und Sitte haben. Wenn jedoch bei ihnen ein Mädchen oder eine Witwe schwanger wird, treiben sie das Kind ab und suchen diese Angelegenheit zu vertuschen. Wir Tibeter würden uns niemals an einem ungeborenen Leben vergreifen und ein Kind töten.‹«
Matthias Hermanns

wird – abgesehen von Grundkenntnissen im Lesen und Schreiben, der chinesischen Sprache, versteht sich – vor allem Parteihörigkeit eingetrichtert. Als wir begehren, auch noch die gerühmte Krankenstation zu sehen, wird uns die Visite mit der Begründung verweigert, daß dort alles sehr einfach sei und außerdem nur eine einzige Patientin in stationärer Behandlung wäre. Diese wurde uns schließlich vorgeführt. Günthers Diagnose: Infektion nach Sterilisationseingriff! Auf lästiges, konsequentes Fragen erfahren wir, daß viele tibetische Frauen, die bereits zwei Kinder geboren haben, sterilisiert werden. Zu diesem Zweck komme ein chinesisches Ärzteteam einmal im Jahr hierher und führe den Eingriff (Tubenligatur) durch. Die ganze Siedlung macht auf mich den traurigen Eindruck eines Flüchtlingslagers. Kein Wunder also, daß die freiesten und stolzesten aller Nomaden, die Goloks, nur mit Gewalt hier angesiedelt werden konnten. Aber wie haben sich die Menschen in dieser Umgebung verändert. Sie wirken eingeschüchtert, haben Angst, vermeiden Kontakte mit uns. Selbst die Kinder, die bei unserer Ankunft noch unbefangen und neugierig auf uns zuliefen, gehen uns am nächsten Tag scheu aus dem Weg. Diese Atmosphäre macht krank, tötet die Sinne.

Da die Yaks, die unser Gepäck zum Amnye Machen schleppen, erst von entfernten Weiden geholt werden müssen, verzögert sich der Aufbruch der Karawane. Wir wollen die Zeit nutzen, um Gora Gompa zu besuchen, das zwei Kilometer weiter südlich liegt. Auf dem Weg dorthin muß der Tawu-Fluß überquert werden, der direkt von den Gletschern des heiligen Berges Amnye Machen herabkommt. Die Offiziellen der Kommune lassen nichts unversucht, um uns vom Besuch des Klosters abzuhalten. Sie wollen uns einreden, daß der Flußübergang lebensgefährlich und ohne Reittier sogar unmöglich sei. Wir ziehen trotzdem los. Wie ich erhofft hatte, zeigt sich der Fluß noch weitgehend im Winterkleid. Er ist so fest zugefroren, daß wir problemlos drüberspazieren können. Wir sind gerade dabei, in das Tal, an dessen linken Hang das Kloster liegt, hochzusteigen, da überholt uns ein Reiter im vollen Galopp. Es ist einer der tibetischen Kader aus Tawu Dölma, die zum Kommunis-

Gora Gompa ist ein Kloster der Nyingmapa, der ältesten Schule des tibetischen Buddhismus, die auf den indischen Gelehrten Padmasambhava zurückgeht.

Amnye Machen, kein Wintermärchen KAPITEL 5

Der unbefangene Kontakt mit den Kindern währt nur kurz. Schon am nächsten Tag wirken sie eingeschüchtert und gehen uns aus dem Weg.

mus konvertierten, der nun gekommen ist, um das Kloster vor unserem Besuch zu warnen. Wir beschließen deshalb, nicht sofort ins Kloster zu gehen, sondern auf einem der Hügel zu warten, bis der Aufpasser wieder zurückreitet.

Die Klostergebäude und Mönchszellen breiten sich an einem flachen Hang aus, von dem man bei klarem Wetter einen herrlichen Blick auf den heiligen Amnye Machen hat. Oberhalb des Klosters sind spinnwebenartig Seile ausgespannt, die vollkommen mit bedruckten Stoffetzen behangen sind. Auf den Berggipfeln der ganzen Umgebung stehen Lhatse, Steinpyramiden, in denen Holzstangen stecken, mit bunten Gebetsfahnen, die lustig im Wind flattern. Gora Gompa ist ein Kloster der Nyingmapa, der ältesten Schule des tibetischen Buddhismus. Sie geht auf den großen indischen Gelehrten Padmasambhava zurück, den die Tibeter ehrfurchtsvoll Guru Rimpotsche, den »kostbaren Lehrer«, nennen. Wir steigen hinunter zu den gelben Lehmbauten mit den pagodenförmigen Dächern. Fünfzehn Männer bilden hier die Mönchsmannschaft. Ihr Oberhaupt ist Thubten Tsering, von dem die Tibeter behaupten, daß seine Nase so groß sei wie seine Beziehungen zu den chinesischen Machthabern. Die hohe Inkarnation empfängt uns freundlich. Wir überreichen weiße Khadaks und werden mit Tee und Süßigkeiten bewirtet. Dann drehen wir eine Runde im Uhrzeigersinn um das Heiligtum und besuchen die einzelnen Tempel. Alles ist neu. Im Haupttheiligtum steht eine Statue vom sagenhaften König Gesar, dem großen Helden des tibetischen Epos, das in der Umgebung des Amnye Machen spielt und dessen Degen irgendwo in diesem Gebirge versteckt sein soll. Den Golok gilt er als mythischer Ahnherr, als legendäres Vorbild, und seine übermenschlichen Kräfte sollen auf sie übergegangen sein. Um diese Zeit ist in Gora Gompa nicht viel

»Die einst gefürchteten Goloks sind eine genauso bedrohte Spezies wie die seltenen tibetischen Tiere, die sie jagen.«

Orville Schell

»Die Gesar-Sage ist angefüllt mit Kriegen und Jagden, mit Grausamkeiten und Heldentaten. Sie gibt das Leben der damaligen Zeit wieder und macht deutlich, wie sehr der Buddhismus dieses Leben verändert hat. Seine Lehre des Friedens, der Güte und Barmherzigkeit hat den Charakter der Tibeter umgeformt, ohne sie ihres Stolzes, ihrer Kühnheit und ihres Freiheitsdurstes zu berauben.«

André Migot

Dem beharrlichen Wanderer sind hier keinerlei Grenzen gesetzt. Man könnte die Gebirge, Täler und Hochflächen Amdos ein Leben lang durchstreifen, ohne denselben Ort ein zweitesmal zu berühren.

los, denn die Pilgersaison beginnt erst in den Sommermonaten. Unerschütterliche Ruhe und tiefer Friede liegt über dem Kloster. Das sind unsere letzten Eindrücke, ehe wir wieder nach Tawu Dölma zurückwandern.

Mit einer Yakkarawane zum Amnye Machen

Am nächsten Morgen ziehen wir mit den beladenen Yaks los. Der Belastbarkeit der Tiere sind nun am Ende des harten Winters Grenzen gesetzt, deshalb müssen wir uns bescheiden und können nur das Allernotwendigste mitnehmen. Das ist Verpflegung für zwölf Tage, Zelte, Kocher, Schlafsäcke und Bergausrüstung. Es ist ein malerisches Bild, als die Karawane Tawu Dölma verläßt, gemächlichen Schrittes den gegenüberliegenden Bergrücken hinaufspurt und in die Unendlichkeit tibetischer Bergwelt eintaucht. Während der Nacht ist viel Neuschnee gefallen. Tief sinken die beladenen Tiere ein. Unser Yakführer heißt Tschaka, und er lenkt die störrischen Grunzochsen wie ein Dirigent sein Orchester. Noch mit von der Partie ist Wang, unser Dolmetscher und Begleitoffizier. Er hat schon zu Beginn seine liebe Not und versucht vergeblich, den einzigen Reityak der Karawane zu besteigen, der eigens für ihn rekrutiert wurde. Das Tier mag offenbar keinen Chinesen. Es trottet voraus, und jedesmal, wenn Wang ihm zu nahe kommt, legt es einen kleinen Zwischenspurt ein, so daß sein Verfolger bald nach Luft schnappend in den Schnee sinkt.

Wir folgen dem mächtigen Lauf des Tawu aufwärts. Das Kloster taucht bald zur Linken auf, und die vielen Gebetsfahnen scheinen uns zuzuwinken. Zur Rechten steigen sanft geschwungene verschneite Hügel auf. Ihnen zu Füßen liegen vereinzelt Zelte der Golok-Nomaden, an denen wir in angemessenem Respektabstand vorbeiziehen, um die allgegenwärtigen Wachhunde nicht zu provozieren. Vor uns türmt sich ein leuchtend weißer Bergstock auf, in dem ein markanter Einschnitt einen gangbaren Paß erkennen läßt. Das ist der direkte Zugang zur Westseite des Amnye Machen. Ein Zugang, der uns verschlossen bleibt, weil er um diese Jahreszeit für die beladenen Yaks unüberwindlich ist. Statt dessen weichen wir nach Westen aus, so wie der Fluß, dem wir seit Anbeginn unserer Wanderung folgen. In einer Kombination von engen Tälern und Schluchten tasten wir uns in einem großen Bogen an das Amnye-Machen-Massiv heran. In gleichbleibendem Rhythmus zieht die Karawane unter der sengenden Höhensonne dahin, die an diesem Tag ihr Licht verschwenderisch über die Landschaft gießt.

Fast menschenleer liegt dieser unermeßliche Raum unter dem tiefblauen Himmel da, über den bisweilen Wolken huschen, die wie Plüschtiere aussehen. Hier sind dem beharrlichen Wanderer keine Grenzen gesetzt. Man könnte die Berge, Täler, Schluchten und

Hochflächen ein Leben lang durchstreifen, ohne denselben Ort ein zweites Mal zu berühren. Manchmal begegnen uns Reiter, die aus dem Nichts zu kommen scheinen. Es sind leibhaftige Golok. Stolz sitzen sie auf ihren Pferden und winken uns freundlich zu. Kaum vorstellbar, daß diese Männer die Nachkommen jener Golok sind, jener gefürchteten Räuber und Wegelagerer, die der Schrecken aller Karawanen waren. Sie waren es, die europäischen Forscherpionieren nicht nur einmal den Weg nach Lhasa verlegten. Kaum einer, der vor 1950 durch diese Gebiete zog, kam ungeschoren davon. Sie wurden angegriffen, überfallen und beraubt. Die Expeditionen von Przevalskij und Kozlov, genauso wie jene von Hedin, Filchner und Tafel. Manche bezahlten ihr Verlangen nach weißen Flecken auf der Landkarte und hinter die Mysterien des Schneelandes zu kommen mit dem Leben – die Franzosen de Rhins und Liotard.

»Es kann als erwiesen angesehen werden, daß jeder Tibeter – zumindest in diesem Teil der Welt – irgendwann einmal in seinem Leben ein Räuber war«, schrieb der große Forscher Joseph Rock, ein gebürtiger Wiener, als ein erneuter Versuch, dieses Gebiet zu betreten und den Geisterberg Amnye Machen ausfindig zu machen, fehlgeschlagen war. Und über die wilden Golok wußte er zu berichten, daß sie jeden attackieren, der sich der Region westlich des Gelben Flusses nähert: »Sie erkennen einzig und allein die Autorität ihrer Stammesfürsten an... Sie finden Gefallen daran, jeden anzugreifen, insbesondere Ausländer, die in die Unermeßlichkeit ihrer Bergwelt eindringen... Sie sind immer schon so gewesen und werden wahrscheinlich auch immer so bleiben.« In diesem Punkt jedoch irrte Rock. Die Golok sind zahm geworden, sie sind heute

Keinen Schritt weiter oder es kostet den Kopf. Entschlossen treten die Golok dem Schweden Sven Hedin entgegen und versperren seiner Karawane den Weg nach Lhasa.

Junger Golok auf dem Weg nach Tawu Dölma.

genauso bedroht wie ihr Lebensraum und ihre Wildtiere. König Gesars Kraft scheint sie verlassen zu haben. Ihre Unabhängigkeit und Freiheit mußten sie aufgeben. Sie lebt nur noch im Namen fort. Golok heißt »den Kopf herumgedreht« und bedeutet nach Sir Charles Bells Interpretation »Rebell«.

Im Paßschritt galoppieren die »Rebellen« davon, lösen sich auf in der Leere des Raumes, ihre Spuren verwehen, ehe sie den Blicken entschwinden.

Sieht man von diesen seltenen Begegnungen ab, erinnert nicht viel an die Anwesenheit des Menschen. Vielleicht noch die zahlreichen Gebetsfahnen auf den Berggipfeln und die langen Mauern von Mani-Steinen, die von den Händen ungezählter Pilger aufgeschichtet wurden. Auf ihnen ist tausendfach die segensreiche Formel *om mani padme hum* eingemeißelt. Pilger trifft man um diese Jahreszeit keine, sie kommen erst im Sommer. Und sie würden uns wohl für verrückt halten oder für Bön-Anhänger, weil wir den Berg in der verkehrten Richtung umwandeln.

Indessen sind wir bereits mehr als sieben Stunden unterwegs. Der Fluß und damit auch unser Weg ist längst nach Süden abgebogen. Wir folgen der Karawane, die im zugefrorenen Flußbett aufwärts strebt. Ausgerechnet hier beschließen Tschaka und Wang zu lagern. Als wir ankommen, haben sie bereits die Yaks abgeladen und sind

Die nördlichen Gipfel des Amnye Machen im Licht der Abendsonne. Unser Weg führt im großen Bogen an das Massiv heran. Der Pilgerweg, der für unsere Yaks um diese Zeit nicht gangbar ist, verläuft im Tal jenseits der Paßhöhe, die im Vordergrund zu sehen ist.

dabei, ihr Zelt auf der Eisdecke aufzuschlagen. Ich halte davon nicht viel und suche mir wenigstens eine sandige Insel. Während Tschaka seine Yaks auf einen aperen Südhang treibt, treibt es uns auf einen der umstehenden Aussichtsberge in der Hoffnung, endlich einen Blick auf den Amnye Machen zu erhaschen. Wir sind erst ein Stück aufgestiegen, da erscheint ein leuchtend weißer Gebirgswall, der das Tal vor uns wie eine Mauer abriegelt. Die einzelnen Gipfel sind vom warmen Licht des zu Ende gehenden Tages übergossen und krönen das Massiv wie die Zacken einer Krone. Die wuchtige, eisgepanzerte Berggestalt erinnert mich in diesem Augenblick an den Montblanc, nur ist sie um tausend Meter höher. Unseren staunenden Blicken zeigen sich vorläufig nur die nördlichsten Amnye-Machen-Gipfel. Der Eispalast des Geisterkönigs Machen Pomra, der heilige Hauptgipfel, befindet sich viel weiter im Süden. Der Eisriese ragt so weit aus den umliegenden Bergketten heraus, daß man meint, er gehöre nicht zu dieser Welt. Die ersten Europäer, die ihn aus großer Entfernung erblickten, glaubten deshalb, er sei höher als der Mount Everest.

Am nächsten Morgen herrscht im Zelt von Tschaka und Wang große Aufregung. Sie hatten ihre Matten und Schlafsäcke auf das blanke Eis gelegt. Durch die Körperwärme war es während der Nacht geschmolzen, und nun liegen sie inmitten eines »kleinen Sees«, der sich im Zelt gebildet hatte, und machen einen bemitleidenswerten Eindruck. Alles ist naß, und sie haben die ganze Nacht erbärmlich gefroren. In kürzester Zeit ist das Lager abgebaut und die Karawane marschbereit. Gestern abend hat uns das klare reine Licht den Berg in greifbare Nähe projiziert, aber in Wirklichkeit ist der Weg noch weit. Er führt uns zunächst über einen kleinen Paß, in dessen unmittelbarer Umgebung ein paar Golok-Familien ihre Zelte aufgeschlagen haben. Nach guter tibetischer Sitte überqueren wir die Paßhöhe (4200 Meter) noch vor Mittag und steigen in ein ausladendes Flußtal ab. Stundenlang folgen wir dem zugefrorenen Bach in Richtung Südosten. Anfangs noch am Rande der Uferwände, später im Bett selbst. Immer enger schließen die Berge den Fluß ein, so daß wir gezwungen sind, auf das linke Ufer hinüberzuwechseln. Nach einiger Zeit weitet sich das Tal wieder, hier wenden wir uns bergwärts, steigen einen Gebirgsbach hoch, der Unmengen von Gesteinsmaterial herabschiebt. Da ist der Amnye Machen plötzlich wieder da: Hoch über uns stößt seine weiße Eispyramide in den dunkelblauen Himmel.

Das Ziel vor Augen beflügelt. Weit laufen Günther und ich der Karawane voraus. Am Fuße einer kleinen Geländestufe liegt ein Haufen aufgeschichteter Mani-Steine. Daneben reckt sich ein langer Pfahl aus dem Boden, von dessen Spitze strahlenförmig Seile zur Erde führen. Das ganze Gebilde symbolisiert die sechs Himmelsrichtungen. Zu den vier uns bekannten kommen bei den Tibetern noch zwei hinzu: Himmel und Erde. Wir legen ein Bild des Dalai

Günther Fasching beim Überqueren des Tawu-Flusses.

»Von dem großartigen Panorama vor mir versuchte ich vergeblich, ein Bild als Erinnerung mitzunehmen. Umsonst stellte ich die Kamera auf. Die Photographie vermag das Unermeßliche nicht wiederzugeben. Sie liefert höchstens einen häßlichen Abklatsch, eine Karikatur. Die photographische Platte vermag uns nicht aus eigener Kraft von Tibet zu erzählen; man muß wissen, was jedes Pünktchen auf ihr in Wirklichkeit bedeutet, man muß es leben sehen.«

Albert Tafel

An die Anwesenheit des Menschen und auch daran, daß wir uns einem Pilgerziel nähern, erinnern aufgeschichtete Steinhaufen und unzählige Gebetsfahnen, die im Wind flattern.

»Der englische Oberst Pereira, der in Tibet den Tod gefunden hat, glaubte, daß dieser Eisriese so hoch wie der Mt. Everest sei. Auch Dr. Rock hält diese Schätzung für annähernd richtig.«
Wilhelm Filchner

Lama auf den Steinhaufen und rufen in Richtung Amnye Machen: »Lha ǵyal lo!« »Mögen die Götter siegen!«

Dann eilen wir der Karawane hinterher, die an der Westseite des Massivs entlangmarschiert. Kilometer um Kilometer queren wir schier endlose Geländerücken, die von Gletscherbächen zersägt sind. Aus den Tälern und Schluchten über uns schieben sich zerrissene Eisströme. Wang leidet entsetzlich. Den Kampf mit dem widerspenstigen Reityak hat er längst aufgegeben, aber sein Gehrhythmus ist für Wanderungen in größeren Höhen ungeeignet. Er schlägt ein Tempo an, das er nur für kurze Zeit halten kann. Alle paar hundert Meter legt er sich erschöpft in den Schnee, ringt nach Atem, aber sobald er sich etwas erholt hat, springt er auf und läuft in gleichem Tempo wieder los. Man hat ihn auf Grund seiner guten Englischkenntnisse dem Chinesischen Bergsteigerverband zugeteilt, ohne die geringste alpine Erfahrung. Zuvor mußte er Gruppentouristen in Guilin betreuen. Er tut uns leid, denn diese Tour übersteigt seine Kräfte.

Günther und ich laufen voraus, um einen geeigneten Platz für das Basislager ausfindig zu machen. Die winterlichen Bedingungen, der viele Schnee, zwingen uns, das Lager weit unterhalb der Gletscherzungen aufzuschlagen. Wir entdecken einen aperen Fleck, oberhalb eines zugefrorenen Baches. Die Eisdecke läßt sich mit dem Pickel aufhacken, so daß wir uns mit Wasser versorgen können. Wir waren mit der Erkundung des günstigsten Lagerplatzes so beschäftigt, daß wir die dunklen Wolkenmassen gar nicht wahrnahmen, die sich über unseren Köpfen zusammenbrauten. Deshalb trifft uns das Inferno unvorbereitet. Nur mit Mühe gelingt es im wütenden Sturm die Zelte aufzubauen. Wang ist völlig fertig und legt sich sofort ins Zelt. Er ist gerade noch imstande, seine getrockneten Nudeln hinunterzuwürgen, ohne sie vorher im kochenden Wasser zu lösen. Tschaka pflockt die Yaks neben dem Zelt an. Sie legen sich sofort nieder, die Hinterteile gegen den Wind gestreckt. Nach einer Stunde ist der Spuk vorbei. Der Sturm hat sich gelegt; später kommt sogar noch die Sonne durch und taucht die Gletscher des Amnye Machen in goldrotes Licht. Wang hat sich inzwischen soweit erholt, daß er das Zelt verläßt, um sich einen Rundblick zu verschaffen. Da sieht er einen Wolf, der oberhalb des Lagers vorbeischleicht. Das gibt ihm den Rest. Wie von Furien gehetzt, flüchtet er ins Zelt zurück. Er kann sich den ganzen Abend nicht mehr beruhigen und erzählt uns »wahre« Schauermärchen über diese scheuen und heute so seltenen Tiere. Am nächsten Morgen steht sein Entschluß fest. Er erklärt, auf keinen Fall allein im Lager zu bleiben, während wir aufsteigen, und führt eine ganze Reihe von Gründen an, die es notwendig machen, daß er mit Tschaka nach Tawu Dölma zurückkehrt. Bei uns rennt er damit nur offene Türen ein. Um den Schein zu wahren, willigen wir nur zögernd ein. Letztlich wird vereinbart,

Tschaka, unser Yakführer aus Tawu Dölma, nach unserer Ankunft im Basislager. Das Dalai-Lama-Bild hat er in seiner Kopfbedeckung versteckt.

daß er nach zehn Tagen zusammen mit der Karawane wiederkommen muß, um uns abzuholen. Was Besseres konnte uns nicht passieren. Jetzt sind wir zehn Tage lang mutterseelenallein am Amnye Machen und in seiner herrlichen Umgebung.
Am darauffolgenden Tag herrscht allgemeiner Aufbruch. Die Karawane zieht in schnellem Tempo talwärts, Günther und ich steigen auf. Nachdem wir das tief eingekerbte Bachbett überschritten haben, können wir schon bald die Skier anschnallen. Über flache Kuppen und Mulden kommen wir zügig voran und finden in einem breiten Tal, aus dem sich eine Moräne herauswindet, einen Zustieg

Bis auf eine Höhe von 5000 Meter steigen wir mit Ski auf. Die umliegenden Berge sind merklich tiefer gesunken, aus denen der Amnye Machen in einsamer Größe herausragt.

zur Westflanke des Berges. Wir haben uns für eine Ersteigung des Nordgipfels entschieden; den für die Tibeter heiligen Hauptgipfel und Sitz des Gottes Machen Pomra wollen wir nicht betreten. Mit Proviant und Ausrüstung für ein kleines Zwischenlager steigen wir über den tief verschneiten Moränenrücken auf. Die Schneebedingungen sind alles andere als günstig. Bereits nach den ersten Metern begraben wir die Hoffnung auf ein Abfahrtsvergnügen. Entweder gibt es Bruchharsch oder es ist pappig und weich, dort wo die Sonne die Schneeoberfläche bestrahlt. Die vollbepackten Rucksäcke drücken schwer und die ungenügende Höhenanpassung trägt ihren Teil dazu bei, daß wir nur langsam vorankommen. Als wir die 4600-Meter-Marke überschreiten, sind all die Berge, die unten unser Blickfeld begrenzten, merklich tiefer gesunken. Mit Staunen betrachten wir das Gipfelmeer, das sich wellengleich nach Westen hin ausbreitet und aus dem der Amnye Machen in einsamer Größe herausragt. Der ausgeprägte Rücken, den wir hochsteigen, leitet zu einer Mulde hinauf, in die sich von allen Seiten zerrissene Gletscherzungen hineinschieben. Dahinter aber erheben sich steile Flanken, an denen bizarre Eiswülste hängen. Knapp unterhalb der Mulde deponiere ich meine Rucksacklast. Der Höhenmesser zeigt 4800 Meter an. Günther geht noch weiter. Er will bis zu jenem

Unser winziges Lager am Fuße des Amnye Machen. Seine Gipfel liegen hinter den Wolken verborgen.

turmartigen Eisklotz aufsteigen, der inmitten der Mulde liegt, als wäre er von Zyklopenhand dorthin geschleudert worden. Über die Abfahrt – eine Aneinanderreihung von Spitzkehren – möchte ich den Mantel des Vergessens breiten.

Das Wetter ist weiterhin extrem wechselhaft und unberechenbar. Kaum ein Tag, an dem es nicht mindestens einmal schneit. Zwar sind die Mengen nicht sehr ergiebig, aber der eisige Höhensturm ist es, der uns tagelang im Zelt festhält. Die erste Chance, die das Wetter uns bietet, nutzen wir sofort, um abermals aufzusteigen, diesmal mit Beatrice zu dritt. Wir haben alles dabei, damit wir in einem Zwischenlager bleiben und einen Gipfelversuch unternehmen können. An diesem Tag kommen wir schnell voran. Ich spure voraus, und nach gut anderthalb Stunden stehe ich an dem Punkt, wo ich Tage zuvor meine Traglast deponiert habe. Im gleichbleibenden Rhythmus geht es weiter, und nach einer knappen halben Stunde habe ich den Rand der Mulde erreicht. Hier auf 5000 Meter Höhe entdecke ich einen idealen, absolut geschützten Platz für unser Zelt. Bald darauf kommt Beatrice über die Kante herauf. Doch auf Günther warten wir vergeblich. Als er auf unser Rufen nicht antwortet, wird uns angst und bange. Nach einiger Zeit, die mir wie eine Ewigkeit vorkommt, hören wir seine Stimme. Er macht uns

»Alles, was man tun kann, ist, zu wiederholen, daß man sich mehr als einmal einer eigentümlichen Durchsichtigkeit bewußt wird, die die ganze Atmosphäre des Umkreises durchwirkt; es war, als wären die Hemmnisse, die das Durchdringen gewisser Einflüsse verhinderten, hier zu etwas ganz Lichtem und Durchscheinendem verdünnt.«
Marco Pallis

Günther Fasching im steilen Eis oberhalb des Zwischenlagers in 5200 Meter Höhe.

deutlich, daß er sich nicht wohl fühlt und ins Basislager zurückkehren wolle. Beatrice schnallt sich die Ski wieder an und fährt zu ihm hinunter, während ich mit dem Aufbau des Lagers beginne. Sie vergewissert sich, daß Günther imstande ist, selbst abzufahren, und schleppt seine Rucksacklast herauf. Nach einer unerwartet milden und windstillen Nacht in 5000 Meter Höhe bricht ein schöner Tag an. Wir wittern eine Gipfelchance und setzen den Aufstieg fort. Ich entscheide mich, den steilen Hängegletscher links zu umgehen und zu einem breiten Grat aufzusteigen, der zum Nordgipfel hinaufzieht. Aber schon bald plagt uns die ungenügende Höhenanpassung und wir beschließen — jedes Risiko vermeidend — umzukehren. Damals ahnte ich nicht, daß ich damit die einzige Chance vergab, die sich mir an diesem Berg bot. Günther staunt nicht schlecht, als wir am Nachmittag im Basislager eintreffen. Er wähnte uns längst hoch oben in Gipfelnähe.

In den nächsten Tagen bindet uns eine Schlechtwetterperiode ans Lager. Günther leidet an einer fiebrigen Bronchitis, von der er sich nur schleppend erholt. Um seine Belastbarkeit zu testen, unternimmt er eine Skitour auf einen der umliegenden niederen Gipfel. Dabei entdeckt er ein paar Höhlen, die einst von Eremiten bewohnt waren. Kaum ist Günther wieder fit, erwischt es mich. Ich rutsche auf einer Eisplatte aus und stürze so unglücklich, daß ich Prellungen erleide, die mich beim Atmen behindern. Nun liegt es an Beatrice und Günther, die letzte Gelegenheit zu nutzen, die die zwei Tage noch bieten, die bis zum Ende der Expeditionsfrist verbleiben. Am entscheidenden zweiten Tag halte ich es nicht mehr aus, im Lager zu sitzen und untätig hinaufzuschauen. Ich packe meinen Rucksack, schnalle mir die Skier an und steige nach. Jeder Atemzug schmerzt, unendlich langsam komme ich voran. Als ich nach Stunden knapp unterhalb der Mulde stehe, sehe ich die zwei. Nur als winzige, sich bewegende Punkte sind sie in dieser Eisarena zu erkennen, Punkte, die sich nicht aufwärts bewegen, sondern talwärts. Sie fahren ab, nein, einer gerät ins Rutschen, löst eine kleine Lawine aus, stürzt und wird in die Tiefe gerissen. Mir verschlägt es den Atem. Da taucht er wieder auf, kann sich aus der Lawinenbahn herausmanövrieren und kommt zum Stillstand. Noch ist die Gefahr nicht vorbei, noch befinden sie sich im gefährlichen Gelände. Gespannt verfolge ich ihren Rückzug. Schließlich erreichen sie müde und erschöpft das Lager. Nachdem sie sich etwas erholt haben, erfahre ich, daß es ihnen nicht gelungen ist, den Gipfel zu erreichen. Knapp unterhalb des Vorgipfels sind sie auf Hindernisse gestoßen, die sie zur Umkehr zwangen. Nun bleibt uns nichts mehr übrig, als das Lager zu räumen. Das Volumen der Rucksäcke reicht nicht aus, um alles unterzubringen, deshalb bauen wir mit der Rettungsdecke eine Art »Schlitten«, in den wir einen Großteil der Ausrüstung einschnüren. Beatrice und ich teilen uns das zweifelhafte Vergnügen, mit der sperrigen Riesenwurst abzufahren. Als wir

»Berge wachsen und zerfallen, sie atmen und pulsieren von Leben. Sie sammeln unsichtbare Kräfte aus ihrer Umgebung: die Kräfte der Luft, des Wassers, der Elektrizität und des Magnetismus; durch sie entstehen Wolken und Winde, Gewitter und Regen, Wasserfälle und Flüsse. Sie füllen ihre Umgebung mit tätigem Leben und bieten unzähligen Wesen Nahrung und Schutz. Darin besteht die Größe eines Berges.«
Lama Anagarika Govinda

126 TEIL I Amdo

Rückzug vom Amnye Machen. Die Ausrüstung ist in die Rettungsdecke eingepackt und zu einer »Riesenwurst« verschnürt.

Der Schnee fällt in dicken Flocken herab, der Sturm peitscht sie uns ins Gesicht. So kreuzen wir wie Schiffbrüchige durch die weiße Unendlichkeit.

ziemlich fertig im Basislager ankommen, werden wir bereits von Tschaka und Wang erwartet, die mit den Yaks durch einen Gewaltmarsch in einer einzigen Tagesetappe von Tawu Dölma heraufgekommen sind.

Die Morgensonne des folgenden Tages, die die Gipfel des Amnye Machen nach und nach entzündet und schließlich die ganze Landschaft in goldglänzendes Licht taucht, leuchtet unserer Karawane den Weg zurück. Kurz nach Mittag überschreiten wir den Paß, und gleich dahinter legt die Karawane ihre Mittagsrast ein. Beatrice und ich wandern weiter. Plötzlich wird es stockdunkel um uns. Blitzschnell schlägt das Wetter um, und ein wilder Schneesturm bricht los. Die Flocken fallen so dicht, daß wir nur wenige Meter weit sehen können, dazu peitscht uns der Sturm von Norden her entgegen. Mechanisch laufe ich voraus, beherrscht von dem Wunsch, diesem Inferno zu entrinnen. Beatrice folgt mir Schritt um Schritt. Die Orientierung habe ich längst verloren, den Gleichgewichtssinn ebenfalls. Ich weiß nur, daß wir irgendwann einmal den mächtigen Fluß zu unserer Rechten überqueren müssen und dann ein Tal in Richtung Norden einzuschlagen haben. Plötzlich stehen wir am Flußufer. Zu unserem Entsetzen ist die Eisdecke aufgebrochen, wild schäumend rauscht das Wasser dahin. Verzweifelt laufe ich am Ufer auf und ab, in der Hoffnung, irgendwo eine Eisbrücke zu finden. Vergebens. An diesem Tag bleibt uns nichts erspart. Wir müssen drüber. Wir suchen uns die schmalste Stelle, nehmen Anlauf und springen, dabei hoffe ich inbrünstig, daß das unterspülte Eis die Landung aushält. Es hält! Der Schneesturm läßt nicht nach. Wir sehen aus wie Gnome, so schnee- und eisverkrustet, daß wir kaum, noch etwas sehen. Wie Blinde tasten wir uns voran. Da taucht vor mir ein dunkler Schatten auf, eine Silhouette, die langsam Gestalt annimmt. Ich traue meinen Augen nicht, da reitet eine Golok-Frau auf ihrem Pferd daher. Wie eine Prinzessin aus einem alten Ritterroman sitzt sie mit wallendem Gewand und vollem Ornat im Sattel. Was für eine Erscheinung, voll Anmut und Würde, bei diesem Wetter! Dagegen müssen wir einen höchst bemitleidenswerten Eindruck machen. Denn sie beugt sich zu uns herab, holt ein paar Bonbons aus dem Mantel und steckt sie uns lächelnd zu.

»Wo ist Tawu Dölma«, ist das einzige, was ich herausbringe. Da richtet sie sich im Sattel auf und weist mit der ausgestreckten Hand in die Richtung, aus der sie gekommen ist. Dann ist sie verschwunden. Niemals werde ich diese Erscheinung vergessen – vielleicht habe ich auch geträumt, vielleicht war sie eine gute Fee, die erschienen ist, um uns den rechten Weg zu zeigen.

Das Schneetreiben läßt nach, und als wir über eine Kuppe kommen, liegt Tawu Dölma vor uns da. Ich hätte nie gedacht, daß ich diesen Ort einmal herbeisehnen könnte. Aber ich muß gestehen, in diesem Augenblick war er für mich die wundervollste Oase auf Erden.

»Innerhalb und außerhalb der Erde, innerhalb und außerhalb der Berge, deine Macht kehrt stets zu dir zurück.«

Spruch der Navajos

»Wie das Schiff schaukelnd seine spurlose Bahn durch die Dünungen des Weltmeeres zieht, so kreuzen auch wir über die Bergketten Tibets und zwischen diesen zu Stein verwandelten, riesenhaften Wogen dahin.«

Sven Hedin

Kapitel 6

Der Geisterberg Machen Pomra

»Der große Häuptling des tibetischen Schneelandes wohnt in diesem Lande. Der Mann, welcher Dokpas Art (Nomadenart) angenommen hat, wohnt in dem östlichen Schnee-Glas-Berg (Amnye Machen). Er wird in den drei Zeiten durch jedes Mittel bekehren und hat die Macht, die Erlösung des Schneelandes zu bewirken.«

Tibetischer Text

Das weiße pyramidenförmige Pilgerzelt korrespondiert mit dem heiligen Berg Amnye Machen, der zu Eis erstarrten Manifestation des Machen Pomra. Sein gläsernes Reich wird von den Nomaden umkreist wie die Sonne von ihren Planeten.

Die Vase mit den Schätzen ist das sechste der glückverheißenden Symbole. Es verkörpert die spirituellen Juwelen der Erleuchtung.

»Was dem nördlichen Tibet an Bäumen und Sträuchern versagt bleibt, wird durch das Spiel der Sonne, der Wolken und des Lichtes dreifach ersetzt.«

Ernst Schäfer

Ein Jahr später bin ich wieder in Tawu Dölma. Es ist September, und alles ist anders. Ringsum sind die Hochalmen und Hügelketten mit einem grünen Grasteppich überzogen, kristallklare Bäche rauschen durch Schluchten und Täler, und darüber spannt sich der Himmel in tiefstem Blau. Die Sonne gießt ihr Licht verschwenderisch über die Landschaft, sie verleiht sogar den tristen chinesischen Baracken einen farbenfrohen Anstrich. Der Ort selbst macht freilich den Eindruck einer Geistersiedlung. Die meisten Golok-Familien haben die gemauerten Wohnblocks gegen die Freiheit des Zeltlebens eingetauscht und sind mit ihren Tieren auf entfernte Weideplätze gezogen. Die berüchtigte Schule ist geschlossen, die Kinder dürfen die Ferien in der angestammten Lebensform verbringen. Dort finden sie ihre wahren Lehrmeister: die Natur und die Devas, die sie beseelen. Mit der Ankunft in Tawu Zholma tauchen alte Erinnerungen auf. Sie begegnen mir in unterschiedlicher Form. Da ist einmal Tschaka, unser Yakführer vom letzten Jahr, der uns sofort zu seinem Zelt schleppt, wo er uns fürstlich bewirtet. Da ist die kalte feuchte »Höhle«, in der wir wieder hausen, nur in der Zwischenzeit wurden die verschimmelten, rußgeschwärzten Wände mit Papiertapeten verklebt, wegen einer französischen Filmexpedition, die mit einem riesigen Troß drei Tage lang an der Ostseite des Amnye Machen entlangritt – auf den Spuren von Alexandra David-Néel, aber nicht in ihrem Stil.

Im Gegensatz zu Tawu Zholma, das einen verlassenen Eindruck macht, ist die Umgebung voll pulsierenden Lebens. Auf den fetten Weiden grasen hundertköpfige Yak- und Schafherden, dazwischen stehen die schwarzen Zelte der Golok. Gleich unterhalb der Siedlung windet sich der Tawu-Fluß durch sein ausgeschwemmtes Bett. An seinem linken Ufer entlang führt der Weg zum Gora Gompa. Dort nimmt der Pilgerpfad seinen Anfang, dort beginnt der Weg, der das Amnye-Machen-Massiv wie ein Kreis umschließt. Den ganzen Tag über ziehen die Gläubigen vorbei. Sie gehen einzeln, in Familien oder Sippen, manchmal sind es ganze Karawanen mit abenteuerlichen Gestalten, die auf Pferden und Yaks daherreiten. Das Ziel liegt klar vor Augen. Man braucht nur einen der umstehenden Hügel zu erklimmen, da steht man einem leuchtend weißen Eisdom gegenüber, der in solch einsamer Größe aus dem Meer der Fünftausender herausragt, daß diese wie arme Verwandte wirken. Das ist der Amnye Machen, der heiligste Berg Amdos, der mythische Ahnherr der Golok. So wie der Tibeter einen einfachen Steinhaufen am Wegesrand umschreitet, wie er ein Heiligtum – vom bescheidenen Tschörten bis hin zur Klosterstadt – umwandelt, so umkreist er diesen heiligen Berg, um ihm seine Verehrung darzubringen, aber auch, um sich mit ihm auszutauschen. Denn Berge sind Orte der Kraft, besondere Berge haben eine besondere Ausstrahlung; feinfühlige Menschen wissen das und können es erspüren. Auf allen

Erdteilen, bei allen Völkern, zu allen Zeiten gab und gibt es besondere Berge, heilige Berge eben.

»Um dem Wesen eines Berges nahe zu kommen, muß man ihn von allen Seiten gesehen haben«, erklärt Lama Anagarika Govinda. Wenn dies zutrifft, dann kommt der Tibeter diesem Wesen am nächsten, denn er umrundet seine heiligen Berge, sogar oftmals. Zweihundert Kilometer beträgt die Wegstrecke um den Amnye Machen. Tage, Wochen, Monate ist der Pilger unterwegs; es kommt ganz darauf an, ob er geht, reitet oder sich Körperlänge für Körperlänge niederwerfend fortbewegt. »Was für eine unnütze Kraftvergeudung«, wird da der praktisch denkende Abendländer sagen. Aber der Pilger gibt nicht seine Kraft weg, im Gegenteil: Er gewinnt neue hinzu, tankt Energie, die freilich von ganz anderer Qualität ist, als man sie im Fitneßstudio erwerben kann.

1. Tag – Entlang des Tawu-Flusses

Aufbruch von Tawu Dölma. Im Vergleich zu den meisten tibetischen Pilgergesellschaften sind wir eine kleine Gruppe. Sie besteht aus vier Personen: Lopsang ist unser Yakführer; Wang, der chinesische Begleiter; dazu kommt noch Helmut, der erstmals in diesem Leben in Tibet ist. Ausrüstung und Verpflegung sollen auf dem Rücken von vier Yaks befördert werden, ein fünfter Ochse dient als Reittier, das sich Lopsang und Wang brüderlich teilen. Schon seit den Morgenstunden regnet es in Strömen, die Begeisterung hält sich in Grenzen, deshalb vergehen Stunden, bis alle Yaks beladen und die Karawane abmarschbereit ist. Es ist fast Mittag, als wir Tawu Dölma hinter uns lassen. Wir steigen gleich ins tief eingegrabene Flußbett ab, tasten uns entlang des Ufers vorwärts. Es gilt eine schwache

Lopsang, ein Golok aus Tawu Dölma, und Wang sind unsere Begleiter bei der Umwanderung des heiligen Berges Amnye Machen. Die Eintracht zwischen dem Tibeter und dem Chinesen ist nicht gestellt. Es gab sie wirklich.

Golok-Mädchen auf Pilgerschaft um den Amnye Machen. In früheren Zeiten, das heißt vor 1950, sollen mehr als 10 000 Gläubige pro Jahr den heiligen Berg umrundet haben.

Stelle zu finden, eine Furt, an der sich der Hochwasser führende Fluß gefahrlos überqueren läßt. Anders als im April letzten Jahres, wo dickes Eis die Urgewalt Wasser zähmte, tobt und gischt nun der Gebirgsfluß in ungehemmter Wildheit dahin. Jetzt wird klar, warum Lopsang darauf bestanden hat, einen fünften Yak mitzunehmen, denn ohne Reittier wären wir hier chancenlos. Zuerst werden die beladenen Yaks mit lautem Geschrei ins Wasser getrieben. Das Wasser reicht den Tieren bis zur Bauchmitte, tapfer kämpfen sie gegen die Strömung an. Dann sind wir an der Reihe. Das Tier tut mir leid, denn es muß siebenmal durch den reißenden Fluß, ehe wir alle drüben sind. Gora Gompa taucht vor uns auf, nur für Augenblicke gibt es der Nebel frei. Dann stehen wir am Beginn des Pilgerpfades.

Eine riesige Steinpyramide, hunderte Mani-Steine und wild flatternde Gebetsfahnen kennzeichnen den Einstieg. Der ausgetretene Weg liegt leer und verlassen da. Die Pilgerscharen, die wir gestern noch so zahlreich entlangziehen sahen, sind spurlos verschwunden. Sie haben wohl das einzig Richtige getan, irgendwo ihre Zelte aufgeschlagen und sich darin verkrochen. Es regnet ohne Unterlaß. Lopsang hat bald die Nase voll und verläßt uns. Unter dem Vorwand, sich sein Gewehr und weitere Ausrüstung zu holen, reitet er davon. Gegen Abend will er wieder zu uns stoßen. Wang hat nun die Funktion des Yaktreibers übernommen. Er macht seine Sache gar nicht schlecht. Eine lange, sanfte Steigung leitet zu einem kleinen Paß hinauf. Jeder von uns läuft sein eigenes Tempo, folgt seinem individuellen Rhythmus. Großartige Fernblicke bleiben uns an diesem Tag versagt, dafür sorgt das Spiel der Wolken und Nebel an den Gipfeln für Stimmungen. Grasbewachsene Berggestalten verschwinden plötzlich hinter einem Wolkenvorhang, um wie verwandelt, mit weißer Farbe überpinselt, wieder aufzutauchen. Der Pfad nähert sich dem Fluß. Hier warte ich auf Helmut. Auf der anderen Seite des Baches, inmitten einer breiten Terrasse, stehen zwei Nomadenzelte. Als uns die Bewohner entdecken, kommen alle aus den Zelten gelaufen und rufen uns mit gestikulierenden Armen etwas zu, das im Getöse des Flusses untergeht. Besuchen können wir sie nicht, weil das wilde Wasser dazwischen liegt und unser Reityak fort ist. Wang treibt die bepackten Tiere vom Paß hinunter, wir schultern die Rucksäcke und ziehen weiter. Der Weg folgt nun einer schmalen Naturterrasse; zu unserer Rechten fällt das Gelände steil zum Fluß hinunter ab, zur Linken gestaffelte Berge, die in den Wolken verschwinden. Der Regen hat inzwischen aufgehört, aber ein Blick in die Runde erstickt jede Hoffnung auf besseres Wetter im Keim. Überall dunkle Wolkenmassen, die jeden Augenblick sich wieder entladen können. Jetzt treten Berge und Fluß immer näher zusammen, so daß nur mehr Platz für einen schmalen Saumpfad bleibt. Dann kommen wir durch einen Wald von aufgeschichteten Steinpyramiden. Sie stehen so eng beisammen, daß man im Zickzack-Kurs

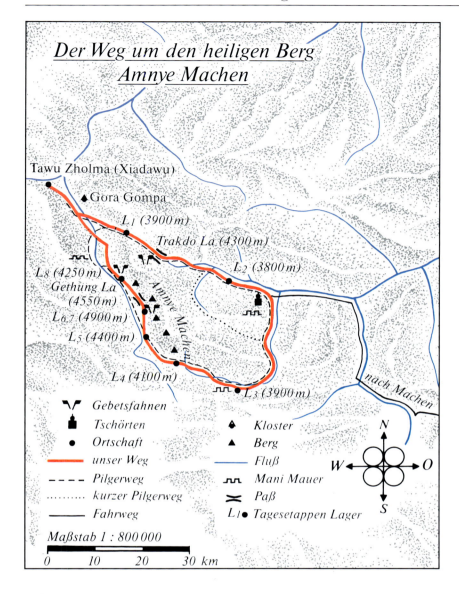

hindurchlaufen muß. Dahinter verbreitert sich die Terrasse wieder, formt einen Geländevorsprung, der wie eine Nase in das Flußbett hineinragt. Ein guter Lagerplatz.

Mittlerweile ist später Nachmittag geworden und es macht wenig Sinn, bei diesem Wetter weiterzuziehen. Lopsang ist noch immer nicht da. Wir wollen inzwischen das Lager aufbauen und kochen. Da stellt sich ein unerwartetes Hindernis in den Weg. Die Lasttiere zeigen nämlich keinerlei Bereitschaft, sich abladen zu lassen. So beginnt ein konditionsraubendes Yak-Fangspiel mit dem Ergebnis, daß wir nach einer Stunde drei unserer vier Yaks die Lasten abjagen konnten. Der vierte – ein kraftvoller Stier – bringt uns an den Rand der Verzweiflung. Ausgerechnet auf seinem Rücken befindet sich die Kiste mit Zelt, Kocher und Geschirr. Unsere Annäherungsversuche hätten bestimmt jeden Tibeter zu Lachkrämpfen animiert. Jedes-

»Bildliche Darstellungen des Amnye Machen sind selten, und man findet sie nur in Amdo, gewöhnlich als Wandmalereien in den Gebetshallen der Klöster.«

Joseph Rock

Unser erstes Lager steht auf einer Naturterrasse oberhalb des Tawu-Flusses. Unter den Strahlen der Höhensonne trocknet die vom Vortag durchnäßte Ausrüstung im Nu.

mal wenn einer von uns in Griffweite herankommt, dreht sich das widerspenstige Tier um die eigene Achse, spurtet in einem Satz den steilen Hang hoch und grast dort seelenruhig weiter. So treibt er uns über den ganzen Berg. Der einzige Vorteil ist, daß es uns bei dieser Beschäftigung nicht kalt wird. Jetzt beginnt es wieder zu regnen, deshalb verdoppeln wir unsere Anstrengungen, doch noch an die Ausrüstung zu kommen. Wang pirscht sich wie ein Sioux von der Seite heran, dann greift er blitzschnell den Halsstrick und versucht das Tier festzuhalten, ohne dabei mit den spitzen Hörnern Bekanntschaft zu machen. Derweil lösen wir rasch die Stricke, mit denen die Last befestigt ist, Kisten und Säcke fallen zu Boden, der Yak erschrickt, reißt sich los, die Seile hinter sich herschleifend. Darum kann sich Lopsang kümmern, wenn er zurückkommt, Hauptsache wir haben nun das Gepäck und können endlich das schützende Zelt aufstellen. Kurz vor Einbruch der Dunkelheit kommt Lopsang dahergeritten. Er treibt sofort die Yaks neben dem Lagerplatz zusammen und pflockt sie für die Nacht an.

2. Tag – Über den Trakdo La

Am nächsten Morgen werden wir schon früh geweckt. Hufgetrappel, Hundegebell, laute Befehle und dumpfes Gemurmel reißen uns aus dem Schlaf. Durch den geöffneten Zelteingang sehen wir die Pilgerscharen heranwallen. Sie kommen zu Fuß daher: Alte, auf Stöcke gestützt oder auf Pferden reitend; Kinder lugen neugierig aus Körben, die auf Yakrücken baumeln. Im Nu sind wir aus den Schlafsäcken draußen, weil wir fürchten, im Zelt regelrecht überrannt zu werden. Die vorbeiziehenden Gruppen geben ein ungeheuer farbenprächtiges Bild ab. Gestalten huschen vorbei, in lange Mäntel gekleidet, mit bunten aufgesetzten Bändern, breite Gürtel, Schleifen und Quasten, dazu noch die phantasievollsten Kopfbedeckungen, die man sich vorstellen kann. Auch die Pferde und Reityaks sind prächtig aufgezäumt; schwere hölzerne Sättel mit Teppichen in leuchtenden Farben und mit geometrischen Mustern. Der Steinpyramidenwald ist lebendig geworden. Viele Pilger halten dort an, um einen neuen Haufen aufzuschichten oder an alten Steine hinzuzufügen. Im atemberaubenden Gedränge und Geschiebe scheut ein Pferd, galoppiert los und schleudert die junge Reiterin aus dem Sattel. Die Männer haben das Pferd bald beruhigt, aber das Mädchen liegt heulend vor Schmerz am Boden. Wir holen unsere Apotheke aus dem Gepäck und laufen zur Unfallstelle hin. Zum Glück ist nichts gebrochen, nur eine Prellung, aber auch das ist unangenehm genug. Sie erhält einen Stützverband, dann wird sie von ihren Brüdern in den Sattel gehoben und schon geht es weiter. Unser Eingreifen jedoch hat Folgen. Wir sind sofort von einer Schar Tibeter umlagert, die irgendein Wehwehchen plagt oder die sich einbilden, eines zu haben. Auch hier wird der Fremde ungesehen zum Medizinmann gestempelt. Einige sind wirklich krank, leiden an schlimmen Arthrosen, andere haben Augenentzündungen oder Kopfschmerzen. Wir helfen, so gut wir können, zuletzt erhält noch jeder ein Dalai-Lama-Bild, offenbar die beste Medizin, denn alle ziehen freudestrahlend damit von dannen.

Kaum sind die Pilgerscharen hinter dem nächsten Hügel verschwunden, da nähert sich uns ein einzelner Mann. Er hat weder Pferd noch Yak dabei, ja nicht einmal einen Beutel Tsampa umgehängt. Er bewegt sich nicht aufrecht gehend fort, sondern wirft sich

»Als einer der heiligsten Berge Tibets, der als Sitz des Gottes Machen Pomra gilt, übt er auf die Pilger, die das Gebirge umrunden, die allergrößte Anziehungskraft aus.«

Joseph Rock

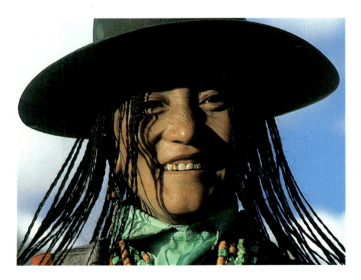

Golok-Frauen auf Pilgerschaft.

»Sie alle nehmen teil an einem Erleben, das ihren gegenwärtigen Daseinszustand übersteigt und sie über die Grenzen des Todes hinausblicken läßt, wo die Tore zu allen Welten und zu allen Formen der Wiedergeburt geöffnet sind und wo der Pfad, der über sie hinausführt, vor dem inneren Auge erscheint oder sich als ein Aufwallen der Sehnsucht nach dem höchsten Ziel der Befreiung und Erleuchtung darstellt.«
Lama Anagarika Govinda

»Alle Pilger müssen gehen; sogar die höchsten Inkarnationen dürfen nicht reiten. Es gibt einige Frauen, die den gesamten Pilgerweg mit ihrer Körperlänge ausgemessen haben, das dauert zwei Monate. Um ihn zu umwandeln, benötigt ein Pilger gewöhnlich sieben Tage.«
Joseph Rock

Körperlänge für Körperlänge in den Staub. Über seinem braunroten Gewand trägt er eine lange Schürze, die Finger stecken in schweren hölzernen Handschuhen, und auf der Stirn, die er bei jedem Niederfall in den Boden drückt, zeichnet sich ein dunkler Fleck ab – wie ein drittes Auge. Es ist ein Mönch! Einer, der den härtesten und verdienstvollsten aller Wege gewählt hat, die um den Amnye Machen führen. Eine ganze Runde, zweihundert Kilometer, kriecht er über Berg und Tal, Stock und Stein, durch Schnee und Schlamm, bei jedem Wetter, drei Monate lang. Die Dimension dieser Hingabe sprengt alle Maße, liegt jenseits unserer Vorstellungswelt; um sie zu begreifen muß man Buddhist, Gläubiger sein. Wie in Trance bewegt er sich vorwärts. Hoch aufgerichtet steht er da, die Arme in den Himmel gereckt, den Blick starr in die Ferne gerichtet, dann läßt er sich auf die Knie fallen, legt sich flach auf den Boden, streckt die Arme vor und drückt die Stirn in den Staub. In umgekehrter Reihenfolge steht er wieder auf, geht bis zur Stelle vor, die er mit den Fingerspitzen markiert hat und fängt von vorne an. So ist er den ganzen Tag unterwegs; abends wandert er zurück zu seinem Zelt, und am nächsten Morgen setzt er den Weg auf die gleiche Weise fort. Verpflegt wird er von Pilgern, die ihm große Bewunderung und Respekt entgegenbringen.

Wir bauen in aller Eile das Lager ab. Wang und Lopsang beladen die Yaks, während Helmut und ich die Rucksäcke schultern und den tibetischen Pilgerscharen hinterherlaufen. Stundenlang bewegen wir uns durch eine traumhaft schöne Landschaft. Grüne Wiesen, Hügel und Schwellen, dunkle Schluchten mit rauschenden Wildbächen, weißgekrönte Firngipfel, die dahinter hervorleuchten. Alles durchflutet von einem geradezu unwirklichen Licht. Es herrscht hier eine Klarheit der Atmosphäre, eine Reinheit, wie es sie nirgendwo sonst gibt. Da ist keine Spur von karger Einöde, nicht Montonie, sondern Fülle ist der Eindruck, den diese Landschaft vermittelt. Farben und Formen sind so gesteigert, daß man meint, im nächsten Augenblick in eine andere Welt, einen anderen Bewußtseinszustand, hinüberzutreten, vor den Toren des mythischen Reiches Shambhala angekommen zu sein – spirituelles Kraftzentrum, von dem die alten Mythen erzählen.

Dann nähert sich der Pfad wieder einem Fluß. Herrlich grüne Matten säumen seine Ufer, Blumenteppiche überall. Inmitten dieser Pracht haben sich die Pilger zur Rast niedergelassen. In Gruppen hocken sie rund ums Feuer. Picknick im Grünen ist eine Lieblingsbeschäftigung der Tibeter, die sie auch gerne mit dem Fremden teilen. Wo immer wir vorbeikommen, werden wir herbeigerufen und aufgefordert, in ihrer Mitte Platz zu nehmen. Sofort füllt man uns eine Schale mit Tee, dazu gibt es Bäckereien und köstlich schmekkenden Joghurt. Wir revanchieren uns mit Hautcremes für die Frauen und Dalai-Lama-Bildern, dann geht es weiter. Der Fluß biegt nun nach Westen ab, der Pfad dagegen windet sich zum Trakdo La,

Pilgernde Mönche am 4300 Meter hohen Trakdo La. Sie verbrennen Reisig und opfern Gerstenmehl zu Ehren des Berggottes Machen Pomra.

einem 4300 Meter hohen Paß hinauf. Auf halber Höhe überholen uns drei Lamas, die auf prächtig aufgezäumten Pferden an uns vorbeireiten. Je näher wir der Paßhöhe kommen, desto häufiger werden die Steinpyramiden am Wegesrand. Sie setzen sich auf den umliegenden Gipfeln und Graten fort, wie stumme Wächter stehen die Steinmännchen da. Dann flacht das Gelände ab, wir treten auf den ausladenden Paß hinaus. Genau an der Krümmung liegt ein riesiger Felsbrocken, auf dem unzählige Steine liegen, die dem ganzen Gebilde die Form einer Pyramide verleihen. Aus seiner Mitte ragt ein Mast, von dessen Spitze Seile zu Boden führen, die unter einem Wulst von bunten bedruckten Papierstreifen verborgen sind. Die drei Lamas haben ihre Pferde etwas abseits stehengelassen und kommen nun herbei. Einer von ihnen klettert auf die Steinpyramide und knüpft seidene Glücksschleifen hinzu. Daraufhin begeben sie sich zum steinernen Altar, einem Opferplatz, der nur ein paar Schritte von der Pyramide entfernt steht. Dort bringen sie dem Amnye Machen ein Rauchopfer dar. Reisig und Gerstenmehl werden in Brand gesteckt, während einer mit dem Blasebalg das Feuer schürt, stimmen die anderen mit tiefen Baßtönen ihr Rezitativ an. Bald steigt dicker Rauch auf, und den Göttern wohlgefälliger Duft erfüllt die Atmosphäre. Nun drehen sie sich in Richtung Amnye Machen, dessen höchster Gipfel, eine weiße Pyramide, zum Greifen nah dasteht. Er sendet mächtige Gletscherzungen aus. Sie schieben sich wie riesige Arme herab, und ihre Ausläufer reichen bis an den Paß heran. Im nächsten Augenblick haben die drei Mönche Büschel kleiner bedruckter Papierfetzen in den Händen, die sie in die Luft schleudern, wo der Wind sie erfaßt und wie Schneeflocken fortträgt. Das sind Lungta, die Windpferde, wie die Tibeter sie nennen. Tausende von Mantras, die der Wind den Göttern zuweht. Der duftende Rauch, die wirbelnden Papiergebete, die drei Lamas, die nun den Opferplatz umkreisen und darüber die zu Eis erstarrte Manifestation des Geisterkönigs Machen Pomra, ist ein unbeschreiblich starkes Bild, das uns eine Ahnung gibt vom Urquell, aus dem sich die Religiosität des Tibeters nährt.

Im gleichbleibenden Tempo zieht der junge Lama seine Runden um den heiligen Berg. Vor ihm der Pfad zur Befreiung, hinter ihm sein Pferd mit der Habe und über ihm die eilenden Wolken.

Vom Trakdo La zieht sich der Pfad über Geröllfelder talwärts. Bald begleitet uns wieder das Rauschen eines Flusses, der direkt von einem der Gletscher des Amnye Machen herabstürzt. Erst jetzt holen wir die Pilgergruppe mit dem verletzten Mädchen ein. Es scheint den Sturz vom Pferd längst vergessen zu haben. Wir schließen uns der Pilgergesellschaft an und setzen den Weg gemeinsam fort. Dieser endet sehr bald am Ufer des reißenden Gebirgsbaches. Eine weitere Flußüberquerung steht bevor. Junge Golok von verwegenem Aussehen reiten so ungestüm in das schäumende Wasser, als wollten sie gegen die Wasserdämonen in den Kampf ziehen. Ihnen auf den Fersen folgt der ganze Troß nach.

Einer der jungen Golok kommt mit zwei leeren Pferden zurück und heißt uns aufsitzen. Dankbar nehmen wir an, denn unsere Karawane ist noch weit zurück. Sie kommt erst von der Paßhöhe herab und wir verlieren sie bald aus den Augen, weil sich der Weg nun scharf nach Süden wendet. Wie Riesenwellen im Ozean reihen sich namenlose Hügel und Rücken aneinander, gleich einem Schiff kreuzen wir darüber hinweg. Schon kriechen die Schatten der Nacht an den Berghängen hoch. Seit mehr als zehn Stunden sind wir unterwegs, die Tibeter gewiß noch länger, aber ans Lagern denkt noch niemand. So schleppen wir uns müde weiter, einem unbestimmten Ziel entgegen.

Von Westen, also vom Amnye Machen her, zieht ein breites Trogtal. Der Fluß, der es entwässert, glitzert wie ein silbernes Band im Licht der Abendsonne. Bis an seine Ufer reichen grün schimmernde Matten, auf denen weiße Zelte wie spitze Hüte stehen. Was für eine Idylle, welch einmaliger Lagerplatz. Leider ist er schon belegt. Für unsere Zelte wäre noch genügend Platz, aber die erschöpften Tiere würden nicht genug Nahrung finden. Deshalb müssen wir weiter, noch einmal über einen reißenden Fluß. Wie beim letztenmal stellen uns die Tibeter zwei Pferde zur Verfügung. Der Weiterweg liegt bereits im kalten Schatten. Bevor wir wieder im Gewirr der grünen Hügel und Schwellen untertauchen, werfen wir noch einen Blick zurück. Von unserer Karawane ist keine Spur zu sehen. Wir hoffen, daß sie uns nachkommen wird und nicht an diesem verlockenden Platz lagert. Denn all unsere Ausrüstung und Verpflegung befindet sich auf dem Rücken der Yaks. Wir haben nur unsere kleinen Tagesrucksäcke dabei, weder warme Kleidung noch Schlafsäcke oder gar Zelte. Uns plagt nicht die Angst, in der Nacht zu erfrieren, aber wir fürchten um unseren Schlaf, wenn wir in einem überfüllten Pilgerzelt nächtigen müßten.

Das Tal, dem wir nun folgen, weist nach Süden. Es ist wieder dichter von Golok-Nomaden besiedelt, an deren Zeltplätzen wir bisweilen vorbeikommen. Zwölf Stunden sind wir bereits unterwegs, die Beine vor Müdigkeit bleiern schwer und wir bedauern allmählich, daß wir die angebotenen Reittiere nur für Flußüberquerungen in Anspruch genommen haben. Die Sonne ist längst untergegangen, und es wird nicht mehr lange dauern, bis die Dunkelheit hereinbricht. Endlich weichen die Tibeter vom Pilgerpfad ab, reiten auf eine breite Grasterrasse hinunter und beginnen die Lasttiere abzuladen. Uns bleibt nichts anderes übrig als abzuwarten und zu hoffen, daß Lopsang und Wang noch kommen. So genießen wir das Szenarium einer Tibetergruppe, die ihr Lager aufschlägt. Das ist sehenswert. Unnötig zu betonen, daß alles unglaublich schnell geht, Perfektion in Reinkultur. Jeder Handgriff sitzt, jeder weiß, was er zu tun hat. So geschieht alles gleichzeitig; Zelt aufbauen, Wasser holen, Yakdung sammeln, Feuermachen, kochen. In kürzester Zeit sitzt die ganze Gruppe schmatzend im Zelt, während der Haufen abgenagter Knochen vor dem Eingang immer größer wird. Bevor die Nacht kommt, trifft unsere Karawane ein. Die Tibeter helfen uns beim Abladen der Yaks und bringen uns Wasser vom Fluß. Wir fallen vor Müdigkeit in unsere Schlafsäcke.

> »Wohl hatte der heilige Berg Amnye Machen mit seinen ›18 Köpfen‹ seit vielen Tagesmärschen zu mir herübergewunken. Schier unwiderstehlich wollten mich seine noch unerforschten Gletscher und Schründe anziehen. Wie oft schon hatte man an meinem Lagerfeuer den Namen dieses Berges gerufen! Hatte ihm ein ›lha gsol‹ dargebracht. Hatte man den Hut abgenommen und hatte Tsch'eng hochaufgerichtet, die erste Schale aus dem Kessel ihm zu Ehren als Libation in die Luft geschleudert!«
>
> Albert Tafel

3. Tag – Durch das Tal der Blumen

Als wir am nächsten Morgen aufwachen, haben die Tibeter ihr Lager längst abgebrochen, die Tiere stehen beladen und abmarschbereit da. Sie rufen uns noch einen Abschiedsgruß zu, Minuten später

Teil I Amdo

Ganze Wiesen voll mit Enzianarten säumen den Pilgerpfad entlang der Ostseite des Amnye Machen.

Ein ummauerter, weiß getünchter Schrein steht am östlichsten Punkt des Rundweges. Hier haben sich ein paar Lamas niedergelassen, die gleich den Pilgern und Nomaden in Zeltbehausungen leben.

verschwindet einer nach dem anderen hinter dem nächsten Bergrücken. Anderthalb Stunden später folgen wir ihnen nach. Das Tal, in dem wir weiterhin nach Süden marschieren, wird immer breiter. Es ist von märchenhafter Schönheit. Da gibt es Wiesen, die mit Blumen übersät sind, ganze Teppiche von blauem und weißem Enzian liegen ausgebreitet da, sogar Exemplare des sehr seltenen Blauen Mohn finden sich hier. Gegen Mittag erreichen wir einen Platz, an dem drei Täler zusammenlaufen. Er ist von Pilgerscharen belagert. Inmitten von Zelten und weidendem Vieh erhebt sich ein weißer Tschörten. Ein quadratischer Rundgang mit langen Reihen von Gebetszylindern umgibt den Reliquienschrein. Etwas oberhalb, am Fuße eines Bergrückens, steht eine Mani-Mauer. Auch ein paar Mönche haben sich hier niedergelassen, sie leben wie die Pilger und die Golok – in einem Zelt. Nach einer Rast und einer Runde entlang

der Gebetszylinder-Galerie setzen wir unseren Weg fort. Wir haben nun den östlichsten Punkt des Pilgerweges überschritten und nähern uns wieder den Eisgipfeln des heiligen Berges. Davon ist allerdings nichts zu sehen, weil der Weg in einer tiefen Schlucht verläuft, die sich der Fluß gegraben hat, an dessen Ufer wir stundenlang entlangmarschieren. Der Himmel über uns ist dunkelblau, ohne eine einzige Wolke. Nirgendwo Schatten, nirgendwo Schutz vor der Höhensonne.

Am nächsten Bach, der unseren Weg kreuzt, reißen wir uns die verschwitzten Kleider vom Leib und nehmen ein herrlich erfrischendes Bad im eiskalten Wasser. Der Pilgerpfad ist hier identisch mit der Fahrpiste, die von Machen, einer Golok-Kommune, heraufführt. Mit dem Bau der Straße kam das Ende für die letzten Wälder des Amnye Machen. Der bequeme Zugriff und einfache Abtransport des Holzes hat die Berghänge leergefegt. Ein paar einzelne Bäume und bescheidenes Buschwerk sind der traurige Rest einstiger Bewaldung. Nach einiger Zeit weitet sich die Schlucht zu einem breiten Trogtal. Würfelförmige Lehmhäuser und schwarze Nomadenzelte stehen darin. Hier treffen wir auf die Nachhut jener Pilgergruppe, mit der wir die letzte Nacht zusammen verbrachten. Gemeinsam wandern wir weiter, über Hügel und Wiesen, die so weich wie Teppiche sind. Zu unserer Rechten öffnet sich ein Tal, ein Naturkorridor, der direkt am Amnye Machen endet. Die makellose Eispyramide des heiligen Berges krönt das Tal und funkelt wie ein Diamant. Das Bild des Berges noch ganz vor Augen, da kommen schon wieder neue Eindrücke auf uns zu. Wir nähern uns dem Schnittpunkt zweier Täler, die von Westen und Norden zusammen-

Eine Steinpyramide mit bunten bedruckten Gebetsfahnen markiert den südlichsten Punkt des Rundweges. Für diese Pilgerfamilie schließt sich hier der Kreis; eine letzte Umwandlung, ein letztes Rauchopfer, ein paar Steine zu den Haufen, dann ziehen sie davon.

Der Geisterkönig Machen Pomra, dargestellt als eine auf Wolken schwebende Gottheit. Mit der Geschwindigkeit des Windes reitet er auf seinem Schimmel Grozhur über das Land. Er trägt eine rote Rüstung, in der linken Hand hält er ein Gefäß, während er in der rechten ein Banner führt. Bewaffnet ist der Berggott mit Pfeil und Bogen.

laufen. Dort wo sie sich vereinigen steht ein Lhatse, eine mächtige Steinpyramide mit flatternden Gebetsfahnen, ähnlich jenem Gebilde am Paß Trakdo La. Ein herrlicher Platz, hier wollen wir unser Zelt aufschlagen. Aber das hat noch Zeit, denn nun sind wir vollauf damit beschäftigt, all das aufzunehmen, was sich dem staunenden Auge darbietet. Unsere tibetischen Begleiter laufen zielstrebig auf das Lhatse zu, die Gebetsschnüre gleiten durch die Finger, und aus den Kehlen erklingt das heilsame Mani-Mantra. Vor der beflaggten Steinpyramide werfen sich alle zu Boden und führen minutenlang den Fußfall aus. Dann erheben sie sich, um auf einem Opferstein Reisig und Gerste zu verbrennen. Während der Rauch in dichten Schwaden aufsteigt, beginnen sie ihre Umkreisungen, Runde für Runde ziehen sie betend um das Heiligtum. Es markiert den südlichsten Punkt des Pilgerpfades um den Amnye Machen. Hier haben sie vor Tagen ihren Weg begonnen, hier schließt sich für sie der Kreis.

Jetzt wird das Gemurmel der Pilger durch andere Klänge übertönt; dumpfer Trommelschlag, helles Glockengeklingel, vermischt mit Trompetenschall und Hornsignalen, die wie Sirenen herniederschmettern. Wir blicken uns um, folgen mit den Augen der Richtung, aus der die Musik kommt, da sehen wir ein weißes Zelt, hoch oben auf einer natürlichen Terrasse. Es ist mit blauen Mustern und Glückssymbolen bemalt. Davor aber drängen sich die Gläubigen, halb liegend, die Häupter gebeugt, als ob ein unsichtbarer Sturmwind sie gleichsam niederdrückte. Da knien die wildesten Gestalten, die man sich vorstellen kann – Goloks, in grobe Felle gehüllt, das schulterlange Haar fällt in wirren Strähnen herab, gefurchte, wettergegerbte Gesichter, die mit verklärter Miene und leuchtenden Augen dem Geschehen folgen. Im Inneren des Zeltes sitzt eine Gruppe Lamas auf ausgebreiteten Teppichen und Kissen. Davor stehen bunt bemalte Holzkisten mit allerlei Kultgegenständen wie Butterlampen, Opferschalen, Pfauenfedern, eine Buddhafigur und in Seidentücher gewickelte Bücher. Einer der Mönche sitzt auf einem kleinen Thron. Er trägt ein gelbes Untergewand, in der rechten Hand hält er eine Knochentrommel, in der linken ein Dorje, das Diamantenzepter, Symbol für die polaren Kräfte, für Einheit und Vielheit, unentbehrliches Ritualobjekt im tantrischen Kult. Sein Blick scheint in unergründliche Ferne gerichtet. Hin und wieder springt einer der Mönche auf, läuft zu einem qualmenden Steinaltar, um weitere Opfer darzubringen. Die anderen setzen dabei unbeirrt ihre Rezitationen fort, begleitet von rhythmischem Trommelschlag und Fanfaren. Die Grenze zwischen Zuschauer und Akteuren scheint aufgehoben und alle Beteiligten in einen anderen Bewußtseinszustand entrückt, in einen Zustand erhöhter Schwingung. Nun legt der Lama Handtrommel und Dorje zur Seite, ergreift einen silbernen Kelch, taucht drei Finger darin ein und verspritzt eine stark alkoholische Flüssigkeit über die Anwesenden. In diesem

Der Geisterberg Machen Pomra   KAPITEL 6

Augenblick treffen Lopsang und Wang mit unseren Yaks ein. Sie kommen gerade recht, denn jetzt verteilt ein Mönch bemalte Teigkugeln mit getrockneten Früchten. Sie dürfen gegessen werden und schmecken leicht süßlich.
Die Zeremonie ist damit zu Ende. Die Pilger ziehen gebeugten Hauptes am Lama im gelben Gewand vorbei, der wie ein Buddha im Lotossitz thront und jeden einzelnen segnet. In den Augen der Tibeter ist dieser Mann ein Heiliger, er ist der Ragya Rimpotsche, die Inkarnation der Mutter Tsongkhapas. Sein Kloster – Ragya Gompa – liegt direkt am Ufer des Machu und zählt zu den bedeutendsten Lamasereien Amdos. Es gibt eine Stelle am Pilgerweg um den Amnye Machen, wo drei Felsthrone nebeneinanderstehen: Einer ist dem Labrang Rimpotsche, der zweite dem Rongwo Rimpotsche und der dritte dem Ragya Rimpotsche geweiht. Wenn einer dieser hohen Wiedergeburten dem Berggott Machen Pomra huldigt, werden dort besondere Rituale durchgeführt. Das geschieht selten, nur in einem besonderen Jahr wie in diesem – im Jahr des Pferdes! Wir schlagen unser Lager im Respektabstand zum Tülku auf, umgeben von Pilgerzelten und Yaks.

Ragya Rimpotsche, die Inkarnation der Mutter Tsongkhapas, auf Pilgerfahrt. Mit gebeugten Häuptern, halb liegend, halb sitzend, haben sich die Söhne und Töchter der Grassteppe versammelt, um den wundersamen Tönen und Worten zu lauschen, die aus dem Zeltinneren hervorkommen. Alle scheinen wie verwandelt, entrückt in einen anderen Bewußtseinszustand.

4. Tag – Im Banne magischer Kräfte

»In den ältesten Religionen war alles belebt, nicht übernatürlich, sondern natürlich belebt. Es gab nur tiefere und tiefere Lebensströme, weiter und weiter ausschwingende Lebensschwingungen. Die Felsen waren belebt, aber ein Berg hatte ein tieferes, weiteres Leben als ein Felsen, und es war für den Menschen viel schwerer, seinen Geist oder seine Energie mit dem Leben des Berges in Verbindung zu bringen... Und er mußte eine größere religiöse Anstrengung aufbringen.«

D. H. Lawrence

Wötül Sonam Nyima, ein Tülku aus Kham, hat die rote Mitra aufgesetzt, um gemeinsam mit seinen Schülern ein Ritual zu Ehren des Geisterkönigs Machen Pomra durchzuführen.

Am nächsten Morgen sind alle Zelte verschwunden, der Platz um uns ist wie leergefegt. Während der Nacht hat das Wetter umgeschlagen, dunkle Wolkenmassen sind aufgezogen, und als wir losmarschieren, beginnt es zu regnen. Das Gelände steigt beständig an. Wir queren grüne Hänge, erklimmen Rücken um Rücken, das Flußbett stets zu unserer Rechten. Vereinzelt stehen Golok-Zelte da, zottige Yaks grasen in kleinen Gruppen, ansonsten ist die Landschaft gespenstisch leer. Einmal überholen wir ein pilgerndes Nomadenpaar, das unendlich langsam durch fortlaufende Niederwerfungen vorankriecht. Nach einigen Kilometern kommen wir auf eine weite Grasebene, die von Bergen ringsum eingeschlossen ist. Der Fluß zieht zum südlichen Talrand hinüber und zwingt uns, ihn zu überschreiten. Jetzt nähert sich der Pfad einer Galerie steiler Felswände mit gezackten Kämmen und bizarren Formen, die unvermittelt aus der grünen Ebene aufsteigen. Entlang der gesamten Wandflucht spannen sich Seile, die mit bunten Gebetsfahnen behangen sind. Davor steht eine Mani-Mauer von Dutzenden Metern Länge, gebogen und gekrümmt wie der dahinter aufragende Fels. Sie besitzt viele kleine Nischen, in denen fromme Pilger ihre Opfergaben ausgelegt haben. Von einem Steinaltar steigt Rauch auf, und der Wind trägt uns den Duft von verbranntem Reisig zu.

Zu Füßen des Heiligtums aber sitzt eine Gruppe Mönche, die ganz in eine Kulthandlung vertieft sind. Einer der Lamas hat eine gelbrote Mitra aufgesetzt, die an eine Bischofsmütze erinnert: in den Händen hält er Ritualglocke und Klangschale. Der Mann ist ein Tülku, eine hohe Inkarnation aus Kham: Wötül Sonam Nyima aus dem Kloster Gyalchug Sershar. Drei seiner Schüler begleiten ihn auf der Pilgerschaft. Die Anwesenheit des Tulku aus dem fernen Kham zeigt, welche Bedeutung der Amnye Machen hat, weit über die Grenzen Amdos hinaus. Dunkle Gewitterwolken ziehen von Süden heran, überrollen die umliegenden Gipfel und Schneeberge. Der Wind läßt die Gebetsfahnen tanzen und treibt die Rauchschwaden wie Nebelfetzen an den Felsen hoch. Es hat den Anschein, als würden die Geister der Luft im nächsten Augenblick zum Angriff blasen. Mit unerschütterlicher Ruhe setzen die Mönche die Zeremonie fort. Helles Glockengeklingel und tiefes Stimmengemurmel erfüllen die Atmosphäre. Die musizierenden und betenden Lamas, die grüne Ebene und die darauf grasenden, farbenfroh aufgezäumten Pferde erzeugen ein Bild tiefen Friedens, das im seltsamen Gegensatz zum Himmel steht, der immer dramatischer wird. Speiseopfer werden geweiht und am Opferstein verbrannt. Zum Abschluß des Ritus versprüht der Tülku heiliges Wasser in alle Himmelsrichtungen und über unsere Köpfe. Pilger, die des Weges kommen, gleiten blitzschnell von den Reittieren, wenn sie des Heiligen ansichtig werden. Mit gebeugtem Haupt und vor der Stirn gefalteten

Ein System von Schluchten führt den Pilger an die Westseite des Amnye Machen heran.

Händen kommen sie heran. Jeder einzelne erhält den Segen des Tülku, wobei er dem Gläubigen die Hand auf den Kopf legt und ihm daraufhin den Nacken anhaucht. Zuletzt ist die Reihe an uns.

Es ist bereits Nachmittag geworden, als wir mit unserer Karawane weiterziehen. Bald schwenkt der ausgetretene Weg in nördliche Richtung um. Stundenlang folgen wir gewundenen Pfaden, die uns an die Westseite des Massivs heranführen. Von Gletschern und Gipfeln ist an diesem Tag nichts zu sehen, sie liegen hinter finsteren Wolken verborgen. Wieder steigen wir an einem Flußbett auf, das sich zunehmend verengt und in eine bedrohlich aussehende Schlucht hineinführt. Die steilen Wände, der sich hin und her schlängelnde Fluß, zwingen uns, das Ufer häufig zu wechseln. Auf einer winzigen grünen Oase, umgeben von Geröll und Sand, schlagen wir unser viertes Lager auf.

5. Tag – Zu König Gesars Ruheplatz

»Diese ›Orte der Kraft‹ wurden nicht nur von primitiven Schamanen und Medizinmännern früherer Zeiten gespürt, sondern in allen Zeiten bis zum heutigen Tag konnten und können bestimmte Menschen sie erspüren.«
Dolores La Chapelle

Am nächsten Tag erwartet uns gleich nach Aufbruch eine schwierige Flußüberquerung. Die nächtlichen Regenfälle haben den Bach in eine gefährliche Sturzflut verwandelt. Der Übergang wird zur Mutprobe. Das Wasser ist so tief, daß ich fürchte, die Wellen würden im nächsten Augenblick über dem Yak zusammenschlagen und mich von seinem Rücken spülen. Krampfhaft kralle ich mich am Hals fest, mit hochgerissenen Beinen, um der Strömung möglichst wenig Angriffsfläche zu bieten. Der Ochse scheint meine Angst zu spüren, inmitten der wildschäumenden Wasser bleibt er stehen, blickt sich seelenruhig um, als ob er überlegte, wieder umzukehren. Lopsang versucht, ihn vom Ufer aus durch laute Befehle anzutreiben: als das nichts fruchtet, nimmt er ein paar Steine und schleudert sie dem Yak vor die Füße. Jetzt erst setzt sich das Tier wieder in Bewegung und erklimmt das jenseitige Ufer. Noch fünfmal werden wir an diesem Tag denselben Fluß überqueren müssen, erklärt uns der Tibeter. Aber ohne mich, von solchen Abenteuern habe ich vorerst genug. Da ist mir der Umweg über die Berge lieber.

Spontan entschließe ich mich, den Pilgerweg zu verlassen und einem Seitental in nordöstlicher Richtung zu folgen. Helmut kommt nach, die Karawane ist weit zurück, außer Sichtweite. In einem flachen steinigen Bachbett steigen wir aufwärts. Nach einem Kilometer dreht das Tal nach Osten und endet abrupt am Fuße einer weißen Eispyramide, deren ebenmäßige Form in den tiefblauen Himmel stößt. Wie gerne wäre ich weiter aufgestiegen, hinauf bis zum Beginn des Eises und vielleicht noch weiter. Aber wir haben keinerlei Ausrüstung dabei, um eine Nacht in dieser Höhe zu überstehen. Alles befindet sich auf dem Rücken unserer Yaks, und die ziehen irgendwo hinter den namenlosen Bergrücken vorbei. Helmut fühlt sich an diesem Tag nicht wohl und kommt nur sehr langsam nach. Ein prüfender Blick auf den Sonnenstand treibt mich zur Eile. Weil wir erst knapp vor Mittag abmarschiert sind, bleibt nicht mehr viel Gehzeit. Es gilt so schnell als möglich den Pilgerpfad zu erreichen, und zwar an einer Stelle, an der unsere Karawane noch nicht vorbeigekommen ist, denn Lopsang und Wang wähnen uns ja voraus. Es ist anzunehmen, daß sie bis zur völligen Dunkelheit weitermarschieren werden, in der Gewißheit, auf uns zu stoßen. Aus diesem Grund erhöhe ich noch mein Tempo und staune, wie schnell ich in dieser Höhe bin.

»Daß Menschen und Tiere beim Durchqueren eines Flusses umkommen, ist in dieser Gegend nichts Seltenes. Die Tibeter regen sich darüber ebensowenig auf wie wir Europäer etwa über Kraftwagenunfälle.«

Alexandra David-Néel

Ohne Reittier wären manche Flüsse kaum zu überwindende Hindernisse. Aber auch der Rücken eines Yaks ist keine Gewähr dafür, daß man immer trocken am anderen Ufer ankommt.

»Von Westen gesehen hat der Amnye Machen drei berühmte Gipfel; die südliche Pyramide wird Tschenresi genannt, dessen Inkarnation der Dalai Lama ist; der mittlere Gipfel, eine niedrigere Pyramide, heißt Amnye Machen; und den nördlichen Gipfel, ein runder breiter Dom, der der höchste von allen ist, nennt man Dra-dül-ling-shog.«

Joseph Rock

Der Eispalast des Machen Pomra im Licht der untergehenden Sonne.

Nach zwei Stunden stehe ich auf einem kleinen Paß, 4700 Meter hoch, und versuche mich zu orientieren. Trotz klarem Wetter ist keiner der hohen Amnye-Machen-Gipfel zu sehen, gezackte Türme von dunklem Gestein verstellen mir die Sicht in diese Richtung. Nach Südwesten zu fällt das Gelände schluchtartig in ein breites, querverlaufendes Tal ab. Dort unten muß der Pilgerpfad sein. Aber würde ich dorthin absteigen, hätte ich meinen ganzen Vorsprung verspielt, den langen Weg umsonst zurückgelegt. Wahrscheinlich ist unsere Karawane dort längst vorbei, dann hätte ich wenig Chancen, sie noch vor Einbruch der Dunkelheit einzuholen. Ehe ich einen Entschluß fasse, sehe ich mich nach Helmut um. Er ist noch sehr weit zurück und wird kaum vor einer Stunde hier sein. Das ist zu

spät. Ich muß unbedingt die Karawane finden und anhalten. Deshalb setze ich meinen Weg in westlicher Richtung fort, quere über eine Mulde zu einem Kamm hinüber, und als ich am höchsten Punkt stehe, breitet sich vor mir ein riesiges Plateau aus, in das sich mächtige Gletscher schieben, dahinter reihen sich in einer Linie fünf weiße, mit Seracs gepanzerte Eisdome. Das sind die höchsten Gipfel des Amnye Machen, ein gläsernes Reich des Machen Pomra. Mir bleibt keine Zeit, um mich in diese Traumwelt zu vertiefen, denn in diesem Augenblick nähert sich die Sonne dem Horizont, und es wird nicht mehr lange dauern, bis die Dämmerung hereinbricht. In vollem Tempo laufe ich über die Hochfläche schräg nach unten, quere eine Furche nach der anderen, die von den Gletscherzungen herabfließende Bäche gegraben haben. Noch eine tiefe Schlucht, ein steiler Aufstieg, dann liegt das breite Tal vor mir, durch das der Pilgerweg läuft. Hier herrscht noch Hochbetrieb. Pilger in ganzen Gruppen bewegen sich als schwarze Punkte über eine sanft ansteigende Grasfläche aufwärts – einer Schwelle zu. Das ist der legendäre Gethung La (4500 Meter), ein Paß, an dem einst König Gesar von Ling sich ausruhte und wo er den Abdruck seiner Hand auf einem Felsblock hinterließ, der mutterseelenallein auf der Paßhöhe steht. Der Stein ist von einem quadratischen Gebilde aus Tausenden und Abertausenden bedruckter Fähnchen umgeben. Ringsum drängen sich die Pilger in Scharen, Opferrauch steigt auf, und das vielstimmige Gemurmel unzähliger Mani-Mantras, die die Gläubigen in den Himmel schicken, dringt bis an meine Ohren. Die Eisgipfel des Amnye Machen stehen in all ihrer Herrlichkeit da, ohne Beiwerk, kein Hindernis trennt mehr Mensch und Berg. Sie leuchten im Licht der untergehenden Sonne purpurrot auf, während weiße Wolkenschleier wie Feen Gipfel und Flanken umschmeicheln. Es ist eine mythengebärende Atmosphäre, und niemand würde sich wundern, wenn nun König Gesar leibhaftig erscheinen würde, mit seinem sagenhaften Degen in der Hand, der irgendwo im Eispalast versteckt ist, um neue Heldentaten zu verrichten.

Der Zauber dieser einmaligen Stimmung schlägt mich in ihren Bann. Erst als die Sonne untergegangen und ihr Licht verlöscht ist, vermag ich meinen Weg fortzusetzen. In wenigen Minuten habe ich die Pilgerstraße erreicht. Kurze Zeit später tauchen Lopsang und Wang auf, die Yaks vor sich hertreibend. Der Chinese gerät außer sich vor Angst, als er erfährt, daß Helmut noch nicht da ist. Das alte Muster, die Wolfsphobie, ist wieder aktiviert. Mit einem Griff entreißt er Lopsang sein Gewehr und stürmt damit den nächsten Hügel hinauf. Dabei ruft er nach Helmut, bis ihm die Luft ausgeht. Ich vermute, daß Helmut jene Schlucht abgestiegen ist, die vom Paß, an dem ich ihn zum letztenmal sah, ins Tal führte. Dann ist er zwar auf den Pilgerweg gekommen, aber viel weiter südlich jener Stelle, an der wir nun sind. Deshalb laufe ich am Pilgerpfad zurück, aber schon bald überrascht mich die Dunkelheit, und ich muß umkehren. Nachdem wir das Lager aufgeschlagen haben, drücken wir dem Tibeter eine Taschenlampe in die Hand und bitten ihn, so weit als möglich zurückzureiten und entlang des Weges bei Nomaden- oder Pilgerzelten nach Helmut zu fragen. Wang und ich nehmen die Stirnlampen und steigen auf – dorthin, wo ich Helmut zum letztenmal gesehen habe. Das heißt: sechshundert Höhenmeter in stockfinsterer Nacht. Wang schreit sich die Seele aus dem Leib. Umsonst. Seine Rufe bleiben ungehört. Zu Mitternacht sind wir wieder im Zelt. Lopsang ist schon lange da und erzählt, daß Nomaden Helmut gesehen hätten, wie er entlang des Pilgerweges nach Süden lief – in die falsche Richtung. Wir atmen auf, denn nun wissen wir wenigstens, daß ihm nichts passiert ist, und sind uns sicher, daß er in einem Nomadenzelt Unterschlupf gefunden hat. Lopsang ist neben mir bald eingeschlafen. Die übernatürlichen Kräfte, die von Gesar auf die Golok übergegangen sein sollen, versiegen bei ihm auch während der Nacht nie, sein Schnarchen ist ebenfalls übernatürlich.

»Hier war eine Steinzacke über und über mit Schafwollflöckchen behangen, dort wurde uns eine Stelle gezeigt, wo der Fußabdruck des Berggeistes von den Gläubigen mit Butter zu beschmieren war. Ein natürliches Loch in dem Felsen wurde zur Tugendprobe verwendet. Es war gerade so weit, daß ein mittelgroßer Mann, wenn er sich im Innern drehte, durchkommen konnte. Vom vielen Durchzwängen war die Höhlung schon glatt gescheuert und fettig geworden. Unserem Führer zuliebe mußten wir einer nach dem anderen durch dieses Tugendloch hindurch. Für mich mit meinen 1,86 Meter war es ein heikles Unternehmen und ich weiß nicht, ob ich je wieder ans Tageslicht gekommen wäre, wenn sie nicht hinten geschoben und vorne gezogen hätten. ›Leute mit solchen Nasen sind nie gut‹, meinte darum unser Führer.«
Albert Tafel

6. Tag – Am Fuße der Gletscher

»Etwas, nicht Wolken noch Nebel, erhebt sich durch die Schichtungen des Raums. Unirdisch irisierende, geheimnisvolle Lichter schweifen in fremdartigen Figuren. Wirst du nicht versuchen, auf der hohen Ebene der Steinterrasse zu stehen und Ausschau zu halten? Denn ein jeder ist in der Glorie des Buddha.«
Huang Shou Fu

Am Morgen schwingt sich Wang auf den Yak und reitet am Pilgerpfad zurück. Eine halbe Stunde später kommt er mit Helmut an. Wie ich vermutete, ist er durch die Schlucht abgestiegen. Als er das Tal erreichte, begann es zu dunkeln. Deshalb nahm er die Einladung eines freundlichen Golok an, ihm zu seinem Zeltplatz zu folgen. Die Kinder wurden rasch ins Nebenzelt umquartiert. Helmut bekam einen Schlafplatz auf der Gästeseite zugewiesen, während das Nomadenpaar sich auf der anderen Seite in seine Felle rollte. An Schlaf war allerdings nicht zu denken, weil die beiden Tibeter die halbe Nacht hindurch kicherten und lachten. Weswegen wohl?
»Das blieb ihr Geheimnis«, erklärt Helmut.
Nachdem wir das Lager abgebaut haben, steigen wir zum Gletscherrand auf. Die Gipfel des Amnye Machen zeigen sich an diesem Tag nicht, sie bleiben hinter weißen Nebelschleiern verborgen. Zwei Stunden lang mühen wir uns über eine Steinwüste aufwärts. Dann stehen wir am Rande eines riesigen Gletscherstromes, der in einem senkrechten Abbruch endet. Hier lassen wir abladen, ebnen uns einen Lagerplatz und stellen das Zelt auf. Wang und Lopsang ziehen sofort wieder mit den Yaks talwärts. In zwei bis drei Tagen wollen wir wieder bei ihnen sein – oder gar nicht: Dann sind wir im Eispalast des Machen Pomra geblieben.

7. Tag – Im Eispalast des Geisterkönigs

Der morgendliche Blick aus dem Zelt ist ein Schock: Das Wetter ist schlecht. Alles um uns ist weiß – von Schnee, Wolken oder Nebel verhüllt. Erst am Mittag lichtet sich der Vorhang; Flanken, Wände und Gipfel tauchen für Minuten auf. Wir setzen den Kocher in Gang, bereiten Tee und trinken, trinken, trinken...

Danach frage ich Helmut, ob er bereit ist, mit mir ein Stück aufzusteigen: den Gletscher erkunden, einfach gehen und schauen. Wir packen die Rucksäcke, nehmen Seil, Steigeisen und Eisgeräte und ziehen los. Wir steigen am linken Rand des Gletscherbruches auf – nicht am Hauptstrom, der zum Heiligtum des Machen Pomra hinaufführt, sondern etwas südlich davon. Nach einer Stunde stehen wir an einem steilen Aufschwung. Wir legen die Steigeisen an und setzen den Aufstieg fort. Keine Worte, keine Fragen, so selbstverständlich, als hätten wir alles vorher abgesprochen. Es geht gut voran. Dann stehen wir am Fuße einer Firnflanke, die nach oben hin immer schmäler wird und schließlich in einem Gipfeldreieck endet. Jetzt seilen wir uns an, steigen Stunde um Stunde auf. Die Stimmungen wechseln ununterbrochen; manchmal reißen die Wolken auf, Spotlichter huschen über die Hängegletscher und Grate des Machen Pomra und gewähren uns phantastische Blicke auf seinen Eispalast. Dann schließt sich der Wolkenvorhang wieder, um

Blick vom Paß Gethung La (4550 m) auf den von Nebel und Wolken umspielten Mythenberg Amnye Machen, in dessen Eisbastion das Schwert von König Gesar von Ling versteckt sein soll.

uns wird es finster, so daß ich das Gefühl habe, von der Welt dort unten völlig getrennt zu sein. Je steiler es wird, desto kürzer der Gehrhythmus. Vor uns nur noch die Gipfelpyramide, ein Dreieck, dessen Schenkel an einem Punkt zusammenlaufen. Ich beobachte Helmut, wie er nachkommt. Zehn Schritte, dann fällt er nieder, halb gestreckt mit fliegendem Atem. Unwillkürlich denke ich an den Pilgermönch, der sich durch ständige Niederwerfungen fortbewegte. Jetzt verneigt sich auch der Fremde vor dem Heiligtum, drückt sein Haupt in den Schnee, bewegt sich nicht viel schneller als der prostrierende Pilger fort. Plötzlich ist der Gipfel da. Wir stehen an der Pforte des Eispalastes vom Machen Pomra. Ein überwächteter Grat, dem wir mit unseren Augen und Gedanken folgen, führt vollends in sein Reich hinein, ein Reich des Geistes, das wir nicht betreten wollen. Der Abstieg ist kurz. Nach anderthalb Stunden stehen wir vor unserem Zelt.

Nur noch ein paar Schritte, dann stehen wir am Schwestergipfel des Machen Pomra, zu dessen Reich ein schmaler Grat hinüberführt, den wir nicht betreten wollen.

8. Tag – Der Kreis schließt sich

Am nächsten Morgen liegen zehn Zentimeter Neuschnee da. Wir filmen, danach beginnen wir mit dem Abbau des Lagers. Gegen Mittag treffen Lopsang und Wang mit den Yaks ein. Indessen haben sich die Nebel aufgelöst, allmählich kommt die Sonne durch und

Pilgerlager jenseits des Gethung La (4500 Meter), jenem Paß, an dem einst der sagenhafte König Gesar lagerte und auf einem Stein seinen Handabdruck hinterlassen hat.

In einer Höhe von 4800 Metern, direkt unterhalb der Gletscherzungen, wächst tibetische Medizin. Colosanthes indica – Schneelotos – Tsanbaka auf tibetisch.

läßt den Schnee im Nu verschwinden. Eine herrliche Wanderung führt uns entlang der Westseite des Massivs, vorbei an allen fünf heiligen Gipfeln. In 4800 Meter Höhe finden sich die ersten Pflanzen, prächtige Exemplare von Schneelotos, ein Gewächs, das bei den Tibetern sehr begehrt ist, weil man daraus ein Mittel gegen Magenleiden gewinnt. Auf 4600 Meter Höhe zeigen sich die ersten Blumenwiesen. Dann betreten wir wieder den Pilgerpfad. An diesem Abend schlagen wir unsere Zelte bei einer großen Tibetergruppe auf. Für mich schließt sich hier der Kreis, denn wir lagern dort, wo ein Jahr zuvor unser Basislager stand. Damals waren die Flüsse zu Eis erstarrt, der Boden gefroren und mit Schnee bedeckt. Nun umgeben uns Teppiche aus Gras, gemustert mit Edelweiß, Zwergprimeln und Scheinmohn. Nur noch eine Tagesetappe trennt uns von Tawu Zholma. Es ist jenes Wegstück, das ich bereits im letzten Kapitel ausführlich beschrieben habe.

Kham

Vorhergehende Bildseiten (154–159):

Wer sich unter Tibet bloß ein karges baumloses Hochland oder eisbedeckte Gebirgswüsten vorstellt, wird von diesem Bild überrascht sein. In Ost-Kham gibt es Landschaften, die an Alpentäler erinnern. Die Tibeter leben als Bauern, in schindelgedeckten Holzhäusern, umgeben von Feldern, auf denen Gerste gezogen wird. Aber die Idylle täuscht. Mit geradezu erschreckender Geschwindigkeit, um eines kurzfristigen Profits willen, werden die letzten Wälder Tibets abgeholzt.

In Nyarong ist jeder Bauer Besitzer einer stolzen Burg. Dies war in der Vergangenheit wegen der langen Kriege, die die Einheimischen mit den Chinesen führten, absolut notwendig. Den wehrhaften Charakter unterstreichen die kleinen Türme an den Ecken und das fensterlose Erdgeschoß, das als Stall benutzt wird. Das darüber liegende Stockwerk dient als Speicher und erst ganz oben, unterhalb des Satteldaches liegt der eigentliche Wohnbereich der Familie. Auf die rohen Steinmauern ist mit Kalkmilch eine monumentale Fensterarchitektur gemalt.

Junge Frauen aus dem Tsaka-Tal im Südosten von Kham. Im Aussehen und in der Tracht unterscheiden sie sich deutlich von den Bewohnern Zentraltibets und Amdos. Sie haben runde Gesichter, platte Nasen, breite Lippen und sind ausgesprochen hübsch. Eine lokale Besonderheit ist der Kopfschmuck. Er besteht aus einem zusammengefalteten Tuch, das mit einem Wollzopf festgehalten wird und dessen Rückseite mit feiner Goldstickerei verziert ist.

Bildseite rechts:

Rotmützen-Lamas beim täglichen Kult in der großen Gebets- und Versammlungshalle von Tschanggu Gompa.

Kapitel 7

Die Heimat der Rothüte

»In Kham, am oberen Jangtsekiang, um die Quellen des Mekong und bis an die Ufer des Salween, liegt eine tibetische Provinz, die zu Hsi-ning bzw. Kuku-Nor-Gebiet gehört. Die Hsi-ning-Leute nennen diese Provinz den Hung-ma-ör-de ti-fang, die Heimat der Rothüte oder auch das Yüfü (im Pekingdialekt: Yüschu); es ist das Land des Nan-tsien dyalba, eines so gut wie unabhängigen Königs. – Das Gebiet ist sehr groß, und wenig davon ist erforscht, weil es äußerst schwer zugänglich ist. Es ist aber heute das wichtigste Zentrum des alten Nima (rNingma)-Glaubens, eben dieser Sekte der Rothüte.«

Albert Tafel

Die Lotosblüte gilt als Symbol absoluter Reinheit, denn sie wächst in ungetrübter Schönheit aus dem Sumpf empor. Eines der acht glückbringenden Zeichen des Buddhismus, das wie alle anderen auf ein Geschenk zurückgeht, das dem Buddha nach seiner Erleuchtung überreicht wurde.

Vorhergehende Bildseiten (160/161):

Tschörten in der Amchok Tsennyi Gompa, in dessen Nähe pilgernde Nomaden ihre Zelte aufgeschlagen haben. Ursprünglich wurde eine solche Stufenpyramide als Grabmal für die Überreste Buddhas und anderer Heiliger errichtet. In Tibet gilt es in seiner dreidimensionalen Form als Symbol für Körper, Rede und Geist des Buddha. An seiner Spitze die rote Sonnenscheibe mit dem darunter liegenden Halbmond, die Vereinigung der polaren Kräfte.

Der Amerikaner William Woodville Rockhill durchforschte in den Jahren 1888/89 weite Teile von Amdo und Kham. Er konnte sich in tibetischer Sprache verständigen und war mehr am Buddhismus als an der Geographie interessiert.

Westlich des Amnye Machen bis hin zum Oberlauf des Gelben Flusses erstreckt sich ein Wirrsal von Hügeln und Schwellen; kein Baum, kein Strauch, nur Graswüste, die nirgendwo begrenzt ist. Dazwischen eingekeilt liegen Trogtäler mit breiten Sohlen, kleine Flüsse und Seen. Das alles ist Nomadenland, altes Territorium der Horkurma-Golok, den gefürchtetsten Repräsentanten dieses Volkes, die die Gegend um die Quellen des Machu (Gelber Fluß) unsicher machten. Die wichtige Karawanenstraße, die hier hindurchführte, galt deshalb als einer der gefährlichsten Wege, die man im alten Tibet überhaupt beschreiten konnte. Die wenigen Europäer, die vor 1950 hier durchzogen, berichten in seltener Übereinstimmung, garniert mit den schauerlichsten Räubergeschichten, von den Wagnissen einer solchen Reise. Was die Vergangenheit betrifft, so mag das tatsächlich gestimmt haben, heute – möchte man sagen – liegt fast eine beängstigende Ruhe über dem Land, und von den wilden Golok ist selten eine Spur zu sehen. Als häßliches braunes Band durchschneidet die Straße Grashügel und Ebenen, parallel dazu läuft die Stromleitung und erinnert daran, daß man sich im 20. Jahrhundert befindet. Diese moderne Energiequelle haben die Chinesen ins Land gebracht – für Chinesen. Oft führen die Leitungen an den tibetischen Siedlungen einfach vorbei. So wie die Straße verbindet auch der Strom einen Verwaltungsposten mit dem nächsten, eine Kaserne mit der anderen. Diese chinesischen Stützpunkte sind triste Barackenlager mit ein paar kleinen Kaufbuden und Garküchen. Am Straßenrand stehen ein paar Billardtische, an denen sich junge Männer in groben Fellmänteln, Pelzmützen und bunten Schaftstiefeln heiße Duelle liefern, bei Minus 20 Grad mitten im Winter. Das sind die Nachkommen der legendären Golok.

Die erste dieser Wildwest-Siedlungen ist Huashixia, was soviel wie *Steinblumengarten* heißt, eine romantische Umschreibung grauenvoller Wirklichkeit. Danach folgt wieder menschenleere Gebirgswildnis. Vereiste Berghänge, sturmgepeitschte Naka-Felder, jetzt im Winter gefrorene, löchrige Hochflächen, die sich im Sommer in unbegehbare Sümpfe verwandeln. Es ist Anfang Februar und bitterkalt, als wir über diese Einöde nach Westen fahren. Nach einer niedrigen Schwelle eröffnet sich ein breites Tal, durch das sich ein schneeweißes Band schlängelt. Das ist der Machu, der Gelbe Fluß in seinem Winterkleid. Ganze Rudel von Kyangs, Antilopen und Wildyaks sollen seine Ufer einst bevölkert haben. Die Wildtiere sind verschwunden, statt dessen steht Matö (Madoi) da, eine Siedlung, die erst in den letzten Jahrzehnten entstanden ist. Der Ort gleicht einer Geisterstadt, jedenfalls um diese Jahreszeit. Die überbreite Straße, auf der wir die einzigen Spuren hinterlassen, wirkt im Verhältnis zur Umgebung geradezu lächerlich. Zu beiden Seiten reihen sich die üblichen Baracken, meist mit Holzbrettern dicht verrammelt. An der einzigen Kreuzung steht ein riesiges Kinogebäude in stalinistischer Architektur. Vor uns überquert ein Schwein die Straße und verschwindet in einem Kasernenhof. Dahinter ragen die Antennen einer Funkstation in den blauen Himmel. Unser Fahrer lenkt das Auto in einen Hof, umgeben von flachen Baracken, deren Türen von 1–70 durchnumeriert sind. Unser Quartier. Das Personal fühlt sich im Winterschlaf gestört und läßt uns das spüren. Man weist uns einen Raum zu, in dem die Fensterscheiben zerbrochen sind und der Ofen nicht funktioniert. Es ist so feuchtkalt, die ganze Umgebung so trostlos, daß ich mich sofort in den Schlafsack verkrieche, die Augen schließe und krampfhaft versuche, an etwas Schönes zu denken. Wie können Menschen so etwas bauen, um darin zu leben? Dagegen ist das einfachste Nomadenzelt gemütlich und warm, ganz zu schweigen von den traditionellen tibetischen Häusern. Was ist das für eine Art von Kultur, die man hier einzupflanzen versucht? Soll das Fortschritt sein? Dann ist es ein Fortschritt ins Nichts.

Am nächsten Tag brechen wir schon früh auf. Die Abreise gleicht eher einer Flucht. Nur weg von hier, fort aus dieser unerträglichen Atmosphäre. Schon nach wenigen Kilometern ist der Alptraum Matö verschwunden, hat sich aufgelöst im Angesicht einer alles beherrschenden, elementaren Natur, und bald umfängt uns wieder die grenzenlose Weite des tibetischen Hochlandes. Ein zeitloses Panorama tut sich auf, eine Gebirgswelt, die jenseits des menschlichen Wirkungsbereiches liegt, die sich nur stärkeren Mächten beugt – dem Eis, der ungeheuren Kraft der Gletscher, die einst Tibet bedeckten und die jene Formen schufen, die das Bild der Landschaft heute prägen.

»Dort im Südwesten dieser Ebene, der schneebedeckte Berg Kuen Lun Schan, dort wohnt der Geist des Gelben Flusses.«

Albert Tafel

Vom Gelben Fluß zum Jangtsekiang

Nur ein paar Kilometer westlich von Matö überqueren wir den Machu. Der Gelbe Fluß hat hier bereits eine beträchtliche Größe erreicht, obwohl er erst ein winziges Stück seines langen Weges zurückgelegt hat. Seine Quellen liegen nicht sehr weit nördlich von hier, im Bereich der beiden Zwillingsseen Tsaring Tso und Oring Tso. Von seinem Wasser ist freilich nichts zu sehen, es fließt unter einer dicken Eisschicht dahin. Danach kommen wir in Landschaften von bizarrer Wildheit. Stundenlang bewegen wir uns durch ein undurchschaubares Gewirr von Hochflächen und Bergketten, dazwischen eingelagert sind Seen unterschiedlicher Größen, die alle mit einem festen Eispanzer bedeckt sind. Es ist die schneereichste Gegend, durch die wir bisher kamen. Alles ist weiß, nur entlang der Seeufer gibt es manchmal apere Flecken, auf denen Yaks grasen. Menschliche Existenz ist auf ein Minimum reduziert. Das muß eines jener Wildparadiese gewesen sein, von denen frühe europäische Reisende so schwärmten. Aber von den riesigen Tierherden ist nicht mehr

»Dieses grasreiche, zum Hügelland zerschnittene Stück Hochplateau ist heute die Wasserscheide zwischen dem großen Jangtse und dem Huang Ho. Ganz langsam nimmt dieses Land – wie ich auf meinen früheren Reisen sah – nach Westen hin an Höhe zu, so daß endlich bei Horkurma die Sohlen der tiefsten Täler über 4200 und 4300 m und die Berge bis 4600–4700 m gehen. All dies Land ist die Heimat der freien frechen Golog und ihrer ungezählten fetten Yakherden.«

Albert Tafel

»Bei bedecktem Himmel haben die Kyangs im düsteren und wolkenbeschwerten Hochlande eine ausgezeichnete Schutzfärbung. Sie gehen förmlich in der Landschaft auf; ihre Umrisse scheinen in der matten Umgebung zu verschwimmen. – Ganz anders, wenn azurblauer Himmel sich in kristallklaren Steppenflüssen spiegelt, wenn die unendlichen Weiten des Hochlandes schimmern und glänzen im prangenden Licht der heißen Subtropensonne, dann leuchten uns die herrlichen Farben des Kyangs schon auf viele Kilometer Entfernung entgegen, und es scheint, als ob sie die auffallendsten Tiere seien, die man sich denken kann.«

Ernst Schäfer

Eine Gruppe Kyangs – tibetische Wildesel – auf einer Hochebene südwestlich des Machu (Gelber Fluß).

viel übriggeblieben. Die baumlose Wildnis ist weitgehend leer. Die wenigen Begegnungen mit Wildtieren sind schnell aufgezählt. Einmal beobachten wir eine Gruppe Kyangs, tibetische Wildesel, die am Rande einer Naka-Ebene ausruht. Die Tiere stehen so dicht aneinandergedrängt, daß es unmöglich ist, sie genau zu zählen. Witternd und sichernd strecken sie die Köpfe in unsere Richtung. Sie bleiben auch noch unbeweglich stehen, als ich das Fahrzeug verlasse und mich vorsichtig nähere, um ein paar gute Aufnahmen zu machen. Bis auf 50 Meter lassen sie mich heran, dann setzt sich der Leithengst in Bewegung, wie von einer unsichtbaren Schnur gezogen, dreht das ganze Rudel ab und folgt seinem Anführer in gleichbleibenden Abständen. Schon nach ein paar hundert Metern bleibt der Leithengst wieder stehen, alle vollführen dasselbe Manöver, stellen sich in einer Reihe auf und blicken mich neugierig an.

Zweimal sehen wir Antilopen, die auf Berghängen grasen, ein andermal läuft uns ein Fuchs über den Weg, aber das ist auch schon alles, was sich von Tibets Tierwelt zeigt.

Gegen Mittag erhebt sich vor uns ein Gebirgszug, der das Meer der braunen Hügel weit überragt. Wir nähern uns der Bayan Kara-Kette, der großen Wasserscheide zwischen Machu (Gelber Fluß) und Drichu (Jangtse). Die Gewässer östlich dieses Gebirges strömen dem Gelben Fluß zu, diejenigen aber, die westlich davon entspringen, ergießen sich in den Jangtse. Von Westen her schieben sich dunkle Wolkenfelder wie Keile heran, und als wir den Aufstieg zum Paß beginnen, hebt ein Sturm von solcher Wucht an, daß selbst kleine Steine und Harschkristalle, die am Boden festgefroren sind, losgerissen werden und wie Geschosse durch die Luft wirbeln. Die Bergeinsamkeit des Baya Kara vermittelt das klassische Bild einer Mondlandschaft. Mächtige Moränenmassen, kahle Geröllfelder aus

Schiefer- und Sandsteintrümmern, mit geschliffenen erratischen Blöcken übersät. Das Gebirge selbst hat einen Granitkern, an den Tonschiefer-Sandsteinformationen nahezu vertikal angedrückt sind. Die Höhe des Passes, den die Tibeter als Rara Niembo La bezeichnen, beträgt 4800 Meter. Die umliegenden Gipfel sind nur um wenige hundert Meter höher. Der nackte, vom Wind ausgefräste Boden, ist von einer dünnen Schneedecke überzogen. Als wir aus dem Fahrzeug steigen, schlägt uns arktische Kälte entgegen, der orkanartige Sturm droht uns umzuwerfen, und die Eiskristalle, die er uns ins Gesicht peitscht, dringen wie Nadelstiche in die Haut. Da glaube ich meinen Augen nicht trauen zu können, als ich eine Reitergruppe hinter dem letzten Rücken hervorkommen sehe. Im Zickzack-Kurs bewegt sie sich auf die Paßhöhe zu. Verbissen kämpfen Mensch und Tier gegen den Polarsturm an. Die Reittiere sind kaum zu bändigen, immer wieder versuchen sie nach links oder rechts auszubrechen. In den Sätteln sitzen vermummte Gestalten, in der einen Hand die Zügel, mit der anderen die Pelzmützen festhaltend, die ihnen der Sturm vom Kopf zu reißen droht. Am Paß angekommen, gleiten sie geschmeidig aus den Sätteln. Zwei von ihnen kommen auf uns zu, während die anderen mit aller Kraft die Yaks festhalten. Sie heben die Hand zum Gruß, nehmen die Gesichtsmasken ab – und lächeln. Es sind Mönche. Der eisige Sturm scheint für sie nicht zu existieren, wie angewurzelt stehen sie da und betrachten uns genauso erstaunt, wie wir sie. Wir sind fassungslos ob solcher Abhärtung: Was für eine Gemütsstärke ist diesen Menschen eigen. Sie scheinen überhaupt keine Eile zu haben, es hat vielmehr den Anschein, als wollten sie sich hier zu einem Teekränzchen niederlassen. Mir aber werden schon bald die Füße taub vor Kälte, und ich flüchte ins Auto. Als wir dann losfahren, sitzen sie bereits wieder im Sattel und winken uns zu.

Mit der Überquerung des Bayan-Kara-Gebirges haben wir Amdo verlassen und befinden uns nun in Kham, der tibetischen Ostpro-

Mönche, auf Yaks reitend, nähern sich dem 4800 Meter hohen Bayan-Kara-Paß, der großen Wasserscheide zwischen Gelbem Fluß und Jangtse. Verzweifelt kämpfen Mensch und Tier gegen den eisigen Wintersturm an.

vinz. Am Landschaftsbild ändert sich zunächst nichts. Weiterhin bewegen wir uns durch schier endlose, abgeschiedene Weiten. Nur den Sturm und die grimmige Kälte haben wir oben am Paß zurückgelassen. Pfeilgerade zieht sich die staubige Piste über Berg und Tal. Seit dem Rara Niembo La folgen wir dem Dzachu (Yalung), der sich nun in einem großen Bogen nach Südosten wendet und parallel zu seinem berühmten Bruder Drichu (Jangtse), den wilden Schluchten Osttibets zustrebt. Noch umgibt uns die Steppe, noch sind es sanfte Hügel, die von kurzem Gras bedeckt sind, noch stehen Nomadenzelte in der Landschaft, schwarz wie die Yaks, die ringsum grasen. Aber mit jedem Kilometer, den wir zurücklegen, nähern wir uns anderen Formen: steilen, spitzen Berggestalten, die wie eine gezackte Mauer den Weg nach Süden verlegen. Am äußersten Rand der »Großen Graswüste«, wie Alexandra David-Néel diesen Teil Tibets nannte, den wir eben durchqueren, liegt – wie könnte es anders sein – ein Ort des Glaubens, Dubjü Gompa. Das Kloster befindet sich etwas abseits der Straße, breitet sich über einen flachen Hang aus. Ein kleiner Marktort liegt ihm zu Füßen. Hier heißen wir den Fahrer anzuhalten und teilen den beiden Chinesen mit, daß wir das Kloster gerne allein besichtigen wollen. Die beiden klappen sofort die Sitze nach hinten und strecken sich in ihrem liebsten Aufenthaltsort zu einem Mittagsschläfchen aus. Dubjü Gompa war einst eine wichtige Station am Karawanenweg nach Norden. Auf der weitläufigen Ebene davor versammelten sich die großen Karawanen, ehe sie in die Graswüste hineinzogen, wo neben dem rauhen Klima, dem Nahrungsmangel für die Tiere, vor allem die räuberischen Golok lauerten.

Ein Lama erscheint am Klosterdach und bläst ins Muschelhorn, um die Mönche zur Morgenandacht aufzurufen.

Wir sind nicht weit gekommen, da haben uns die Lamas schon entdeckt. Sie führen uns zielstrebig zur Residenz des Abtes. Der empfängt uns freundlich und bittet uns, auf den bereitgestellten Stühlen Platz zu nehmen. Zwei Frauen machen sich am Herd zu schaffen, setzen Tee auf, danach stellen sie uns Teller voll Backwerk, Dörrobst und Süßigkeiten auf den Tisch. Durch die Tür drängen die Mönche herein, und bald ist der Raum bis auf den letzten Platz voll. Nachdem wir uns gestärkt haben, die Schalen randvoll stehen ließen, weil die Frauen in guter tibetischer Sitte nach jedem Schluck sofort nachschenkten, treten wir den Rundgang durch das Kloster an. Der Abt persönlich führt uns durch die geheiligten Hallen beziehungsweise was davon heute übrig ist. Dubjü Gompa fristet nur noch ein Schattendasein, das liegt nicht bloß daran, daß die Zeit der Handels- und Pilgerkarawanen vorbei ist, sondern weil es sich von den Zerstörungen der Kulturrevolution noch nicht erholt hat. Überall Ruinen, bis auf die Fundamente niedergerissene Bauwerke. Der Wiederaufbau geht nur langsam voran, es fehlen vor allem die notwendigen Mittel dazu. Zu den wenigen Gebäuden, die aus den Trümmern wiedererstanden sind, gehört der Tschogtschen Dukhang, die große Versammlungshalle. Im Halbdunkel der Säulen-

Die Heimat der Rothüte KAPITEL 7

halle sitzen zwei Dutzend Lamas und stimmen Rezitationen an, während draußen eine Nomadenfamilie einsam ihre Runden dreht. Kinder, die gerade erst laufen gelernt haben, trippeln mit bodenlangen Schafspelzen hinterher. Zum Abschied überreichen wir dem Abt noch eine Geldspende, ein kleiner Mosaikstein für den Wiederaufbau des Klosters.

Hinter Dubjü Gompa ändert sich die Landschaft dramatisch. Vorbei ist es mit der Weite, verschwunden sind die rollenden, baumlosen Hügelketten, vergebens sucht das Auge die gewohnte Ferne und findet überall nur Begrenzung. Zu allen Seiten umschließen uns steile Berggestalten, zwingen uns in immer enger werdende Schluchten, die Fluß und Straße im undurchschaubaren Zickzack folgen. Mit dem Ende des großflächigen Graslandes sind auch die Nomadenzelte verschwunden. Die schmalen Talsohlen können keine großen Tierherden mehr ernähren. Wir haben wieder einmal die Grenze zwischen Ackerbau treibenden und nomadisierenden Tibetern überschritten. Hoch oben am Hang klebt das erste Kham-Dorf. Viereckige Häuserwürfel, wirr ineinanderverschachtelt wie korsische Bergnester. Es macht einen sehr wehrhaften Eindruck, so wie die Bewohner selbst, die Khampa, die einen legendären Ruf genießen. Khampa-Krieger waren es, die der zahlenmäßig und in bezug auf Bewaffnung haushoch überlegenen chinesischen Armee jahrelang erbitterten Widerstand leisteten. Und Vertreter dieses mutigen Volkes schützten den 14. Dalai Lama auf seiner Flucht nach Indien im Jahre 1959.

Auch die Klöster spiegeln den ungebändigten Charakter der Bergwelt und seiner Bewohner wider. Sie thronen noch höher oben, hängen an den exponiertesten Bergwänden, wirken noch unzugänglicher und abweisender, als die Khampa-Dörfer es bereits tun. Diesen Eindruck vermittelt schon das erste dieser Bergheiligtümer, das oberhalb einer wichtigen Wegkreuzung liegt, an der eine Straße nach Derge abbiegt. Der Ort am Schnittpunkt der Wege heißt Shewu (Xiewu), das Kloster darüber trägt den Namen Drogön (Doge) Gompa. Ein steiler, gewundener Pfad führt zur Kultstätte hinauf. Eckige Bauten mit flachen Dächern, ohne Schnörkel und Verzierungen liegen wie hingestreut am Berghang. Die Mauern sind dunkelgrau getüncht und rot-weiß gerändert. Diese Farbsymbolik läßt sofort erkennen, daß es sich hier um ein Kloster der Sakya-Schule handelt. Das Stammkloster – Sakya – liegt in Zentraltibet (Ü-Tsang), südwestlich von Shigatse. Im Gegensatz zu allen anderen lamaistischen Schulen wird das Oberhaupt der Sakya nicht als Inkarnation seines Vorgängers gesucht, sondern sein Amt ist erblich. Vor dem Aufstieg der reformierten Gelbmützen konnte Sakya lange Zeit die Macht über Tibet ausüben. Durch diplomatisches Geschick gelang es dem Abt Sakya Pandita im 13. Jahrhundert, die Mongolen von Tibet fernzuhalten, sie vom Buddhismus zu überzeugen und sich als Herrscher des Schneelandes einzusetzen.

»Der Weg das Tal hinab zog sich ungemein lang hin. Viele Tage schon sahen wir vergeblich nach einem großen Wasser aus. Die Felswände und Geröllhänge hoben sich nur immer noch größer und wilder aus der Tiefe. Nichts deutete am Morgen des 28. August in dem engen, steilen Berglande auf die Nähe eines großen Stromes, da bogen wir um eine Felsecke, und mit einem Male rauschte dicht vor mir der mächtige Jangtsekiang.«

Albert Tafel

»Wieder war ein Stück der Aufgabe, die ich mir gestellt habe, gelöst. Der ›Blaue Fluß‹ war erreicht, der *Da-kiang*, der *Kin-scha-kiang* (Goldsandfluß), der *Tung-tien-ho*, der *Muru ussu* der Mongolen, der *Dre-tschü* der Tibeter und wie die Dutzend von Namen heißen mögen, die ihm auf seiner langen Reise zum Meere von Menschen gegeben wurden.«

Albert Tafel

Die kleinen Lehmwürfel sind Mönchsquartiere, die größeren werden als temporäre Wohnungen der Gottheiten betrachtet, an denen der Kult verrichtet wird. Aus dem Inneren der großen Gebetshalle dringt sakrale Musik. Trommeln und Zimbeln begleiten das vielstimmige Rezitativ der Mönche. Die rote Flügeltür steht offen. Ein Lama schlägt den Vorhang zurück und bittet uns ins Innere. Sofort umfängt uns wieder diese unvergleichliche Atmosphäre, ist die veränderte Schwingung spürbar, die starke Energie, die von der Versammlung als Ganzes ausgeht. Zahlreiche alte Thangkas hängen von der dunklen Decke herab, die Figuren dagegen, die in einer Reihe an der Rückwand stehen, sind alle neu. Nach einiger Zeit erscheint Jigme Chokyi Nyima, einer der drei Tülkus dieses Klosters. Er lädt zu einem Gespräch in seine Residenz. Aus seinem Munde erfahren wir, daß auch Drögon Gompa vollständig zerstört war. Der Wiederaufbau begann im Jahre 1983 und wurde zur Hälfte mit staatlichen Mitteln, zur anderen Hälfte durch Spenden der tibetischen Bevölkerung finanziert. Nach der Audienz beim Tülku, der uns mit Buttertee und Tsampa bewirten ließ, begeben wir uns auf die Suche nach einer Unterkunftsmöglichkeit. Wir haben uns schon darauf eingestellt, wieder in einem tristen Barackencamp zu landen, da entdecke ich ein hübsches tibetisches Haus, das zu einer Privatherberge ausgebaut wurde – mit Familienanschluß.

Wir haben Glück: Trotz der bevorstehenden Feiertage sind die beiden vorhandenen Gästezimmer frei. Phüntsog, der Hausherr, führt uns über eine hölzerne Treppe in das obere Stockwerk hinauf. Das Erdgeschoß dient nämlich als Wirtschaftsgebäude. Hier ist der Brennstoff in Form getrockneten Yakdungs eingelagert, außerdem allerlei Gerätschaften und die Nahrungsreserven an Gerste und luftgetrocknetem Fleisch. Wenn man das Obergeschoß erreicht, steht man zunächst auf einer großen Terrasse, von der aus man die einzelnen Wohnräume betritt. Der mittlere Trakt ist der Wohnbereich der Familie. Er besteht aus einem einzigen großen Raum, der Küche und Schlafzimmer zugleich ist. Im rechten Trakt befindet sich ein Raum, dessen Mittelpunkt ein Fernsehapparat ist, vor dem sich jung und alt allabendlich versammeln. Der linke Flügel schließlich ist für die Gäste reserviert. Unser Zimmer ist sauber, liebevoll hergerichtet, hell und gemütlich. Getäfelte Wände und Fenster mit roten Holzrahmen. In der Mitte steht ein Ofen, den eine der Töchter gleich mit getrocknetem Yakdung beheizt und eine Kanne Teewasser drüber aufsetzt. Die Aussicht ist herrlich; man überblickt das ganze Tal, und vom nahegelegenen Kloster dringt rhythmischer Trommelschlag an unser Ohr.

Am nächsten Tag folgen wir einem engen Flußtal in Richtung Südwesten. Schon nach wenigen Kilometern mündet es in eine tiefe querverlaufende Talfurche. Wir stehen vor dem Jangtse. Der berühmte Strom, den die Tibeter Drichu nennen, ist bereits an seinem Oberlauf von respektabler Größe. Von seinem goldführen-

den Wasser ist allerdings nicht viel zu sehen. Der tibetische Winter hält den Fluß noch fest in den Fängen und hat ihm einen Panzer aus Eis angelegt. Eine moderne Brücke überspannt den Fluß, sie ersetzt die alten Yakhautboote. Die Brücke wird von einem Soldaten bewacht, und unsere chinesischen Begleiter schärfen uns ein, daß dieses strategisch wichtige Bauwerk auf keinen Fall fotografiert werden darf. Wir haben ohnehin nicht vor, unser Filmmaterial zu verschwenden, und versprechen sogar bei der Überfahrt, Augen und Ohren zu verschließen. Auf der anderen Seite folgt die Straße in vielen Windungen dem natürlichen Lauf des Drichu abwärts. In die steile Uferwand ist eine Tafel aus schwarzem Marmor eingelassen. Auf ihr ist der Name Xuan Zang eingemeißelt. Der berühmte Pilgermönch, der in der Tang-Zeit nach Indien pilgerte, um buddhistische Schriften zu holen, soll hier vorbeigekommen sein. Mit dem Vermächtnis Buddhas in Form von 675 Sanskritrollen in der Tragekiepe hat er an dieser Stelle den Jangtse überquert. Dabei fielen einige der kostbaren Schriften ins Wasser, und Xuan Zang mußte mehrere Tage hierbleiben, bis sie wieder getrocknet waren.
Unweit der Stelle, an der Xuan Zang den Jangtse überschritt, ist die geschlossene Eisdecke mit überdimensionalen tibetischen Schriftzeichen »bemalt«. Die einzelnen Silben, die zusammen die bekannte heilige Formel *om mani padme hum* bilden, sind mit Sand und Kieselsteinen in das Eis geschrieben. Früher, als es die künstliche

Eisbrücke über den Jangtse. Riesige tibetische Silben, die zusammen das heilbringende Mani-Mantra bilden, verbinden die beiden Ufer. Die Dimension des mit Sand und Kieselsteinen aufs Eis gemalten Schriftbandes läßt sich dann erkennen, wenn man es mit den beiden Wanderern vergleicht, die am Flußufer entlangziehen.

»Als ich dann auf die Dachterrasse vor meiner Wohnung hinaustrat, stieg da und dort, vom Mondlicht beleuchtet, eine Rauchsäule senkrecht gen Himmel, ein still glimmendes, wohlriechendes Rauchopfer für die Götter schwelte auf den Dachaltären; die wirren Gassen zu meinen Füßen aber, die den Berghang hinabstiegen, waren schon alle leer, und nirgends war mehr ein helles Licht zu sehen. Vom Kloster drüben auf dem Berg schmetterten Hörner schwermütige Töne durchs Tal. Aus den Nachbarhäusern vernahm ich lange die Abendandacht der Bauern, Männerbaß vermischt mit sonoren Frauenstimmen, forte bald, bald piano und leise verklingend. Eine tief religiöse und zugleich melancholische Stimmung wollte sich in jedes Herz schleichen. – Nach der Andacht legen sich Dscherkundos Bewohner bald zum Schlafen nieder. Sie erheben sich auch mit der Sonne und beginnen ihren Tag, indem sie harzige Wacholderzweigchen in ihrem Weihrauchöfchen entzünden.«

Albert Tafel

Brücke noch nicht gab, wurde der Fluß an dieser Naturbrücke im Winter überquert. Die heiligen Silben spannen sich von einem Ufer zum anderen, und alle, die darüber liefen, standen unter dem Schutz des mächtigen Mantra. Der Ort ist noch immer beseelt. Er gilt als heilig. Denn Jahr für Jahr lassen die Ortsgeister an dieser Stelle die Eisbrücke aufs neue entstehen, und Jahr für Jahr schreiben die Tibeter die heilige Formel darauf.

Ein paar hundert Meter weiter flußabwärts ist die Eisdecke bereits löchrig und zerrissen, dazwischen zeigt sich der Jangtse in herrlicher Türkisfarbe, so klar, daß man jeden Stein auf dem Grund erkennen kann. Immer enger rücken die Berge zusammen, dort wo sie vollends über dem Strom zusammenzuschlagen drohen, verlassen wir die Ufer des Drichu und biegen in ein nach Westen gerichtetes Seitental ein. An den Hängen sieht man die traurigen Reste einstiger Bewaldung. Zwischen niedrigem Buschwerk und uralten Rhododendren stehen ein paar Fichten wie stumme Zeugen da. Das Klima ist hier viel milder als auf den rauhen Hochflächen Amdos. Da und dort zeigt sich schon frisches Grün, erste Anzeichen von Frühlingserwachen. Auch der Bach, den wir entlangfahren, hat sich von seinen eisigen Fesseln befreien können. Hoch oben, inmitten einer Bergflanke, sitzt eine atemberaubende Klosteranlage aus vielen kleinen Gebäuden von leuchtend weißer Farbe. Den Besuch der Gompa nehmen wir uns für später vor. Das Tal wird zunehmend dichter besiedelt, die Straße immer belebter. Tibeter in langen Fellmänteln und Mönche mit ihren dunkelroten Roben kommen uns entgegen – hoch zu Fahrrad. Dann gelangen wir zu einem riesigen Trümmerfeld, das mit unzähligen Steinplatten übersät ist, auf denen heilige Silben und Formeln eingemeißelt wurden. Die ganze Anlage ist von weißen überdachten Mauern umgeben, die Dutzende mannshoher Gebetszylinder beherbergen. Entlang der Vorderseite zieht sich die längste Mani-Mauer, die ich je sah. Zahlreiche gläubige Tibeter, vorwiegend Alte, ziehen murmelnd daran entlang. Während der Blütezeit der Sakya, im 13. Jahrhundert, machte Gyanak Tulku auf seiner Rückreise von China nach Chamdo hier halt. Er ließ den ersten Tempel errichten. Der Ort heißt Gyanak Mani und gilt als Symbol sinnloser Zerstörungswut während der sogenannten Kulturrevolution. Damals wurde er dem Erdboden gleichgemacht und darauf eine Massenlatrine errichtet. Nun sind die Tibeter emsig dabei alles wieder aufzubauen, aber die chinesische Kontrolle ist allgegenwärtig. Höher als die höchsten Gebetsfahnen ragen die Masten einer Funkstation in den Himmel, und das Riesenohr einer Parabolantenne scheint jedes Gespräch in weitem Umkreis zu belauschen. Davon unbeeindruckt sitzt eine alte Frau da und meißelt pausenlos heilige Silben in Steinplatten, die die vorbeiziehenden Pilger kaufen. Das geschieht mit einer derartigen Hingabe, daß jeder Handgriff zum religiösen Akt wird. Es sind in Fels gehauene Gebete, steinerne Opfergaben. Die beiden Mani-

 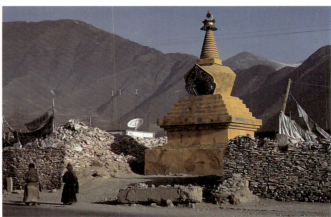

Steine, die uns die Frau mit verklärten Augen in die Hände legt, sind unsere kostbarsten Reliquien.

Links: Das Trümmerfeld von Gyanak-Mani steht als Symbol für sinnlose Zerstörungswut während der sogenannten Kulturrevolution.

Jyekundo

Schon bald nach Gyanak Mani taucht ein weiteres Kloster auf. Stolz und erhaben thront es hoch oben im Sattel zweier Berggipfel. Ein Sakya-Kloster, wie sich sofort von den Farben der Gebäude ablesen läßt. Wir fahren tief unten im Talgrund daran vorbei. Wenn man hinaufblickt, glaubt man, es schwebe zwischen Himmel und Erde, Mittler zweier Welten, das eine Brücke zum Kosmos bildet. Hinter der nächsten Ecke ist der Zauber vorbei, da liegt nämlich Jyekundo, und das macht einen höchst irdischen Eindruck, genauer gesagt einen chinesischen. Der erste Eindruck ist ernüchternd. Langweilige graue Gebäude im phantasielosen Einheitsstil, breite Straßen, Rauchfänge, Mauern mit Stacheldraht. Das staatliche Gästehaus, der einzige Platz, wo Fremde absteigen dürfen, fügt sich nahtlos darin ein. Es ist gespenstisch leer, das gesamte Personal sitzt im einzigen beheizten Raum vor dem Fernseher und trinkt Tee aus Marmeladengläsern. Weil in nächster Zeit keine hochrangigen Gäste erwartet werden, kommen wir in den Genuß der Suite, die sonst nur chinesischen Parteikadern vorbehalten ist. Beim Rundgang durch die Stadt relativiert sich der erste Eindruck. Dem äußeren Erscheinungsbild der Neustadt steht das pulsierende Leben in den Gassen und auf dem Markt gegenüber. Die Tibeter vermögen auch der kältesten Betonwüste Leben einzuhauchen. Da sind stolze Khampa, großgewachsene Männer von verwegenem Aussehen, mit langem, um den Kopf geschlungenem Haarzopf, in den rote Bänder eingeflochten sind. Die Männer aus Derge fallen durch langes strähniges Haar auf, das ihnen weit über die Schultern reicht und manchmal grob zu zwei Zöpfen zusammengebunden ist, was ihnen ein indianisches Aussehen verleiht. Viele tragen protzige Silberringe mit Türkisen und Korallen, wertvolle Gzi-Perlen, deren Linien und

Rechts: Gyanak-Mani liegt in einem Seitental des Drichu (Jangtse), nur wenige Kilometer östlich von Jyekundo. Die chinesische Kontrolle ist unübersehbar. Gestern Zerstörung, heute Überwachung.

»Nirgends in Tibet wurde ich so freundlich empfangen wie in Dscherkundo. Alle Einwohner des Dorfs, zahllose Weiber, Mädchen und Kinder drängten sich um uns, und ein freudiges *Odyi, odyi* klang von hundert Lippen. Und wer nicht sein Willkommen rief, streckte zwischendurch grienend die Zunge, so lang er konnte, zum Munde heraus.«
Albert Tafel

Zwei Bewohner von Jyekundo.

»Augen« symbolhafte Bedeutung haben. Am Gürtel, der den halblangen Mantel zusammenhält, baumeln Messer mit fein ziselierten Griffen und Schäften. Die Füße stecken in roten Schaftstiefeln aus Wollstoff, die mit bunten Bändern verschnürt sind. Noch viel prächtiger sind die Frauen herausgeputzt. In den Haartrachten, in Schmuck und Kleidung spiegelt sich die ganze Stammesvielfalt Khams wieder. Es gibt welche, die den dünnen Zopfschleier der Nomadinnen Amdos tragen, dekoriert mit einem Band, das vom Scheitel bis zur Hüfte reicht und mit faustgroßen gelben Steinen besetzt ist. Andere haben ein, zwei oder sieben Zöpfe um den Kopf geschlungen und unter einer Fellmütze verborgen. Alle lieben Silberschmuck – Ringe, Ohrgehänge, Haarspangen – und Ketten aus Türkisen, Korallen und Karneolen.

Jyekundo besteht praktisch aus zwei Teilen: aus der tibetischen Altstadt und einer chinesischen Neustadt. Erstere erstreckt sich über einen Hügel, nur durch ein schmales Bachbett von den Zwillingsbergen getrennt, auf denen Tsawu Gompa thront. Die braunen staubigen Lehmhäuser stehen dicht gedrängt. In den engen Gassen, Winkeln und Türnischen tummelt sich ein Heer streunender Hunde. Sie umlagern auch ein kleines Heiligtum und leben vom buddhistischen Mitleid der Gläubigen, die zu jeder Tageszeit das Heiligtum umwandeln. Das hochstrebende Gebäude mit seinen dunkelroten Mauern ragt aus dem Braun der niedrigen Lehmhäuser heraus. Im Inneren des Tempels befindet sich ein Gebetszylinder von solch überdimensionaler Größe, daß nur mehrere Gläubige gemeinsam vermögen, ihn in Bewegung zu versetzen. An der Vorderseite gibt es einen Altar, vor dem Dutzende Butterlampen brennen. Der Duft der Räucherstäbchen, die Dunkelheit, die nur ein schmaler Lichtstrahl durchbricht, das Knarren des rotierenden Gebetszylinders und das Gemurmel kreisender Gestalten, die durch die Lichtbahn huschen, schaffen eine betörende Atmosphäre. Dieser Teil der Stadt entspricht etwa jenem Jyekundo, in dem Alexandra David-Néel den Winter des Jahres 1921 verbrachte. Damals lebten höchstens 300 Familien hier, die ganze weite Ebene

Die Heimat der Rothüte   Kapitel 7

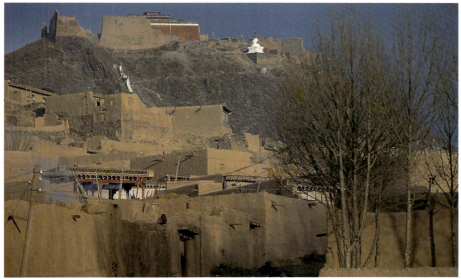

Der Marktflecken Jyekundo zu Anfang des Jahrhunderts nach einer Aufnahme von Albert Tafel. Der Fluß, dahinter die Häuserwürfel an den Berghang geklatscht und darüber Tsawu Gompa.

Der tibetische Teil von Jyekundo besteht aus braunen Lehmhäusern, die sich an einen flachen Bergrücken drängen. Dahinter steht der südliche Zwillingshügel von Tsawu Gompa, auf dem sich ein weißer Tschörten und die wiederaufgebaute Residenz des Abtes befinden.

entlang des Flusses war leer. Heute steht dort die chinesische Neustadt, hauptsächlich Verwaltungsgebäude, eine Kaserne, die Schule, das Krankenhaus und zahlreiche Wohnbaracken.
Genau zwischen Alt- und Neustadt liegt der Marktplatz. In kleinen Blechbuden werden Waren aller Art angeboten. Vor allem Stoffe, Kleidung, Schmuck und religiöse Gebrauchsgegenstände. Hier finden sich auch Tibets Wildtiere wieder: Schneeleopard, Luchs, Wolf – in Form von präparierten Fellen, die an den Türen aufgespannt sind. Antilopenhörner und heilkräftige Wurzeln kommen dagegen nie auf den freien Markt. Sie werden von staatlicher Stelle aufgekauft und wandern nach China, wo sie zu Arznei verarbeitet werden. Die Tibeter sind geborene Kaufleute, das händlerische Element liegt ihnen im Blut. Kaum hat sich herumgesprochen, daß wir ein paar Dinge am Markt erstanden haben, wird unser Hotelzimmer zum Bazar. Stundenlang drücken sich die Tibeter gegenseitig die Türklinke in die Hand. Männer und Frauen, alte und junge,

jeder will uns etwas verschachern. Oft hat man das Gefühl, daß es gar nicht so sehr darum geht, unbedingt ein Geschäft zu machen, auch wenn es schwer ist, ihrem Charme zu widerstehen, sondern ums Feilschen, um Kommunikation, gepaart mit einer kräftigen Portion Neugier. Zeit spielt dabei überhaupt keine Rolle, und niemand ist enttäuscht oder gar böse, wenn er nichts anbringen konnte. Die täglichen Besuche der Tibeter, die heitere Atmosphäre beim Handeln und die vielen freundschaftlichen Kontakte, die daraus entstanden, gehören zu meinen schönsten Erinnerungen an Jyekundo.

Am nächsten Tag sind wir schon früh unterwegs. In den ersten Morgenstunden steigen wir zum Tsawu-Kloster hinauf. Gebetsfahnen und Mani-Mauern säumen den Pfad, der sich über den steilen Berghang windet. Junge Lamas kommen uns mit leeren Kübeln entgegen. Sie laufen zum Bach hinunter, um den täglichen Bedarf an Wasser heraufzuschleppen. Entlang des ganzen Weges sieht man Gruppen von Mönchen, die dem Kloster zustreben. Im Gegensatz zu den reformierten Gelbmützen leben die Sakya-Mönche nicht zölibatär. Viele haben ihre Familien im Ort unten und verbringen nur die Tagesstunden im Kloster. Schon beim Aufstieg läßt sich das Ausmaß der Zerstörungen erkennen. Der halbe Berg ist bis auf ein

paar Mauerreste leergefegt, sie zeigen an, wie groß das frühere Kloster war. Der südliche Zwillingshügel gleicht einem Trümmerfeld. Dort stand einmal die Festung des lokalen Fürsten, zuletzt wohnte darin der Abt, der an seine Stelle getreten war. Aus den geschleiften Mauern ist ein weißer Tschörten herausgewachsen, er leuchtet wie ein Stern am finsteren Nachthimmel. Sichtbares Zeichen spiritueller Ausrichtung und zugleich Ausdruck ungebrochener Lebenskraft. Den tiefverwurzelten Glauben konnte auch die jahrzehntelange Knechtschaft nicht ausrotten. Die Tibeter sind weder in dumpfe Resignation verfallen, noch ergeben sie sich in ein scheinbar unvermeidliches Schicksal. Sie setzen Taten und Handlungen, nutzen auch die kleinsten Freiheiten, die ihnen gewährt werden, üben beharrlichen, gewaltfreien Widerstand. Darin zeigt sich die starke Seele dieses Volkes, die Überlegenheit des Geistes. Das Muschelhorn ertönt, ruft die Lamas zum morgendlichen Ritus auf. Vor dem Tschogtschen Dukhang wird es lebendig. Fünfhundert Mönche sollen früher hier gelebt haben, heute sind es ungefähr einhundert, die Hälfte davon versammelt sich zum gemeinsamen Kult. Noch zweimal schmettert das Muschelhorn vom Dach herunter, dann verschwinden alle im Inneren der Halle, und bald darauf setzt das Rezitativ ein.

Das Kloster erstreckt sich über die Kammlinie zweier Zwillingshügel, auf einem Platz also, von dem sich ein beherrschender Rundblick nach allen Richtungen hin eröffnet. Am nördlichen Hügel drängen sich die kleinen viereckigen Lamahäuser. Alle sind mit den charakteristischen Farben bemalt; dunkelblaue Flächen mit senkrechten Streifen in Rot und Weiß. Sie symbolisieren die verschiedenen Richtungen innerhalb der Sakya-Schule. Gegründet wurde das Kloster im 13. Jahrhundert von Chögyäl Phagpa, dem Neffen des mächtigen Sakya Pandita, der in Tibet von Mongolen Gnaden einst herrschte.

Am Nachmittag wollten wir einen weiteren Rundgang durch die Stadt unternehmen, aber das fällt aus, weil uns die Tibeter im Zimmer festnageln. Das chinesische Hotelpersonal sieht uns schief

Im Markt von Jyekundo findet man Tibets aussterbende Wildtiere – Leopard, Luchs, Wolf – in Form präparierter Felle, die zum Verkauf angeboten werden. Hatten früher chinesische Soldaten der Tierwelt großen Schaden zugefügt, so sind heute die Tibeter selbst das Hauptproblem.

Jyekundo. Blick von der geschleiften Burg, dem einstigen Fürstensitz, auf die chinesische Neustadt. Ein weißer Tschörten ist aus der Ruine herausgewachsen, wie ein frischer Trieb aus einem verdorrten Baum.

Tsawu Gompa im Jahre 1921 nach einem Foto von Alexandra David-Néel.

Der etwa gleiche Teil des Sakya-Klosters in seinem heutigen Zustand.

an und hätte uns sicher am liebsten mitsamt den Tibetern hinausgeworfen. Spät am Abend, als der letzte Gast gegangen ist, gleicht unser Zimmer einem Kuriositätenkabinett, soviel konnten uns die gewieften Händler von Jyekundo andrehen, dafür sind die Geldbörsen leer.

Zum Oberlauf des Mekong

»Das Dorf oder die ›Stadt‹ Dscherkundo ist eine Hauptetappe auf der großen Karawanenstraße, die von Tatsienlu in einem nach Norden ausholenden Bogen westwärts in den tibetischen Kirchenstaat Lhasa führt und bis wenige Tagesreisen vor ihrem Ziel durch Gebiete geht, die mit der Lhasa-Regierung nichts zu tun haben wollen. Täglich sah ich auf dieser Straße große Yakhaufen verkehren, die von Osten her chinesischen Tee, Reis, Zucker, Seide, Baumwollstoffe, Anilinfarben und eine Menge kleiner Chinawaren herbeischleppten.«
Albert Tafel

Am nächsten Tag bleibt unser Hotelzimmer verschlossen. Wir ergreifen schon in aller Frühe die Flucht, verlassen die Stadt in südlicher Richtung. Ein frostig kalter, aber strahlend schöner Wintermorgen, liegt über dem Land. Schon nach wenigen Kilometern kommen wir an Tschanggu Gompa vorbei. Das Kagyü-Kloster steht in malerischer Umgebung, hoch oben am Ausgang eines schmalen Seitentales. Seine blütenweißen, rotgestreiften Mauern leuchten einladend herab. Hier konnten zwar die Hälfte aller Figuren und Thangkas vor der Zerstörung bewahrt werden, aber dafür ist es der geistigen Lehrer beraubt. Zwei Tülkus sind nach Nepal geflohen, der dritte lebt in Amerika im Exil. Nach dem »Steinblumenkloster« gelangen wir in ein breites, ost-westlich verlaufendes Tal. Der Fluß, der es entwässert, heißt Tsama. Würde man der Furche nach Osten folgen, käme man an Nangpar Nangdzä vorbei, dem Tempel der Prinzessin Wencheng, und schließlich wieder an den Jangtse. Wir jedoch setzen den Weg in westlicher Richtung fort, entlang einer schmalen Piste, die sich am Fuß himmelstürmender Berggestalten entlangschlängelt. Plötzlich sind wir mitten im Winter. Alles ist tief verschneit; die Talebene, die Hänge und Gipfel, selbst der Fluß ist halb zugefroren. Aus dem uniformen Weiß heben sich nur die Yaks als schwarze Punkte ab und die braunen Lehmwürfel der tibeti-

Tschanggu Gompa und sein Abt. Das Karma-Kagyü-Kloster liegt südlich von Jyekundo in malerischer Lage am Ausgang eines kleinen Seitentales und blickt wie alle Klöster Tibets nach Süden.

Diese zugemauerte Höhle mit der winzigen Fensteröffnung ist die Wohnung eines Eremiten – für ein paar Monate, für Jahre, für ein ganzes Leben.

schen Dörfer. Wir befinden uns in einer breiten Kalksteinzone, die wilde Gipfelformen und ausgewaschene Felsgrotten zeigt. Weiß getünchte Formeln und Götterbildnisse zieren die Felswände, und hoch oben in weltentrückter Lage gibt es kleine Nischen und Höhlen, die zugemauert sind. An Seilen befestigte Gebetsfahnen umflattern die Eremitagen, wie bunte Schmetterlinge ihre Blüten. Nur durch ein winziges Fensterloch hat der Einsiedler Kontakt zur Außenwelt. Die Mauern, die die Grotten verschließen, zeigen die typischen Farben der hier vertretenen Rotmützen-Schulen – der Kagyü und Sakya. Wir folgen weiterhin dem Tsama flußaufwärts, einem Naturkorridor, der zunehmend schmäler wird und schließlich an einer Gebirgsbarriere endet. Das Tal ist für tibetische Verhältnisse dicht besiedelt. Immer wieder kommen wir an kleinen Weilern vorbei. Die Stromleitungen, die parallel zur Straße laufen, führen oft mitten durch die Dörfer, versorgen sie aber nicht. Die Anschlußgebühren und der Strompreis sind für einen großen Teil der tibetischen Bevölkerung unerschwinglich.

Mit dem Ende der Talfurche hören auch die Siedlungen auf. Die Straße zieht sich in langgezogenen Schleifen zu einem 4450 Meter hohen Paß hinauf. Wir stehen wieder einmal an einer Wasserscheide. Hinter uns der Jangtse, vor uns der Mekong, den die Tibeter Dzachu nennen. In Abständen von wenigen hundert Kilometern brechen einige der größten Flüsse Asiens parallel zueinander nach Süden durch. Westlich des Mekong verläuft das Bett des Salween, und dann folgt der Brahmaputra, der tibetische Tsangpo, dessen Quellen am Fuße des heiligen Berges Kailas liegen. Nach Überquerung des Passes treten wir in eine menschenleere Gebirgswildnis ein. Hochflächen und breite Wannentäler folgen aufeinander. Nach einem weiteren Paß, der nur unwesentlich niedriger ist, kommen wir an den ersten Fluß, der dem Dzachu (Mekong) zuströmt. Dann

»Die Tage vergingen wie im Traum; ich weiß noch heute nicht wie viele ich dort verbracht habe. Ich verließ die Eremitage fast nie, saß viele Stunden neben meinem Lehrer und schaute in die herrliche Landschaft des Tales hinab, las oder meditierte. Es war, als hätte der Lama an jenem ersten Tag alles von mir erfahren, was er wissen wollte, denn er stellte keinerlei Fragen mehr, beantwortete nur in kurzen Worten, was ich ihn fragte.«

André Migot

»Die Stadt wurde von einem bedeutenden großen Kloster beherrscht, das sehr massiv auf zwei Zwillingshügeln erbaut war und von dort oben die Ebene und die umliegenden Täler zu überwachen schien.«
André Migot

»In unseren Zeiten beherbergen die großen lamaistischen Klöster auch ein Kollegium der Nagspas. Diese leben in einem gesonderten Bau, der einen Tempel umfaßt, in dem sie ihre eigenen Riten zum Heil ihrer Nachbarn, der orthodoxen Mönche ausführen, ohne diese in ihre Kenntnisse einzuweihen. Es handelt sich im wesentlichen um magische Riten, bestimmt, die örtlichen Gottheiten oder die gefürchteten Dämonen günstig zu stimmen oder zu unterwerfen, damit sie das Kloster, seine Gäste und Anhänger beschützen und ihnen alles wünschenswerte Wohlergehen sichern.«
Alexandra David-Néel

geht es durch enge Schluchten wieder in tiefere Regionen hinunter. Auf 3900 Meter Höhe lockert sich die Umklammerung der Berge und gibt einen Talkessel frei. Hier liegt die Gelbmützen-Lamaserei Rakchi.

Die Ansammlung weißer Gebäude mit flachen Dächern schmiegt sich an einen sanft ansteigenden Hang. Ein großer Teil des Klosters existiert nur noch als Trümmerhaufen, aus dem sich ein meterhoher Holzmast reckt, von dessen Spitze Seile zur Erde führen, die mit bunt bedruckten Papierstreifen behangen sind. Die Vorderseite des Klosters bildet ein langer Korridor mit Dutzenden von Gebetszylindern, an denen Gläubige entlangziehen. Der Abt des Klosters empfängt uns im Mao-Look mit einer grünen Militärhose und Hemd. Er ist einer von drei Tulkus dieses Heiligtums. Von ihm erfahren wir, daß in diesem Kloster 1000 Mönche und 13 Tulkus lebten, bevor es fast zur Gänze zerstört wurde. Im Jahre 1978 begann man mit dem Wiederaufbau, der zu zwei Dritteln vom Staat und zu einem Drittel von der tibetischen Bevölkerung getragen wurde. Aus der alten Substanz konnten nur vier kleine Figuren und ein einziges Rollbild gerettet werden. Die Zahl der Lamas ist auf 200 geschrumpft, hinzu kommen noch 50 Novizen.

Rakchi Gompa blickt auf eine tausendjährige Geschichte zurück. Ursprünglich war es ein Kagyü-Kloster. Nach Tsongkhapas Reformation ist es zur Gelbmützen-Schule konvertiert. Daran angeschlossen ist das Nonnenkloster Maphugön. Es liegt etwas abseits, versteckt hinter den Hügeln. 50 Ordensfrauen sollen dort leben, die von einem Lama unterwiesen werden. Drei davon bekommen wir auch zu Gesicht; wir hätten sie kaum als Nonnen erkannt, wenn uns nicht der Abt darauf aufmerksam gemacht hätte, so perfekt sind sie »getarnt«. Sie tragen dieselbe Kleidung, haben dasselbe kurzgeschorene Haar wie ihre männlichen Kollegen. Außerdem sollen sich drei Narjopas, Eremitenlamas, im Gebirge nahe dem Kloster niedergelassen haben.

Bei unserem Rundgang platzen wir mitten in eine feierliche Kulthandlung. Eine Gruppe von Mönchen hat sich im Freien, inmitten eines staubigen Innenhofes, versammelt. Sie sitzen im Halbkreis um ein paar geformte Teigpyramiden, sogenannte Tormas, und schleudern magische Formeln in die Luft, die unversöhnliche Dämonen dort hineinzwingen sollen. Die Lamas sind von mindestens so vielen Hunden umlagert, die mit glänzenden Augen auf die Teiggebilde stieren. Die Geisterfallen werden nach vollbrachtem Ritus einfach fortgeworfen und bilden natürlich ein willkommenes Fressen für die immer hungrigen Hunde. Vorsichtig taste ich mich durch die friedlich daliegenden Klosterhunde an die Mönchsgruppe heran. Plötzlich springt einer der Köter wie von der Tarantel gestochen auf und stürzt sofort auf mich los. In einer Kettenreaktion von Sekunden sind auch alle anderen auf den Beinen, und ehe ich die geringste Abwehrbewegung machen kann, schlägt schon

Die Heimat der Rothüte   Kapitel 7

Zwei mit Baumstämmen beladene Lastwagen vor dem Tschörten von Rakchi Gompa. Das Holz stammt aus den sogenannten »unberührten Wäldern« am Oberlauf des Mekong (Dzachu) und ist für China bestimmt.

einer sein Gebiß in meine dicke Daunenjacke, und reißt ein Stück heraus, daß die Federn nur so fliegen. Alle Mönche sind erschreckt aufgesprungen, ich drehe mich im Kreis so schnell ich kann, einer stößt einen lauten Schrei aus, und plötzlich lassen die Hunde von mir ab und schleichen davon. Wahrscheinlich hatten sie in mir einen unliebsamen Konkurrenten für das Festmahl gesehen. Um eine Erfahrung mit tibetischen Hunden reicher und etwas zerlumpt verlasse ich den Boden des Klosters. Kurz vor unserer Abfahrt kommen zwei mit Baumstämmen beladene Lastwagen daher. Da ich nirgendwo ein Stück Wald gesehen habe, weder auf der Fahrt hierher, noch in der Umgebung des Klosters, lasse ich unseren chinesischen Begleiter nach der Herkunft des Holzes fragen.
»Es stammt aus den *Virgin Forests*«, ist die Antwort der Fahrer. Laut offizieller touristischer Karte der Provinz Qinghai müssen diese rund 50 Kilometer weiter südlich liegen. Wie jungfräulich diese Wälder sein werden, können wir uns vorstellen. Die Lastwagen fahren weiter in Richtung Norden – nach China. Kurz vor Einbruch der Dunkelheit sind wir wieder in Jyekundo.

In der Hochburg der Rotmützen

Jyekundo und Umgebung ist noch eines der letzten Zentren der nicht reformierten Schulen des tibetischen Buddhismus, vor allem der Lehren der Kagyü. Ursprünglich stammt diese mündliche Tradition aus Indien. Marpa, der Übersetzer, hat die Unterweisungen im elften Jahrhundert nach Tibet gebracht, und Milarepa gelang es in jahrelanger Askese, sie zu meistern.
Eines dieser Klöster – Tschanggu Gompa – haben wir auf dem Weg zum Oberlauf des Dzachu (Mekong) gesehen, ein anderes liegt

»Tantrische Symbole durchdringen einander gegenseitig. Immer wieder treffen wir auf Symbole, die uns einen Hinweis auf die Bedeutung anderer Symbole geben, welche uns wieder auf weitere Symbole verweisen und damit die gegenseitige Durchdringung aller Aspekte des Universums versinnbildlichen. Tantrische Übungen ähneln in ihrer Wirkung dem Öffnen einer Kugel, in der wir eine weitere Kugel entdekken. Diese zweite Kugel läßt sich ebenfalls aufbrechen und enthält eine dritte und so weiter, bis wir zu etwas vordringen, das uns ein fester Kern zu sein scheint. Doch rühren wir daran, so bricht auch er auf und enthüllt genau die Kugel, die anfangs alle anderen enthielt. Der gleiche Vorgang wiederholt sich immer wieder, bis schließlich die Erleuchtung aufdämmert. Man sieht, wie viele Bedeutungen eine Bedeutung haben kann, und bekommt ein Gefühl für die Präsenz des Ganzen in jedem seiner Teile.«

John Blofeld

östlich von Jyekundo, auf dem Weg zu den Ufern des Jangtse. Es thront in luftiger Höhe, und seine weißen Mauern mit den charakteristischen roten Bändern heben sich markant vom braunen Bergrücken ab. Donkar Gompa ist ein Kloster der Karma-Kagyü, einer Unterschule der Kagyüpas, deren große spirituelle Autorität Karmapa ist. Der 1. Karmapa (1110–1193) gründete das Hauptkloster der Schule – Tsurphu Gompa – unweit von Lhasa. Nach der Besetzung Tibets durch die Chinesen wurde der Sitz der Übertragungslinie nach Sikkim verlegt. Die Karma-Kagyüs sind heute eine der erfolgreichsten buddhistischen Schulen im Westen.

Das Schicksal von Donkkar Gompa ist bis auf geringfügige Unterschiede identisch mit 90 Prozent der Klöster des Schneelandes. Der Zerstörung während der Kulturrevolution, der nur wenige alte Figuren und Thangkas entgingen, folgte der Wiederaufbau in den achtziger Jahren. Erst 1990 konnte die große Versammlungshalle fertiggestellt werden. Die Zahl der Mönche ist auf 200 gesunken. Tumo Düde, der Klosterabt, führt uns persönlich durch die heiligen Hallen. Die Vorbereitungen für das Neujahrsfest sind voll im Gange. In der Säulenhalle hat sich die Mönchsgemeinde versammelt, unter Schirmen und Baldachinen, umgeben von Thangkas und Fahnen. Nur ein winziger Lichtstrahl fällt von oben her auf die in rote Faltenmäntel gehüllten Lamas. Hin und her wiegen sich die Oberkörper im Rhythmus der rezitierten Texte. Dumpfer Trommelschlag begleitet das Ritual. Dann wieder setzen die Trompeten, Tschinellen und alphornartigen Instrumente ein. Plötzlich haben alle ihre roten Baretts auf. Der Vorbeter nimmt die Zimbeln und steigert den Rhythmus. Er trägt eine seltsame Mütze mit dem Symbol des Dorje, dem Diamantenzepter. Der Zauber des Ritus hält uns noch ganz in seinem Bann, als wir bereits unserem nächsten Ziel zusteuern. Nachdem wir den Jangtse überquert haben, verlassen wir den bekannten Weg, fahren am Ufer südwärts und biegen dann in ein schmales, nach Osten weisendes Seitental ein, das aussieht, als würde es direkt ans Ende der Welt führen. Nach wenigen Kilometern aber zeigen sich Terrassenfelder, die steile, schluchtartige Hänge überziehen. Ein paar braune Lehmwürfel krallen sich in die Bergflanken, und darüber, am Fuße senkrechter Felswände, sitzt ein Kloster. Eine Reihe weißer Tschörten leuchten herab, dahinter rote Paläste mit goldenen Emblemen auf den Dächern. Das achtspeichige Rad der Lehre, flankiert von zwei Gazellen, die einst im Hain von Bodh Gaya den Worten Buddhas lauschten. Daran schließt sich ein wahres Gewirr von viereckigen Lehmbauten, dunkelblau getüncht, mit weißen und roten Bändern, sichtbares Zeichen der Sakya.

Seipa Gompa ist mithin die eindrucksvollste Klosteranlage, die mir auf all meinen Tibetreisen begegnete. Harmonischer kann sich Natur und Architektur nicht zusammenfügen. Es liegt versteckt, aber nicht unerreichbar fern; es kann erst im letzten Augenblick

Mönche der Karma-Karyü-Schule beim täglichen Kult. Das Rezitativ wird von rhythmischem Trommelschlag, Zimbeln und langen alphornartigen Instrumenten begleitet. Die in rote Mäntel gehüllten Lamas sitzen unter einem ganzen Wald von Rollbildern, Fahnen und runden Schirmen, die von der Decke herabhängen.

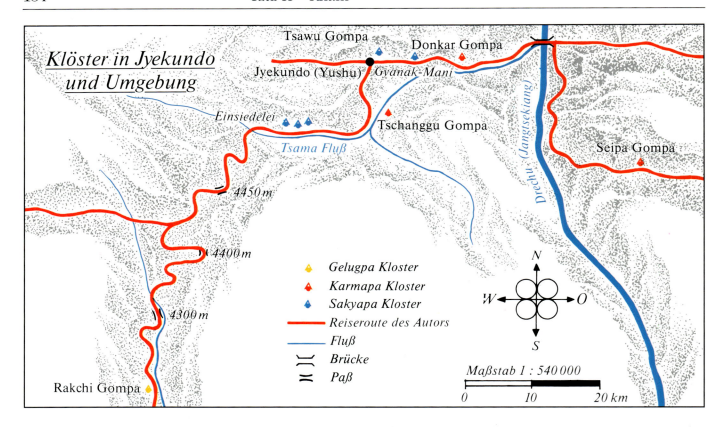

gesehen werden, aber dann mag man keinen Blick mehr davon abwenden: Es thront auf einer Bergfestung und ist dennoch offen, ohne Mauern, ohne Tore. Der Abt ist irgendwo im Lande unterwegs. Trotzdem bewirtet man uns in seinem Privatzimmer. Je länger wir uns darin aufhalten, desto mehr bedauern wir es, den Tulku nicht persönlich angetroffen zu haben. Das muß ein recht ungewöhnlicher Mann sein – den Eindruck gewinnt man jedenfalls aus all den Sachen, mit denen er sich umgibt. Der halbe Raum ist mit tibetischen Arzneien gefüllt, unzählige Fläschchen, alle beschriftet und geordnet, füllen die Regale. In der anderen Hälfte türmen sich verschiedenste neuzeitliche Geräte und Bauelemente, die jeder Bastlerwerkstatt zur Ehre gereichten. Oben auf dem Dach ist ein Satellitenempfänger installiert, und zwischen all dem Inventar hopst ein zahmer, blinder Hase umher.

Gegenüber der Residenz erheben sich die roten Mauern der Sutra-Halle. Hier treffen wir die Mönchsgemeinde fast vollständig versammelt. 45 Lamas sitzen einander in zwei Reihen gegenüber, jeder ein Buch des Kanjur – ein 108bändiges Werk – vor sich liegend, aus dem sie im Chor rezitieren. Der hier verwendete Kanjur, die Lehre Buddhas in tibetischer Sprache, stammt aus der großen Druckerei in Derge und besteht wie alle tibetischen Bücher aus losen Blättern, die mit zwei festen Deckeln zusammengeschnürt werden. Der interessanteste Raum des Klosters ist eine kleine Kapelle im Obergeschoß. Darin werden zwei Reliquien aufbewahrt, um die sie jedes andere Kloster beneidet. Ein Schwert, das niemand geringerem als dem sagenhaften König Gesar gehört haben soll, und den Fingernagel eines himmlischen Vogels, auf dem Gesar einst zu den Menschen herabflog. Die Spuren dieses volkstümlichen Helden finden sich in ganz Tibet, insbesondere aber in den Provinzen Amdo und Kham. Überall gibt es Gesarsteine, Gesarfurten, Hand- und Fußabdrücke, von denen die Tibeter die wunderlichsten Geschichten zu erzählen wissen. Das Land Ling, dessen König er nach dem Sieg in einem Pferderennen wurde, liegt südöstlich von Jyekundo, im Herzen von Kham. Einer der Hauptwege in diesen Teil Osttibets führt von Jyekundo entlang des Jangtse nach Derge und Dartsedo (Tatsienlu), dem Beginn der alten Teestraße nach Lhasa. Eine andere Nord-Süd-Verbindung verläuft viel weiter im Osten. Ihr Ausgangspunkt ist das Kloster Labrang. Es ist ein Weg, der durch Ngawa, dem letzten Zentrum der Bön, der schamanistischen Urreligion Tibets, führt. Dieser Weg ist es, den einmal kennenzulernen seit Jahren mein größter Wunsch ist.

Begegnung der anderen Art in der Tschanggu Gompa.

Kapitel 8

Auf verbotenen Wegen

»Da überkam mich ganz plötzlich ein eigentümliches Gefühl, sei es unter Einwirkung dieses Gesprächs, sei es durch die geheime Kraft der Gedanken, die in diesem Raume Geschlechter von Mönchen in tiefster Versunkenheit gedacht hatten. Ich fühlte, ich sah, wie alle meine Überlegungen, alle meine Begriffe gleich Lumpen im Winde zerfetzten, sich auflösten, zerstoben. Nichts blieb von alledem, was mir als ernsthaftes Hindernis erschienen war!«

Alexandra David-Néel

Mönch vom Amchok Tsennyi Gompa auf dem Weg zum Tschogtschen Dukhang, der großen gemeinsamen Versammlungshalle. Palden Mawi Singeling – wie das Heiligtum unter Mönchen heißt – ist, gemessen an der Zahl der Lamas, die dort leben, gegenwärtig eines der größten Klöster Tibets.

Das glückverheißende Symbol des unendlichen Knotens versinnbildlicht immerwährende Verbundenheit, unendliche Liebe und Harmonie.

An einem windig kühlen Wintermorgen verlassen wir Labrang. Schon bald entschwindet die riesige Klosterstadt hinter aufgewirbeltem Staub den Blicken. Während dort noch alles im Banne der Neujahrsfeierlichkeiten steht, plagen uns höchst profane Sorgen. Die Tankanzeige im Fahrzeug nähert sich bedenklich dem Nullpunkt, und die Reservekanister sind ebenfalls leer. Weil in diesem Jahr tibetisches und chinesisches Neujahr zusammenfallen, hat die einzige Tankstelle weit und breit mindestens für eine Woche geschlossen. An einer solch lächerlichen Hürde sollte unsere Fahrt nach Kham scheitern. Wir können es nicht glauben. Und das, nachdem uns das Kunststück gelungen ist, die beiden Chinesen zu überreden, statt, wie geplant nach Lanzhou, mit uns in die Provinzhauptstadt Sichuans, nach Chengdu, zu fahren. Vergeblich hatten wir versucht, bei der Klosterverwaltung Treibstoff zu kaufen, jetzt hängt unsere letzte Hoffnung an dem großen staatlichen Treibstoffdepot, das etwas außerhalb der chinesischen Neustadt Xiahe liegt. Das Tor ist versperrt und mit einer Kette fest verschlossen. Auf unsere Rufe hin antworten nur die Wachhunde mit drohendem Gebell. Wir wollen schon aufgeben und nach Labrang zurückkehren, da erscheint ein Wärter, den wir offenbar aus seinem Mittagsschlaf gerissen haben. Nach einem ewig langen Palaver läßt er uns herein, und nach weiteren bangen Minuten greift er schließlich zum Telefon, um den Stationsleiter herzubitten. Ihm tragen wir unser Anliegen vor. Mit Oscar-verdächtiger Schauspielkunst schildern die beiden Chinesen unsere schlimme Situation und die Konsequenzen, die eintreten, wenn wir nicht hier und jetzt Benzin bekommen. Die Langnasen – damit sind wir gemeint – werden das Flugzeug versäumen, die Visa laufen aus, es gibt diplomatische Verwicklungen, heißt es. Das wäre dem guten Mann sicher völlig egal gewesen, hätte es nicht seinen Geschäftssinn aktiviert. Wir bekommen den Treibstoff, zu einem der absoluten Meereshöhe und unserer Notlage angemessenen Preis. Damit sind wir wieder mobil, mit vollem Tank und Reservekanister kommen wir gewiß bis Ngawa (Aba), und dann werden wir schon weitersehen.

Tse Gompa nach einer Aufnahme von Joseph Rock aus dem Jahre 1926. So sah das Kloster vor seiner Zerstörung aus.

Nach wenigen Kilometern ist das Ende des Tales, in dem Labrang liegt, erreicht. Wir stehen wieder einmal an einer Wegscheide. In Richtung Norden führen bekannte Wege, die wir schon vom ersten Kapitel her kennen, nach Lanzhou oder Xining, in die andere Richtung, südwärts also, verläuft die Straße nach Kham. Ihr wollen wir folgen. Das Landschaftsbild bleibt unverändert. Weiterhin umgibt uns die großzügige Weite Amdos, breitsohlige Täler und gerundete Bergketten. Gemauerte Dörfer, überragt von weißleuchtenden Klöstern, gleiten vorbei. Trashi Gompa schmiegt sich als wirres Konglomerat würfelförmiger Häuser an den Talrand. Ein unscheinbarer Paß von 3500 Meter Höhe bringt uns in das Dokar-Tal. Es ist fruchtbar und von Ackerbau treibenden Tibetern besiedelt. Noch bevor man den Talgrund erreicht, kommt man an einer riesigen Klosterruine vorbei. Die niedergerissenen Mauern von Tse Gompa liegen über einen grasbedeckten Tonberg verstreut. Von seinem Standort aus konnte es einst das Tal weit nach Süden hin überblicken, im Hintergrund ragen die schneebedeckten Gipfel und schroffen Felszacken des Amnye Nyenchen auf, Sitz der lokalen Gottheit. Das ganze Klosterareal gleicht einer einzigen Baustelle, seit kurzer Zeit ist der Wiederaufbau im Gange. Zwei Tempel und ein paar Mönchshäuser sind bereits aus den Trümmern wiedererstanden. Ein imposantes, achtstöckiges Hochhaus, das sich nach oben zu verjüngt, soll demnächst fertig werden. Alles in allem nicht viel, wenn man bedenkt, daß die Gelbmützen-Lamaserei früher über 200 Gebäude umfaßte, in denen 1000 Mönche lebten. Das ist freilich schon lange her. Die jüngsten Zerstörungen sind auch nicht die einzigen, die dieses Kloster im Laufe seiner Geschichte zu überstehen hatte. Schon im 19. Jahrhundert wurde es einmal von Chinesen zerstört; als es wieder aufgebaut war, fielen die Moslems darüber her, plünderten das Heiligtum, nachdem sie die Mönche getötet oder vertrieben hatten. Später fegte dann die Kulturrevolution darüber hinweg. Da mutet der neuerliche Wiederaufbau wie eine Sisyphos-Arbeit an, und man muß die Tibeter bewundern, mit welchem Optimismus sie wieder Stein auf Stein setzen.

»Bläulicher Dunst liegt über dem Mintal. Hoffnungsfreudig satteln wir die Pferde und sehen unseren Tibetern zu, wie sie mit flinken Händen und schlohweißen Zähnen die mit roher Butter eingeriebenen Yaklederriemen über den Lasten zu unlösbaren Knoten vertäuen. Aus vierzig Yakochsen und fünfzehn Pferden besteht unsere Karawane, mit der wir es nun wagen wollen, das gefürchtete, zwischen Sungpan und dem Goloklande gelegene ›Niemandsland‹ zu betreten.«

Ernst Schäfer

Mit bewundernswertem Optimismus haben die Tibeter begonnen, Tse Gompa wieder aufzubauen. Hinter einer chinesischen Baracke ist ein rotgetünchtes Tempelgebäude, in der Gestalt eines nach oben zu verjüngenden Hochhauses, emporgewachsen.

Die Überreste der völlig zerstörten Gelbmützen-Lamaserei Tse Gompa. Das Kloster, das einst aus zweihundert Gebäuden bestand, in denen 1000 Mönche lebten, wurde von einem Schüler des ersten Abtes von Labrang Tashi Kyil gegründet.

Wieder im Gebiet des Machu

Der Weg führt nun direkt in südlicher Richtung weiter. Kerzengerade durchschneidet die Piste von Bergen eingeschlossene Hochebenen, quert gerundete Hügel und folgt ausgeschliffenen Trogtälern. In unregelmäßigen Abständen finden sich kleine Dörfer, sie stehen stets am Talrand, meist auf kleinen Terrassen, damit kein Stück des raren nutzbaren Bodens verlorengeht. Zu Füßen der Siedlungen liegen Felder, auf denen Gerste gezogen wird, während darüber, auf den weitläufigen Grashügeln, ansehnliche Yakherden weiden. Der Stil der Häuser ändert sich nun oft von Tal zu Tal. Hier sind es gut situierte Bauernhäuser mit gemauerter Basis, die einen hölzernen Aufbau tragen. Wie gewöhnlich dient das Erdgeschoß als Stall und Speicher, während der darüberliegende Holzbau der eigentliche Wohntrakt ist. Alles macht einen sehr gediegenen Eindruck, die Türen- und Fensterrahmen sind reich beschnitzt und bunt bemalt, auf der großen Terrasse lagert Gerste zu Garben gebunden. Jedes Haus hat seinen heiligen Platz, wo den allgegenwärtigen Gottheiten Opfer dargebracht werden. Auf Stoffen gedruckte Gebete, die an langen Stangen flattern, trägt der Wind den Göttern zu.

Wenige Kilometer weiter sind wir plötzlich wieder in Nomadenland. Schwarze spinnenartige Zelte stehen an günstigen Stellen, meist am Ausgang kleiner Seitentäler oder auf Terrassen oberhalb des Flusses. Zum Schutz der Tiere vor den eisigen Winterstürmen hat man Mauerringe hochgezogen, die nach Süden hin offen sind. Hinter diesen einfachen Windschirmen werden die Yaks nachts festgebunden. Eine lokale Besonderheit dieser Nomaden ist ein steinerner

Mit Gewehr und Schwert bewaffneter Nomade bringt auf einem steinernen Altar Opfer dar.

Opferplatz, der an keinem Lager fehlt. Der sich nach oben zu verbreiternde Altar steht meist vor dem Zelteingang, er ist mit Lehm verschmiert und häufig mit weißen Symbolen bemalt. Eine Sonnenscheibe, darunter ein liegender Halbmond und ein Hakenkreuz, das uralte Swastikazeichen. Es dürfte sich bei diesem Stamm um die Nachkommen der als Räubernomaden gefürchteten Laringo-Tibeter handeln, die auch einigen europäischen Forschungsreisenden in den Weg traten. Sie waren es, die im Jahre 1899 Professor Futterers Expedition ausplünderten, und ihretwegen sah sich ein paar Jahre später Albert Tafel gezwungen, dieses Gebiet in einem großen Bogen nach Osten zu umgehen.

Bald danach überqueren wir die chinesische Provinzgrenze zwischen Gansu und Sichuan. Nichts anderes als eine willkürlich gezogene Linie, denn wir befinden uns weiterhin in Amdo. Der einzig auffallende Unterschied betrifft die Piste, sie wird sofort schmal und holprig. Später werden die Täler enger, die Berge steiler. Jetzt kommen wir wieder an Dörfern vorbei. Sie sehen aus wie Bergdörfer in den Alpen. Einstöckige Bauernhäuser, mit spitzen heruntergezogenen Dächern, die mit Schindeln gedeckt und mit Steinen beschwert sind. Nur das Erdgeschoß ist gemauert, alles andere besteht aus Holz. Die Häuser drängen sich eng aneinander, umgeben von einem ganzen Wald aus Masten mit weißen Gebetsfahnen, die lustig im Wind flattern. Am linken Talrand, dort wo ein kleiner Bach aus der Schlucht tritt, steht das Stammkloster dieser Region, die große Gelugpa-Lamaserei Lhamo Gompa. Es zieht sich am Fuße eines mit Felszacken bewehrten Bergrückens entlang. Die weißen Gebäude mit den goldenen Dächern leuchten in der Abenddämmerung zu uns herab und bilden einen reizvollen Kontrast zum dunklen Hochwaldrahmen.

»Alles, was bisher von außen ins Schneeland eingedrungen ist an Gaben und Gütern fremder Kulturen, hat am Seelenbild des Tibeters nichts geändert, ist aufgesogen worden wie Tropfen im Meer.«

Wilhelm Filchner

»Ich sah hier viele tibetische Mädchen und Frauen mit reichem Silberschmuck, mit Ringen und Broschen und roten Korallen, die in ihre rund um den Kopf gelegten schwarzen Zöpfe eingeflochten werden. Die Frauen sind stets untersetzte, aber kräftige Gestalten und wesentlich kleiner als die an sich auch nicht großen, eingeborenen Männer. Ihre Gesichter sind breit und breitknochig, und doch sind viele der Mädchen recht hübsch zu nennen.«
Albert Tafel

Danach verliert sich die Piste in einem imposanten Kalkgebirge. Bis in eine Höhe von 3800 Metern hinauf gibt es Wald. Jedoch nirgendwo größere zusammenhängende Flächen, immer nur kleine Oasen, winzige Parzellen, die sich in die Falten und Schluchten zwängen. Der 3500 Meter hohe Paß, der über die Kalkbarriere hinwegführt, ist eine Wasserscheide. Alle Gewässer östlich dieses Gebirges speisen den Minjiang, einen der mächtigsten Nebenflüsse des Jangtse, jene westlich davon strömen dem Machu zu. Wir wechseln auf die Westseite, und nähern uns wieder dem Gelben Fluß, dem Bereich seiner großen Schleife, wo er in einem enggezogenen Bogen seine Richtung radikal ändert. Durch ein System von kleinen Schluchten erreichen wir eine gewaltige Hochebene, eine von unzähligen Löchern aufgerissene Steppe, durch die der Mechu seine Schlingen zieht. Mittlerweile ist es stockdunkel geworden, so daß wir die Mäander des Flusses nur mehr an den vielen Richtungsänderungen der Straße erahnen können. Dann tauchen ein paar schwache Lichtpunkte auf, wir verlassen den Hauptweg, überqueren den Fluß und stehen inmitten der Häuserreihen von Dzoge (Zoige). Der Ort wirkt wie ausgestorben, die Läden entlang der Straße sind fest verrammelt, auf den Bürgersteigen liegen umgekippte Billardtische. Die lokale Herberge ist nicht zu verfehlen, sie steht am Ende der Straße und ist mit Neonlicht beleuchtet. Hier logieren noch fünf Lamas, die sich auf dem Weg zu ihrem Kloster nach Ngawa befinden und auf eine Mitfahrgelegenheit warten. Bald sitzen wir bei ihnen im Zimmer und trinken Tee. Sie erzählen uns von Amchok Tsennyi Gompa – unserem geheimen Ziel –, erklären uns den Weg, wie wir hinkommen, ohne durch Ngawa-Stadt (Aba) zu müssen.

Im Lande Ngawa

Am nächsten Tag brechen wir schon früh auf, eine lange Etappe steht uns bevor. Gerne hätten wir die Mönche mitgenommen, aber das Fahrzeug ist so voll, daß nicht einmal eine Tasche mehr hineinpassen würde. Der Ort sieht auch bei Tageslicht nicht viel besser aus, als wir ihn gestern Nacht kennenlernten, eher noch häßlicher, weil die Dunkelheit gnädig verhüllte, was sich nun offen zeigt. Nach einem Kilometer sind wir wieder auf dem Hauptweg. Der zieht sich in gerader Linie nach Süden, durchschneidet die Hochebene wie ein Pfeil. Dann wird es wieder gebirgiger. Die Piste überquert einen weiteren Paß. Dahinter liegt abermals eine Hochfläche eingebettet. Albert Tafel, der zu Beginn des Jahrhunderts hier durchkam, nennt sie Tangker. Wir befinden uns nun in unmittelbarer Nähe des Gelben Flusses, nur wenige Kilometer trennen uns von seinem Ufer. Nicht mehr als eine niedrige Schwelle verwehrt den Blick auf das große Knie, den südlichsten Punkt, den der Machu auf seinem Weg erreicht. Auf der Ebene verteilt stehen kleine Weiler, dazwischen ziehen Hirten mit ihren Yakherden umher. Wir halten an, um die originelle Architektur der Häuser näher zu betrachten. Kaum haben wir uns im Gras niedergelassen, kommen schon die ersten Tibeter daher. Ein Hirtenjunge reitet auf seinem Yak an, zwei junge Frauen, die wir bei der Schönheitsstunde überrascht haben, stehen mit tropfnassen Haaren da. In kürzester Zeit sind wir von einer Schar Tibeter umringt, die uns neugierig nach Woher und Wohin befragen. Das Oberhaupt der Sippe fordert uns auf, ihm zu folgen. Er führt uns zu einem Haus, das die höchste Stelle des Hügels einnimmt und dadurch alle anderen Gebäude überragt. Dort erwartet uns bereits die gesamte Familie samt Nachbarschaft.

Die unerhörte Gastfreundschaft der Tibeter gegenüber Fremden wird von den zahlreichen Wachhunden nicht geteilt. Sie übertrumpfen sich gegenseitig in treuer Pflichterfüllung und müssen mit Gewalt festgehalten werden, sonst würden sie sofort über uns herfallen. Wir betreten das Anwesen über einen ummauerten Vorhof. Das eigentliche Wohngebäude ist ein viereckiger brauner Lehmwürfel, dessen Fundament tief im Boden wurzelt. Das ganze Bauwerk erweckt bei mir den Eindruck, als hätte das Nomadenzelt dafür Pate gestanden. Sogar die Türen sind wie bei den Zelteingängen mit Stangen abgestützt. Erst recht ist das Innere ein nahezu naturgetreues Abbild der Nomadenbehausung. Freilich ist das Inventar umfangreicher als beim mobilen Zelt, aber was Raumaufteilung und Anordnung betrifft, gibt es keinen Unterschied. Nach dem stollenartigen Eingang gelangt man in einen kleinen Raum, der als Vorratskammer dient. Von dort führen zwei mit Decken verhängte Eingänge in den eigentlichen Wohnraum. Die Männer und Gäste

Zu Gast bei Tibetern östlich von Ngawa-Stadt (Aba). Der kombinierte Küchen-Wohn-Schlafraum der viereckigen Lehmhäuser ist ein getreues Abbild vom Inneren des Nomadenzeltes. Im Vordergrund das riesige Neujahrsbüffet, dahinter der gestufte Lehmofen, der den Raum in zwei Hälften unterteilt und darüber die Rauchöffnung. Manche Familienmitglieder tragen mit echten Leopardenfellen besetzte Mäntel.

Nur ein schmaler Lichtstrahl fällt durch die Rauchöffnung ins Innere, gerade so viel, um das Mädchen zu beleuchten, das einen Gebetszylinder in Rotation hält.

nehmen den rechten Durchlaß, für die Frauen und Kinder ist der linke Eingang vorgesehen. Beide führen in einen Raum, den der gemauerte Herd in zwei Hälften trennt. Spätestens hier ist die Übereinstimmung mit dem Nomadenzelt perfekt, sieht man einmal davon ab, daß die Wände aus Lehm statt aus gewobenem Yakhaar sind. Mittelpunkt ist wie im Zelt die offene Feuerstelle, darüber befindet sich die Rauchöffnung, durch die ein schmaler Lichtstrahl hereinfällt. Genau wie beim Zelt befindet sich auch hier vor der Rückwand ein Holzpfahl und unmittelbar dahinter der heilige Platz, der Ort, an dem der Herd- und Hausgeist wohnt. Rußgeschwärzte Truhen und ein beschnitzter Schrank sind die einzigen Möbelstücke darin. Wir trauen unseren Augen nicht, als wir das meterlange Büffet erblicken, das sich über die volle Raumbreite erstreckt und vor dem man uns bittet, Platz zu nehmen. Sofort machen sich zwei Frauen hinter dem Herd zu schaffen. Die eine kümmert sich um das Feuer, während die andere Tee bereitet. Vor uns stehen ganze Türme von Momos, Brot, Teiggebäck und Süßigkeiten, dazwischen Berge von getrocknetem Schaf- und Yakfleisch. Der ganze Neujahrsschmaus der Familie steht vor uns. Wir probieren da und dort, mehr der Höflichkeit wegen, als aus Hunger. Die Familienangehörigen sind unterdessen mit den schönsten Kleidern aufmarschiert und machen sich mit großem Appetit über das Büffet her. Einige von ihnen tragen Mäntel, auf denen ganze Leopardenfelle aufgenäht sind. Zuerst glauben wir noch an Imitationen, aber bei näherem Hinsehen zeigt sich, daß alle echt sind. Die Männer deuten auf die an der Wand hängenden Gewehre. Wenig Hoffnung also für das Überleben der wenigen Exemplare, die es vielleicht hier noch gibt.

Der Weiterweg folgt der breiten Talfurche des Gachu, einem Zustrom des Gelben Flusses. Als nächstes kommen wir zu einem Ort, den der im Jahre 1989 verstorbene Panchen Lama weihte. Er besteht aus einem kleinen Tempel, einem Gebetsmühlenhaus und einem riesigen Feld mit bunten Gebetsfahnen. Bald danach zweigt eine Piste in westlicher Richtung ab. Ihr dürfen wir nicht folgen, denn sie führt direkt nach Ngawa-Stadt (Aba), dem Verwaltungszentrum der Region, und dort wollen wir uns nicht blicken lassen. Deshalb setzen wir den Weg nach Süden fort und erreichen nach wenigen Kilometern Hurama (Hongyuan). Das ist eine Stadt, die so unvermittelt aus der braunen Steppe wächst, daß man geneigt ist, sie für eine Fata Morgana zu halten. Aber leider ist sie real, groteske Wirklichkeit. Man glaubt sich in die Kulisse eines Wildwest-Films versetzt. Über die Hauptstraße treibt der Wind wirbelnde Staubfontänen; Gestalten, denen der Duft von Steppe und Lagerfeuer anhaftet, reiten daher, dazwischen grün uniformierte Soldaten, Mädchen mit wallenden Kleidern und hochhackigen Schuhen, von Menschentrauben umlagerte Billardtische. Nach dem letzten Gebäude hat man wieder die große Leere vor sich, die unendliche Steppe, die das braune Band der Straße durchtrennt.

»Mein Ziel war die ganzheitlich-ökologische Erfassung dieser weithin unerforschten Regionen Tibets in der Synthese von Erde, Pflanze, Tier und Mensch.«

Ernst Schäfer

Wo sind die tibetischen Wälder geblieben?

Bei Longriba verlassen wir die Chengdu-Route und biegen nach Nordwesten ab, folgen noch dem Talrand auf luftiger Höhe, bis uns vollends das Gewirr kahler Grasberge aufnimmt. Auf einem der Hügel steht eine chinesische Funkstation, von Stacheldrahtzaun umgeben, durch Soldaten bewacht. Dann stehen wir am Rande eines tiefen Einbruchs, der wiederum von vielen kleinen Schluchten und Tälern zerrissen ist. Überall zeigen sich die Überbleibsel großflächiger Abholzung. Ganze Hänge sind von Baumstümpfen überzogen, frische Lastwagenspuren führen aus den Schlägerungen zur Straße hinaus. Dort wo der Wald schon vor längerer Zeit gerodet wurde, sind nicht einmal mehr die Baumstümpfe übrig. Da zeigt sich der nackte, ungeschützte Boden: kein Baum, kein Strauch, nur mehr Sand und Felsen als Resultat fortschreitender Erosion. Die Ausdehnung des alten Waldbestandes kann man nur noch erahnen. Einen vagen Anhaltspunkt dazu geben die winzigen Waldfleckchen, die völlig isoliert in Mulden oder auf Hängen stehen. Am 22. August 1986 meldete Radio Lhasa, daß zwischen 1965 und 1985 insgesamt 45,7 Millionen Bäume bei einem Arbeitseinsatz von 3400 Arbeitern hier in der Region Ngawa gefällt worden seien. Die Chinesen bezifferten den Schätzwert des Holzes mit 135 Millionen Yuan (36,5 Millionen Dollar). Die tibetische Exilregierung hat Material gesammelt, das belegt, daß in dem Zeitraum von 30 Jahren, von 1957 bis 1987, das von Tibet nach China transportierte Holz den Gegenwert

»Die irreleitende Vorstellung der meisten Menschen, Tibet sei nur ein ödes, steriles Hochland von unermeßlichen Weiten und grenzenlosen Einöden, haben wir längst Lügen gestraft. In Wirklichkeit ist dieses gewaltigste Hochplateau der Erdoberfläche ein Land der Wunder, der Abwechslungen und Überraschungen, die den einsamen Forscher wieder und immer wieder in seinen magischen Bann zwingt.«

Ernst Schäfer

Nur noch Flecken von Schrebergärtengröße sind von den osttibetischen Wäldern übrig. Die systematische Abholzung wird weiter vorangetrieben, Aufforstungen dagegen sind selten.

»Es kann noch nicht lange her sein, seit das ganze Land mit Wald bedeckt war, aber die Eingeborenen holzen ihn geradezu wütend ab. Viele Berge sind ganz kahl, das Gestein verwittert und droht die Täler zu verschütten. Sturzbäche ergießen sich die riesigen Geröllhalden hinab, waschen die Hänge tief aus und beschleunigen das Zerstörungswerk.«

Alexandra David-Néel

von 54 Milliarden Dollar einbrachte. Wie sagte da ein tibetischer Mönch: »Mit den Schätzen, die sie aus den Klöstern raubten, haben die Chinesen eine goldene Brücke nach Beijing gebaut, mit der Ausbeutung der tibetischen Waldressourcen fügen sie noch eine hölzerne hinzu.«

Allerdings kann diese Brücke schnell wieder einstürzen, und die Plünderung des »westlichen Schatzhauses« (Xizang), wie die Chinesen Tibet nennen, kann zum Bumerang werden. Denn viele der größten Flüsse Chinas haben ihren Ursprung in Tibet. Wenn die Wälder entlang der Flüsse abgeholzt sind, spült der Regen den ungeschützten Boden fort. Solange sich die Flüsse das tibetische Gebirgsland herabstürzen, hält sich der Schlamm schwebend, aber wenn sie die chinesischen Tiefländer erreichen, wo sie langsam und träge dahinfließen, setzt er sich ab – mit katastrophalen Überschwemmungen als Folge. Das sind keine Prophezeiungen, die sich in unbestimmter Zeit einmal erfüllen könnten, sondern das alles ist heute schon Wirklichkeit, aktuelles Geschehen sogar. Denn gerade in diesen Momenten, in denen ich diese Gedanken zu Papier bringe, rattern über die Fernschreiber Meldungen, die besagen, daß die chinesische Provinz Sichuan von den schwersten Überschwemmungen seit Jahrzehnten heimgesucht wird – dabei hat die Regenzeit noch nicht einmal begonnen. Die Bilder, die über die Fernsehschirme flimmern, zeigen in aller Deutlichkeit die Folgen für die Menschen in dieser Region, die zu den am dichtesten besiedelten Chinas zählt.

George Schaller, einer der renommiertesten Zoologen der Welt, den ich nach seinem Tibetaufenthalt in Beijing traf, macht dies deutlich, wenn er in seinem Bericht über die ökologischen Zerstörungen in Tibet resümierend schreibt: »Die Tibeter betrachten ihr Land als die Wurzel Chinas. Es gibt eine alte Wahrsagung, die besagt, daß der

Wohlstand Chinas vom Glück Tibets abhängt. Ich weiß nicht, ob diese Wahrsagung von einem alten Lama gemacht wurde in der ökologischen Einsicht, daß das Glück eines Volkes vom Glück des Bodens und der Pflanzen und der Tiere abhängt. Aber ich weiß, daß diese Wahrsagung befolgt werden muß.«

In vielen Windungen schlängelt sich die Straße durch entwaldetes Hügelland. Dann tauchen wir in ein tief eingekerbtes Tal hinab. Ein winziges Dorf mit weißen Häuserwürfeln klebt hoch oben an der steilen Talwand. Knapp vor Ngawa-Stadt (Aba) zweigt eine Piste ab, der wir in einer gewundenen Talfurche nach Westen zu folgen. Als wir um eine Ecke biegen, stehen wir unvermittelt vor dem Amchok-Tsennyi-Kloster.

Amchok Tsennyi Gompa

Das mächtige Kloster füllt den gesamten Talkessel aus, erweckt den Eindruck, als sei hier die Welt zu Ende, als wäre man endgültig an seinem Ziel angekommen, wo kein Weg mehr weiterführt. Der steile Nordhang des tief eingeschnittenen V-Tales ist bewaldet. Im Talgrund und am Südhang drängen sich die Tempel und weißen Mönchszellen eng aneinander. Unsere Ankunft wird zum denkwürdigen Ereignis. Nichtsahnend folgen wir der Straße, die entlang des Flusses weiterführt. Wir kommen an den ersten Häusern vorbei und stehen plötzlich mehreren hundert Mönchen gegenüber, die sich beim entspannenden Ballspiel vergnügen. Wie auf Kommando drehen alle ihre Köpfe in unsere Richtung, einer läßt einen Schrei los, und schon stürmt die rote Masse auf unser Fahrzeug los. Sofort sind wir von den herandrängenden Mönchen eingeschlossen. Das Fahrzeug, das von Staub nur so strotzt, ist in Sekunden blank poliert. Statt sich darüber zu freuen, sitzen die beiden Chinesen kreidebleich, wie zu Stein erstarrt, da. Unter dem Gedrücke und Geschiebe der neugierigen Lamas gelingt es mir nur mit Mühe, die Fahr-

Amchok Tsennyi Gompa ist an der Zahl der Mönche gemessen gegenwärtig eines der größten Klöster Tibets. Unvergeßliche Szenen spielen sich bei unserer Ankunft ab. In fanatischer Begeisterung drängt die Schar der Mönche heran.

zeugtür zu öffnen, um auszusteigen. Dabei halte ich ein Bild des im Exil lebenden Amchok Rimpotsche in die Runde, so daß es alle sehen können. Aber schon im nächsten Augenblick bereue ich es, denn nun gerät die Mönchsgemeinde erst recht außer Rand und Band. Jeder will das Bild sehen, es berühren, deshalb stürzen alle zugleich auf mich los, daß mir angst und bange wird. Man versucht mich gleichzeitig in alle Richtungen zu zerren. In ärgster Bedrängnis ergreift ein Lama energisch meine Hand und zieht mich aus der Meute heraus. Fast im Laufschritt rennt er mit mir den steilen Berg hoch, gefolgt von einem Schwarm junger Lamas, während die anderen sich sofort wieder dem Fahrzeug zuwenden, in dem die Gefährten sitzen. Er bringt mich geradewegs zur Residenz des Klosterabtes. Hier werde ich freundlich empfangen und in einem geschmackvoll ausgestatteten Raum bewirtet. Auf Anweisung des Abtes läuft der Mönch, der mich hierher brachte, sofort wieder zurück, um auch noch meine Gefährten zu holen. Kurze Zeit später sind wir wieder alle vereint, trinken Tee und essen süße Kekse dazu. Die beiden Chinesen erholen sich wieder langsam, das eben Erlebte war ein Schock für sie. »Die religiösen Gefühle der Tibeter dieser Gegend sind sehr stark«, lautet der einzige Kommentar, den sie dazu abgeben. Man weist uns ein Quartier in einem Gebäude zu, das gleich gegenüber dem Tschogtschen Dukhang steht. Der Klosterverwalter persönlich kümmert sich um unser Wohlergehen, er bestimmt auch einen Lama, der für uns kocht und dafür sorgt, daß das Feuer im Ofen nicht ausgeht. Erst als sich die meisten Mönche in ihre Quartiere zurückgezogen haben und Ruhe eingekehrt ist, wagen wir uns wieder ins Freie. Wir benützen die späten Nach-

Mönche vom Amchok Tsennyi Gompa: »Die religiösen Gefühle sind sehr stark ...«

mittagsstunden für einen ersten Rundgang durch die Klosterstadt. Amchok Tsennyi Gompa gehört heute zu den größten Klöstern Tibets. Achthundert Mönche leben permanent in diesem Heiligtum, zu den großen Festlichkeiten sind es noch viel mehr. 1200 Lamas sollen am Mönlam-Fest des letzten Jahres teilgenommen haben. Ursprünglich bestand hier eine kleine Bön-Kultstätte, die nach der Ausbreitung der Gelbmützen, die auch die Macht über Tibet ausübten, in ein Gelugpa-Kloster umgewandelt wurde. Bei der Grundsteinsetzung des neuen Klosters wurde in der Erde eine Figur des Manjushri gefunden, der auf einem Löwen reitet. Von ihr leitet sich der Name des Klosters her: Pälden Mawai Senge Ling, *der glorreiche, auf dem Löwen reitende Manjushri*. So nennen es die Mönche, während es in der Bevölkerung als Amchok Tsennyi Gompa bekannt ist. Kraft des Bodhisattva der Weisheit stieg das Kloster schnell zu einem Zentrum buddhistischer Gelehrsamkeit auf. Es ist eines der ersten Gelbmützen-Kloster, in dem buddhistische Philosophie studiert werden konnte.

Der gegenwärtige 4. Amchok Rimpotsche verließ im Jahre 1957, erst 13 Jahre alt, Amchok Gompa, um in Ganden zu studieren. Nach der chinesischen Annexion Tibets und der blutigen Niederschlagung des Lhasa-Aufstandes im Jahre 1959 floh er nach Indien, zusammen mit Sangtsang Rimpotsche, der zweiten hohen Inkarnation des Klosters. In den darauffolgenden Jahren wurde Amchok Tsennyi Gompa fast vollständig zerstört. Nur zehn Prozent aller Götterfiguren, Kultgeräte und Thangkas konnten gerettet werden. Ein weiterer großer Teil, darunter die Bücher des Kanjur und Tanjur, wurden im Boden vergraben, aber nach drei Jahren entdeckten die Chinesen das Versteck und vernichteten alles. Da grenzt es schon an ein Wunder, daß ausgerechnet jene zwei Figuren nahezu unversehrt überlebten, die als größte Heiligtümer des Klosters gelten; nämlich die Gründungsreliquie des auf dem Löwen reitenden Manjushri und eine wundertätige Statue von Tschenresi, dem populären Bodhisattva der Barmherzigkeit. Der Wiederaufbau des zerstörten Heiligtums ist noch im Gange. Einige Gebäude stehen erst als Rohbau, Zimmerleute aus Sichuan sind dabei, die notwendigen Holzarbeiten auszuführen. In diesen Tagen aber befindet sich alles in feierlicher Vorfreude auf das bevorstehende Mönlam-Fest, dem Großen Gebet am Ende des tibetischen Neujahr. Ununterbrochen wallen die Pilger heran, sie kommen auf klapprigen Lastwagen der Marke *Befreiung*, die mit weißen Glücksschleifen dekoriert sind. Schon reihen sich die schwarzen Yakhaarzelte entlang der Ufer des Rachu.

Am nächsten Morgen reißt uns der klösterliche Weckruf aus dem Schlaf, den ein Mönch vom Tempeldach in den dämmrigen Himmel stößt. In der benachbarten Klosterküche wird es bald darauf lebendig, und ein paar Schritte weiter, im Tschogtschen Dukhang, versammeln sich die Lamas zur Morgenandacht. Das Ritual hat bereits begonnen, als wir die vom flackernden Schein der Butterlampen

Der 4. Amchok Rimpotsche in seinem indischen Exilort Dharamsala.

Die Gläubigen zählen die rezitierten Mani-Mantras mit den Perlen ihrer Gebetsschnur. Wie die Tibeter versichern, soll jedem, der 100millionenmal das Mantra om mani padme hum *gebetet hat, ein neuer Zahn wachsen, egal wie alt die Person ist, der jedoch nach kurzer Zeit wieder ausfällt. Solche Zähne werden als Reliquien aufbewahrt.*

Kostbarste Reliquie des Klosters ist die wundertätige Statue von Tschenresi, dem Bodhisattva der Barmherzigkeit. Seine Arme haben sich mehrfach bewegt und aus seinem Mund soll Nektar geflossen sein.

erhellte Säulenhalle betreten. Vielstimmig hallt das Rezitativ der Mönche durch den Raum, begleitet von rhythmischem Trommelschlag. Unsere Aufmerksamkeit gilt diesmal weniger dem Kult, als einer Figur, von der wir schon die wunderlichsten Geschichten gehört haben. Die Augen versuchen das Halbdunkel zu durchdringen, bleiben an einer vielarmigen Statue haften, die den Ehrenplatz in der Reihe der hier versammelten Gottheiten einnimmt. Das ist also die wundertätige Statue des Tschenresi (Avalokiteshavara), die vor 200 bis 300 Jahren in ganz Tibet bekannt wurde. Damals geschah es zum erstenmal, daß sich die Arme zu bewegen begannen – vor den Augen zahlreicher Pilger. Tschenresi ist ein Bodhisattva, den jeder Tibeter unzählige Male in seinem Leben anruft. Der Dalai Lama gilt als Inkarnation dieses barmherzigen Wesens. Tschenresi besitzt die Fähigkeit, das Leid der Menschen zu mindern, er wird deshalb mit 1000 Augen und 1000 Armen dargestellt. Sie entstanden, als Tschenresi das Leid der Welt erblickte und vor Schmerz sein Haupt in Stücke zersprang. Buddha Amitabha fügte die Bruchstücke zu elf neuen Köpfen zusammen. Vom Wunsch beseelt, allen lebenden Wesen zu helfen, wuchsen ihm 1000 Arme, in denen sich je ein Auge befindet.

Ein anderes Mal, so wird über diese Statue berichtet, soll sie Nektar

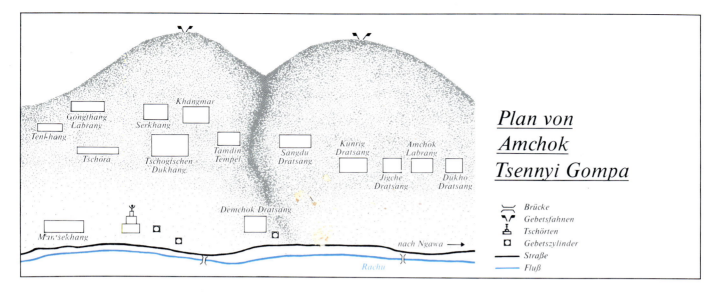

Pälden Mawai Senge Ling, wie die Lamas Amchok Gompa nennen, steht an Stelle eines alten Bön-Heiligtums. Das Bild zeigt den Khangmar-Tempel oberhalb des Tschogtschen Dukhang.

gespendet haben. Das geschah, als der gegenwärtige Labrang Rimpotsche, der hier zum Studium weilte, ihr eine silberne Schale vor den Mund hielt. Der wundertätige Tschenresi ist heute wieder Hauptanziehungspunkt für die Tibeter, die hierher pilgern.

Amchok Tsennyi Gompa ist noch wegen einer anderen Angelegenheit von Bedeutung. Hier wurden erstmals genaue Aufzeichnungen gemacht, die den Exodus der Wälder in diesem Tal dokumentieren. Eine Buchhaltung systematischer Plünderung. Demnach sollen bis zu 100 Lastwagen pro Tag hier Holz abtransportiert haben, bis nichts mehr zu holen war. Wenn man davon ausgeht, daß pro Auto fünf große Stämme geladen wurden, dann sind es 500 Bäume pro Tag, nur in diesem Tal. Als Amchok Rimpotsche im Jahre 1983, nach 22 Jahren, zum erstenmal wieder sein Kloster besuchen durfte, haben ihn von all den Veränderungen und Zerstörungen die kahlgeschlagenen Hänge und Berge am meisten betroffen gemacht. Er hat deshalb im Zuge seiner Belehrungen die Mönche und die tibetische Bevölkerung aufgefordert, Bäume zu pflanzen, wann immer sie eine gute Tat verrichten wollen. Wir hätten uns gerne die Aufforstungen der Tibeter angesehen und das Tal tiefer hinein inspiziert, aber da treten Ereignisse ein, die all unsere Pläne schlagartig zunichte machen.

So jung und schon Pilger. Einer der jüngsten Besucher, die zum Mönlam-Fest auf Pferderücken dahergeritten kommen.

»Alles Hauchen wollte nicht helfen; die Tinte in der Feder gefror schon auf dem Weg von dem Tintenzeug, das ich über meiner Kerze erwärmte, bis zu dem Schreibpapier. Und doch weiß jeder, der in unwirtlichen Gegenden gereist ist, daß, was man nicht gleich am Abend ins reine geschrieben hat, später nur schwer mehr nachzuholen ist, denn neue und immer neue Eindrücke stürmen auf den Reisenden ein. Unter dem Alltäglichen, unter den Sorgen der Verwaltung, unter Kleinigkeiten, die aber am Tag selber doch wichtig sind, wird das Wesentliche, um dessentwillen man reist, nur zu leicht verdeckt und vergessen.«

Albert Tafel

Wir sind gerade dabei, im Bereich des Amchok Labrang zu filmen, da wächst die Schar der Mönche, die uns auf Schritt und Tritt begleiten, plötzlich an. Wie bei unserer Ankunft sind wir von Hunderten Lamas umringt. Eine ganze Prozession folgt uns dichtauf. Da ruft einer in der Menge »Freiheit für Tibet«, andere stimmen sofort ein, und bald schallt es im Chor durch die Klosterstadt, daß die Mauern widerhallen. Wenn das nur gutgeht! Uns beschleicht ein mulmiges Gefühl, und wir flüchten in unser Quartier. Es sind vielleicht knapp zwei Stunden vergangen, die Menschenansammlung hat sich längst aufgelöst, und wir filmen oberhalb des Dschogtschen Dukhang, da raunt Toni uns zu. »Seht her, da kommt ein Polizeiauto!« Tatsächlich, in vollem Tempo und bei eingeschaltetem Rotlicht rast es durch die Klosterstadt, direkt auf das Gebäude zu, in dem wir einquartiert sind. Ich drehe noch eine letzte Einstellung, belichte noch ein paar Fotos, dann steige ich schnell hinunter, während Toni und Robert noch oben bleiben, um die Ausrüstung in Sicherheit zu bringen. Vor dem Eingang zu unserem Quartier empfängt mich eine aufgeregte Mönchsschar, drinnen der finstere Blick des Polizeibeamten, daneben sitzen unsere beiden Chinesen, mit hängenden Köpfen, als wäre schon ein Urteil gesprochen. Der Offizier aus dem Büro für öffentliche Sicherheit in Aba verlangt sofort meinen Reisepaß. Dann fordert er mich auf, meine Kameraden zu holen. Ein paar Minuten später stehen wir alle drei vereint dem Polizisten gegenüber. Er erklärt uns, daß wir uns in einem für Fremde gesperrten Gebiet befänden und daß wir gerne willkommen seien, wenn es einmal geöffnet werde. Jetzt aber müßten wir ihm nach Aba folgen, dort würde entschieden werden, was weiter zu geschehen habe. Außerdem müße er alle Filme konfiszieren, die wir im Amchok Tsennyi Gompa belichtet haben. Das ist schnell geschehen; wir greifen in unsere Taschen und geben ihm welche. Der Klosterverwalter schwirrt pausenlos um uns herum und bietet jedem irgendwelche Speisen an. Allmählich entspannt sich die Situation etwas, nur die beiden Chinesen sind total geschockt und unansprechbar. Toni verläßt den Raum, um die Filmkamera zu zerlegen und im Auto zu verstauen. Robert und ich packen indessen unsere Sachen zusammen, schleppen alles zum Fahrzeug. Die ganze Mönchsgemeinde samt anwesender Pilgerschaft ist ringsum versammelt. Hunderte Augenpaare verfolgen unsere überstürzte Abreise. Wie ein Entlein dem anderen folgen wir brav dem Polizeiauto, biegen ein in die Straße, die nach Norden, nach Ngawa (Aba) führt. Eigentlich sollten wir uns freuen, jetzt noch als Draufgabe Ngawa geboten zu bekommen, wenn nur die Umstände ein wenig günstiger gewesen wären. Kurz vor dem Ziel hat das Polizeiauto noch eine Reifenpanne. Warum konnte das nicht bei der Hinfahrt passieren? Das Rad ist schnell gewechselt, hinunter geht es in die breite Talebene, in der die Stadt liegt.

Die Skyline von Ngawa (Aba) nehmen wir nur am Rande wahr,

unsere Aufmerksamkeit gilt den tibetischen Dörfern mit ihren schloßartigen Bauten. So etwas hatten wir noch nie gesehen. Jedes Haus ist eine richtige kleine Burg, hochstrebend, mit kleinen Zinnen an den Ecken, stolz und unnahbar stehen sie da. Dann die Klöster, von allen Seiten des Talkessels leuchten sie herab. Ngawa ist eine der letzten Hochburgen des Bön-Glaubens, jener vorbuddhistischen Religion, die sich mit der aus Indien kommenden Lehre Buddhas zum Lamaismus vereinigte. Aber unerbittlich geht die Fahrt weiter, schnurstracks ins Polizeihauptquartier. Dort tritt weitere Entspannung in unseren Beziehungen ein, und der Offizier – er ist Tibeter – interessiert sich bald mehr für meine Gzi-Perle, die ich am Hals trage, als für unsere Gesetzesübertretung. Nach einiger Zeit klemmt er sich ans Telefon, nicht um Chengdu zu informieren, wie die beiden Chinesen befürchten, sondern um seinen Vorgesetzten herzubitten. Unser Fahrer putzt schon zum drittenmal das Auto, obwohl es funkelt und glänzt, als käme es gerade aus dem Automobilsalon. Dann trifft der zweite Beamte ein. Ich erkläre, daß es allein unsere Schuld sei und wir die beiden Chinesen überredet haben, nach Amchok Tsennyi Gompa zu fahren, so daß nur wir die Konsequenzen dafür zu tragen hätten. Nach einem längeren Palaver händigen uns die beiden Polizisten die Pässe aus und erklären, daß sie beschlossen hätten, von einer Bestrafung abzusehen, aber wir müßten sofort das sogenannte Autonome Gebiet Aba verlassen. Zu unserer Sicherheit würde uns ein Polizist bis zur Verwaltungsgrenze begleiten.

Wir wissen die Neujahrsamnestie zu schätzen. Sofort wird aufgebrochen, mit dem Aufpasser in unserer Mitte. Zunächst geht es noch ein Stück des Weges zurück, auf dem wir hergekommen waren. Bei Longriba kommen wir auf die Straße nach Chengdu. Das Grasland wurde an vielen Stellen in Brand gesteckt, hoch steigt der Rauch auf und verdunkelt die Sonne. Immer näher treten die zerklüfteten Kham-Berge, durch die mehrere der größten Flüsse Tibets in tiefen Schluchten nach Süden durchbrechen. Die Dunkelheit ist längst hereingebrochen, als wir unser Ziel erreichen, den kleinen Marktflecken Kargal (Shuajingsi). Ab hier können wir wieder frei reisen, sind wir den lästigen Aufpasser los. Nun trennt uns nur noch ein Paß von den wilden Schluchten Khams, die die äußerste Grenze des tibetischen Lebensraumes im Südosten bilden, gewissermaßen den Schlüssel für das Tor zu Hochtibet besitzen.

Dr. Albert Tafel in tibetischer Kleidung unterwegs in Nordosttibet. Er begleitete Wilhelm Filchner als Expeditionsarzt, organisierte aber später eine eigene Forschungsexpedition durch Amdo und Kham, deren Ergebnisse in einem zweibändigen Werk erschienen sind, das im Vergleich zu anderen Tibetklassikern unverständlich wenig gewürdigt wurde.

Kapitel 9

Durch die Schluchten Osttibets

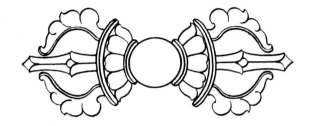

»Wie das Dorf im Dämmerlicht vor uns liegt, muß ich an die Schweiz denken. Eine Landschaft ganz wie in den Alpen, hohe Tannen, Bächlein, die sich durch niedriges Gras und Moos winden, ein paar Bauernhäuser.«

Alexandra David-Néel

Eine Bäuerin aus dem östlichen Kham treibt morgens ihre Schafe auf die Weide. Die Landschaft und auch die Häuser haben verblüffende Ähnlichkeit mit bestimmten Gegenden der Alpen.

Der Donnerkeil (Dorje) symbolisiert die polaren Kräfte, die aus der wesenlosen Mitte ausstrahlen. Als Kultobjekt ist er das polare Gegenstück zur Glocke.

»Jetzt sind wir wieder in dem Land, wo das Räuberhandwerk als ritterliche Übung gilt. Genau wie in Amdo sieht man hier die Feldbestellung als Weiberkram an, als Nebeneinnahme, der Familienunterhalt wird durch männlichere Betätigung erworben.«

Alexandra David-Néel

Kargu (Shuajingsi) liegt in einer finsteren Talenge, in der die Sonne ein höchst flüchtiger Gast bleibt. Die Bevölkerung ist rein chinesisch, und alle scheinen vom Holzreichtum zu leben, der freilich so schnell zerrinnt, wie die gefällten Bäume den Fluß herunterschwimmen. Ein Sägewerk steht neben dem anderen. Früher war Kargu ein wichtiger Markt, ein Umschlagplatz am Rande der Steppe. Hierher kamen die Nomaden, um Wolle, Häute und Salz zu bringen im Austausch gegen Tee, Gerste, Reis und Chinawaren. Von Kargu führt eine Straße nach Westen, eine alte Pilgerroute nach Lhasa, die viele Amdo-Tibeter dem kürzeren, aber ungleich gefährlicheren Weg durch das Golokland vorzogen. Außerdem befindet sich an dieser Route eine im ganzen Land bekannte Wallfahrtsstätte mit dem Namen Chuosijia (Guanyinqiao), wo es eine Tschenresi-Statue gibt, zu der jeder Amdo-Tibeter zumindest einmal im Leben pilgert.

Unser Weg aber führt in Richtung Süden weiter. Wir verlassen das schmale Kargu-Tal und beginnen gleich mit dem Aufstieg zum Tsa La. In unendlich langen Schleifen windet sich die Straße aus dem tief eingeschnittenen Erosionstal heraus. Schon ab 3700 Meter Höhe nimmt die Landschaft wieder einen anderen Charakter an, zeigen sich gerundete Formen und breite Talsohlen, die ganz anderen Ursprungs sind als die durch Erosionsarbeit der Flüsse eingekerbten Schluchten. Der über 4000 Meter hohe Paß ist eine absolute Wetterscheide. An seiner Kammlinie staut sich die feuchte Luft, die aus den Tiefländern Sichuans aufsteigt, in Form einer Riesenschaumrolle greift die Wolkenfront über die Bergbarriere, züngeln einzelne Nebelschwaden in den tiefblauen Himmel hinein, wo sie sich wie Wassertropfen im Meer auflösen. Noch ein letzter Blick zurück über die braunen, geschliffenen Hügelketten, die sich wie Wellenkämme nach Norden hin ausbreiten, dann ist plötzlich alles

Die große Wetterscheide zwischen dem tibetischen Hochland und den Stromschluchten Khams. Durch die Einkerbung des Passes Tsa La zwängen sich die feuchten Luftmassen, die von den Tiefländern Sichuans aufsteigen.

um uns konturlos weiß. Wir sind ins dichte Nebelmeer eingetaucht, das uns erst jenseits des Passes wieder ausspuckt. Nach diesem Blindflug finden wir uns in einem von Fichtenwäldern erfüllten Tal, durch das ein Wildbach mit schauerlichem Getöse donnert, dem wir entlang abschüssiger Hänge talwärts folgen.

Im Tal der Burgen

Aber wie hat sich nun alles verändert! Es scheint, als hätten wir an der Schwelle des Passes das Tor zu einer anderen Kultur durchschritten, zu einer anderen Zeitepoche vor allem. Wir fühlen uns plötzlich ins Mittelalter versetzt, denn überall zeigen sich seltsame

Burgenähnliche Bauernhäuser mit aufgesetzten Satteldächern im Tsaka-Tal. Die Fenster sind mit weißer Farbe umrahmt, und auf den rohen Steinwänden zeigen sich Glückssymbole.

Burgen, die in den Talerweiterungen stehen und von den Hängen herabdrohen. Die Steinbauten sind drei Stockwerke hoch, aber nur an den zwei oberen Etagen zeigen sich Fenster, die eher Schießscharten ähneln. Dafür ist rundherum – wie ein Rahmen – mit Kalkmilch eine monumentale Fensterarchitektur gemalt. Die rohen Wände schmücken weiße Ornamente und Glückszeichen. An den vier Ecken gibt es Zinnen, die den wehrhaften Eindruck, den diese imposanten Bauten machen, noch verstärken. Man mag nicht glauben, daß es nur einfache tibetische Bauernhäuser sind.
Der hintere, meist nördliche Teil des Hauses ist um ein Stockwerk höher. Darauf ruht ein mit Steinen beschwertes Schindeldach. Der aufgesetzte Dachsattel ist jedoch immer nur lose mit dem übrigen Haus verbunden. Darunter befindet sich noch ein dickes, flaches Lehmdach. Bei Gefahr und zu Kriegszeiten konnte das Satteldach einfach abgeworfen werden, und dann war der Bauer Besitzer einer stattlichen Festung. Der Raum unterhalb des Schindeldaches ist

»Über den burgenartigen Häusern wehen allerorten die Gebetsfahnen, denn in Tibet wurde selbst der Wind in den Dienst der Götter gestellt. Er bewegt die mit Gebeten und Zauberformeln bedruckten Fahnen und trägt die Wünsche der Sterblichen zum Himmel empor.«

Ernst Schäfer

Frauen aus dem Tsaka-Tal. Sie tragen braune Wollkleider, die mit feinen Goldstickereien besetzt sind, ärmellose Westen in Blau und Türkis. Alles zeugt von erlesenem Geschmack und sicherem Gefühl für Muster und Farben.

Mädchen aus dem Tsaka-Tal. Die lokale Besonderheit des Schmuckes ist eine Brosche, die jede Frau am Halstuch trägt.

den Göttern geweiht. Dort werden die heiligen Schriften aufbewahrt, die Kultgegenstände gelagert, und hierher kommt auch der Lama, um seine Rituale zu verrichten, wenn besondere Zeremonien anstehen. Das darunter liegende Stockwerk ist der eigentliche Wohnraum der Familie. Dann folgt eine Etage, in der die Vorräte und das Werkzeug gelagert sind, und schließlich, zu ebener Erde, ist der Stall für die Milchkühe und für die Pferde. Das Bauernhaus bildet damit eine in sich geschlossene Welt, es konnte, wenn es notwendig war, auch einen längeren Belagerungszustand überstehen. Selbst Arbeiten wie Getreidedreschen oder die Körner im Wind zu reinigen, konnten auf der großen Terrasse vor dem aufgesetzten Satteldach verrichtet werden.

Die Wehrhaftigkeit der Bauernhöfe war durchaus reale Notwendigkeit. Wenn man die Geschichte dieser Ostregion Khams betrachtet, dann zeigt sich eine ununterbrochene Abfolge kriegerischer Auseinandersetzungen, ein ständiges Werden und Vergehen kleiner Königreiche und Fürstentümer, die sich gegenüber China behaupten mußten, aber auch ihre Unabhängigkeit von der Zentralregierung in Lhasa zu bewahren suchten. Hinzu kam noch der Druck durch

chinesische Kolonisten, die immer weiter die Stromschluchten hinauf vorrückten und Enklaven gründeten.

Die Bewohner der burgähnlichen Häuser unterscheiden sich in Aussehen und Tracht deutlich von den Tibetern der Hochflächen, insbesondere von den Nomaden. Sie haben auffallend runde Gesichter, platte Nasen und breite Lippen. Die Frauen sind ausgesprochen hübsch in ihren langen Röcken aus Schafwolle, die mit feinen goldbestickten Bändern verziert sind. Darüber tragen sie noch ärmellose Westen in kräftigen Türkis- und Blautönen, ebenfalls mit aufgenähten Goldbordüren. Das Haar wird zu Zöpfen geflochten und um den Kopf geschlungen, meistens aber steckt es unter einem farbenprächtig gemusterten Kopftuch, das zusammengefaltet über das Haupt gelegt und von einem Stirnband gehalten wird. Die lokale Besonderheit, was den Schmuck betrifft, ist eine schwere Brosche, die jede Frau am Halstuch befestigt hat. Sie ist in den meisten Fällen aus Silber- oder Goldfiligran gearbeitet und mit einem prächtigen Türkis besetzt. Auch hier zeigt sich der gute Geschmack der Tibeter, das sichere Gefühl für Farben und erlesenen Schmuck. Schon die Mädchen muten wie kleine Prinzessinnen an.

Je weiter wir nun nach Süden kommen, desto seltener werden diese eindrucksvollen Bauernhäuser, statt dessen finden sich immer häufiger chinesische Siedler. Der enorme Bevölkerungsdruck, aber auch politisches Kalkül treibt die Ärmsten Sichuans immer tiefer in den tibetischen Lebensraum hinein. Sie ringen den winzigen Talerweiterungen und Terrassen ihre Existenz ab, leben in Buden, die im Vergleich zu den alteingesessenen Tibeterhäusern einen armseligen Eindruck machen. Viele von ihnen arbeiten auch für staatliche Projekte, für die Holzwirtschaft vor allem. Holzwirtschaft ist aber ein etwas irreführender Begriff für das, was hier geschieht. Denn in Wirklichkeit ist es nur ein einseitiges Nehmen, ein Zugreifen im Selbstbedienungsladen Natur. Ganze Hänge bestehen nur noch aus abgeschlagenen Baumstümpfen, tiefe Furchen zeigen sich, Rutschbahnen, in denen die Stämme zu Tal bugsiert wurden. Seilwinden überspannen den Fluß, und überall stehen kleine Sägemühlen. Das Holz wird hier nur so weit zugeschnitten, daß es auf Lastwagen abtransportiert werden kann. »Früher fuhren die Lastautos mit Soldaten nach Tibet hinein, jetzt kommen sie mit Baumstämmen zurück«, sagen die Tibeter. Was hier vernichtet wird, ist so viel mehr, als nackte Statistiken dokumentieren. Mit den Wäldern verschwinden die Wildtiere; die Wälder beherbergen eine Vielzahl von Heilpflanzen und Kräutern, von denen die traditionelle tibetische Heilkunde abhängig ist; vom Wald hängt es letztendlich ab, ob diese steilen Schluchten für den Menschen auch noch in Zukunft bewohnbar sein werden. Aufforstungen sind zwar mancherorts zu sehen, aber sie stehen in keinem Verhältnis zur Abholzung, gleichen ökologischen Feigenblättern, die das Ausmaß der Zerstörung eher noch betonen. Flächenmäßig größere Schutzzonen gibt es kaum,

»Nach meinen Erfahrungen ist die Provinz Kham die interessanteste Gegend in Tibet.«
Alexandra David-Néel

»Zu beiden Seiten des spitz eingeschnittenen Erosionstales stiegen die Berge, die Felsen und Wälder als gewaltig wuchtige Mauern empor, als wollten sie oben am Himmel über mir zusammenschlagen. Dann und wann brachten kleine Talerweiterungen, eine Siedlung und kleine Ackeranlagen etwas Abwechslung. Einige Dörfer zeigten zahlreiche ›tiao‹, Steintürme, die aus den langen Kriegszeiten der Alteingesessenen mit den Chinesen stammten.«
Albert Tafel

meines Wissens nur zwei. Einmal das mit internationaler Unterstützung eingerichtete Panda-Reservat Wolong und ein Gebiet, das die Chinesen Jiuzhaigou nennen.

Jiuzhaigou

Hinter diesem Namen verbirgt sich eine Art Freilichtmuseum für Natur, mit kleinen Seen, Wasserfällen, bizarren Bergformationen, kurzum all das, was es in China nur noch auf alten Landschaftsbildern zu sehen gibt. Der Wald ist geschützt, die Tibeter darin ebenfalls. Sie werden als lebendes Inventar betrachtet und von den Touristen so bestaunt, wie die drolligen Pandabären weiter westlich. Der Weg dorthin führt entlang der wilden Schlucht des Minjiang aufwärts. Bis knapp vor Nanping, einer chinesischen Stadt, wird der Fluß zum Holztransport benutzt. Sein Wasser liefert die Stämme frei Haus – fast vor die Tore von Chengdu. Die Ufer sind gesäumt von gestrandeten Hölzern, die einfach liegenbleiben, bis das nächste Hochwasser sie wieder fortreißt. An den exponiertesten Stellen hat man kleine Dämme und Barrikaden aus Holz errichtet, die verhindern, daß die Stämme herausgeschleudert werden.

Jiuzhaigou liegt südöstlich von Nanping und ist eine Landschaft, die große Ähnlichkeit mit Regionen der europäischen Alpen aufweist. Bewaldete steile Hänge, die in zerklüftete Felsformationen übergehen. Die Waldgrenze freilich liegt viel höher als in den Alpen. Bis auf 3800 Meter hinauf findet man noch Fichten, Tannen und andere Koniferen. In den Talsohlen wächst Gerste, und an die aufsteigen-

Inmitten der Dörfer gibt es einen Platz, an dem das Getreide getrocknet und gedroschen wird. Danach wird mit Hilfe des Windes die Spreu von den Körnern getrennt.

Bauernhäuser in Jiuzhaigou, umgeben von schützenden Gebetsfahnen. Die Architektur der Häuser, aber auch die Landschaft, die sie umgibt, erinnert an Bergdörfer in den Alpen.

den Hänge drücken sich kleine tibetische Bauerndörfer. Auch sie gleichen verblüffend alpenländischen Bergdörfern. Die Häuser sind aus Holz, einstöckig, mit herabgezogenen Schindeldächern, die mit Steinen beschwert sind. Das Erdgeschoß dient wiederum als Stall und Speicher. Darüber liegt der Wohnbereich der Familie, nicht mehr als ein einziger Raum, der als Küche, Wohn- und Schlafzimmer genutzt wird. Mittelpunkt ist der Herd; ein Loch im Dach ist die Rauchöffnung, durch die etwas Licht ins Innere fällt. An den holzgetäfelten Wänden stehen bemalte Schränke und Truhen. Der Platz, an dem die Schutzgeister des Hauses und die vielen Gottheiten verehrt werden, fehlt ebensowenig wie der Mast mit den Gebetsfahnen. In der Mitte des Dorfes befindet sich ein großer Platz mit hölzernen Gerüsten. Hier wird die eingebrachte Gerste getrocknet und gedroschen. Im Sommer ziehen die Männer mit den Tieren auf höher gelegenes Grasland hinauf und leben in Zelten, während die Frauen mit den Kleinkindern im Dorf zurückbleiben, um die Felder zu bestellen. Den ganzen Tag über sieht man sie auf den Gerstenfeldern arbeiten, umgeben vom Glockengeklingel sich drehender Gebetszylinder, die von der Wasserkraft eines vorbeifließenden Baches in Bewegung gehalten werden.

»Die Mühlen im Grunde der Schluchten, die Fichtenhochwälder, die Felsklippen, die Wiesen und Weiden riefen das Bild friedlicher Schweizer Alpenlandschaften hervor.«

Albert Tafel

Die Türme von Nyarong

Solche alpenländisch anmutende Dörfer finden sich nur in einem sehr beschränkten Areal, hier im äußersten Osten des tibetischen Lebensraumes. In den Stromschluchten westlich davon dominieren

Steinerner Wehrturm im Nyarong. Die höchsten Türme waren dreißig Meter hoch, wurden mit hölzernen Leitern erklettert, und konnten von wenigen Männern verteidigt werden.

»Zuerst sahen wir im Nordwesten nur eine Wolkenmasse. Doch nach einer Stunde des Wartens senkte sie sich, und über der grauen Schicht erschien für einige Minuten blendend weiß, wie eine Vision, eine unbeschreibliche Zacke von der Form eines schwimmenden Eisbergs. Das war unzweifelhaft Gang-ka, der Sagenberg.«

Arnold Heim

Alexandra David-Néel mit Horba-Kriegern. Das Bild wurd eim Jahre 1921 in Kanze aufgenommen, dem Zentrum eines der fünf Horba-Königreiche.

die festungsartigen Steinhäuser. Dieser wehrhafte Typus tibetischer Architektur erfährt noch eine Steigerung im Nyarong. Hier erheben sich neben den Burgen zusätzlich schlanke, sich nach oben hin verjüngende Türme. Die höchsten von ihnen sind bis zu dreißig Meter hoch und sehen wie Rauchfänge aus. Sie sind aus Feldsteinen mit Lehm als Bindemittel erbaut. Man konnte sie mittels hölzerner Leitern ersteigen; die Spitze bildet eine Plattform, auf der eine kleine Schar Scharfschützen Platz hatte, die jedem Angreifer große Verluste beibrachten. Heute sind allerdings nur mehr sehr wenige Türme erhalten, die meisten wurden während der vielen Kriege der Alteingesessenen mit den Chinesen zerstört. Welchen Respekt diese Türme und ihre kühnen Verteidiger den Chinesen einflößten, geht aus den kaiserlichen Chroniken hervor. Da wurde um die Mitte des 18. Jahrhunderts eine ganze chinesische Armee mit 20000 Soldaten aufgerieben. Danach rückte die Elite mandschurischer Soldaten an, denen es erst nach langen verlustreichen Kämpfen gelang, die meisten Türme zu erobern. Jeder einzelne Steinturm – es sollen über 400 gewesen sein – mußte belagert werden. Die Tibeter sollen es verstanden haben, in kürzester Zeit, oft mitten im feindlichen Feuer, einen neuen Turm hochzuziehen. Die letzten noch erhaltenen Türme stehen als stumme Zeugen in der Landschaft, steinerne Symbole einstiger Freiheit und Unabhängigkeit.

Südlich von Nyarong liegt Dartsedo, die Stadt am Zusammenfluß von Dar und Tse. Bekannt ist der Ort als Tatsienlu, der chinesischen Verballhornung des tibetischen Namens. Dartsedo oder Kangding, wie es heute heißt, erstreckt sich in einem engen Talkessel, ringsum von steilen Bergmassiven umgeben. Heute ist die Stadt in die Bedeutungslosigkeit abgesunken, und wenn man das langweilige Leben dort sieht, dann würde man nie auf die Idee kommen, daß Dartsedo einer der wichtigsten und größten Handelsplätze Tibets war. In den Lagerhallen des Marktes stapelten sich einst Unmengen an Tee, den Kulis unausgesetzt anschleppten. Er wurde dort zu Ziegeln gepreßt, zu Yaklasten verpackt und von den Karawanen, die tagein, tagaus dort verkehrten, bis in die entlegensten Winkel Tibets transportiert. Denn Dartsedo galt als Tor zu Tibet, von keinem anderen Platz boten sich günstigere Bedingungen für die Ersteigung des tibetischen Hochlandes. Damit war der Ort zwangsläufig auch von großer strategischer Bedeutung und wurde zum Brückenkopf Chinas. Zuerst kamen die chinesischen Kolonisten, dann rückten Soldaten und Verwaltungsbeamte nach. Schon lange vor 1950 hatte der lokale tibetische Herrscher nicht mehr viel zu melden, obwohl ihn die tibetische Bevölkerung weiterhin respektierte. Im Laufe der Zeit errichteten die Chinesen Stützpunkte entlang der wichtigen Karawanenstraße nach Lhasa. Die tibetische Regierung und der Dalai Lama mußten sich die Anwesenheit chinesischer Vertreter in Lhasa gefallen lassen, die es geschickt verstanden, durch Intrige und Diplomatie wichtige Entscheidungen am Hof zu beeinflussen.

Dartsedo war aber auch der Ort, von dem aus viele der großen Forschungsreisenden dieses Jahrhunderts nach Hochtibet hineinzogen – Joseph Rock, Alexandra David-Néel, William Rockhill, Albert Tafel, um nur einige zu nennen. Die meisten von ihnen hielten sich hier auf, ohne etwas von dem gewaltigen Gebirge wahrzunehmen, das sich südlich von Dartsedo zu atemberaubender Höhe emporschwingt. Viele Monate im Jahr von Nebel und Wolken umhüllt, steht dort ein Gebirge, das alle anderen außerhalb des Himalaya oder Karakorum überragt. Der höchste Gipfel ist der Minya Konka, 7556 Meter hoch, ein Berg von sagenhafter Form und einsamer Größe. Auch zu den »Großen kalten Bergen«, wie die Einheimischen den Minya Konka und seine Trabanten nennen, ist Dartsedo das Eingangstor.

Der 7556 m hohe Minya Konka ist der höchste Berg Ost-Tibets. Er wurde von den beiden Amerikanern Richard Burdsall und Terris Moore im Jahre 1932 erstmals erstiegen.

Ü-Tsang

Vorhergehende Bildseiten (214–219):

Es gibt keinen Berg auf dieser Erde, der sich mit dem Kailas messen könnte, weder in seiner Form, noch in seiner geo-historischen Position, geschweige denn in seiner Bedeutung. »Wer ihn sieht, dessen Sünden werden ausgelöscht, wie der Tau in der Morgensonne«, heißt es in den alten Schriften. Seine makellose Eispyramide scheint dem Irdischen enthoben, wie auf Wolken zu schweben, die ihn in einer Aura erscheinen lassen.

Ein Bild perfekter Einheit von Natur, Mensch und Kosmos. Aus grüner Gerste reckt sich ein wuchtiger Zeugenfels. An seiner Basis ruht das Dorf Shekar mit weißgekalkten Häuserwürfeln, von halber Höhe blickt das Kloster Shekar Tschöde herab, und aus der Spitze ragen die Reste der alten Festung Shekar Dzong in den blauen Himmel.

Das Fest Dorje Zhönnu, die Bezähmung der Erde, findet alljährlich in Samye statt, dem ältesten Kloster Tibets. Dabei bildet das Tscham, eine Art Mysterienspiel, den Höhepunkt. Es dient nicht bloß der Unterhaltung, sondern ist Religions- und Geschichtsunterricht in lebendiger Form. Den Gläubigen werden die buddhistischen Wesenheiten in ihren verschiedenen Manifestationen nahegebracht und auch historische Begebenheiten, wie zum Beispiel der Sieg des Buddhismus über die alte Bön-Religion.

Bildseite rechts:

Ein Bild wie geschaffen, um als Symbol für die gegenwärtige Situation Tibets zu dienen. Der dunkle Gewitterhimmel steht für die chinesische Unterdrückung, während der goldene Lichtstrahl, der den Potala trifft, die Hoffnung der Tibeter auf Freiheit und ihren ungebrochenen Glauben widerspiegelt.

Kapitel 10

Lhasa und Umgebung

»Da wächst sonnenfunkelnd auf hochwuchtendem Zeugenfels das Wahrzeichen Lhasas, der Potala, der wunderbare, der goldstrahlende Palast der Gottkönige von Tibet, aus blaudunstverschleierter Ebene hervor! Alle steinerne Monumentalität scheint zu versinken. Der Potala ist atemberaubende, ist fehlerlose gesteigerte Idee. Hier hat sich Menschengeist auf dem Hintergrund der wilden Berge in kosmische Urkräfte eingereiht, in wunderbarer, farbiger, tausendfach mysteriöser Verknüpfung.«

Ernst Schäfer

Die Ritualglocke. Weibliches Gegenstück zum Donnerkeil in der Polaritätssymbolik. Die Glocke erinnert wie ihr rasch verhallender Klang an die Vergänglichkeit.

Vorhergehende Bildseiten (220/221):

Auf den windgepeitschten Pässen Tibets stehen Lhatses, Stangen mit Gebetsfahnen daran, die dem Wanderer freudig entgegenflattern. Denn in Tibet steht selbst der Wind im Dienst der Religion: Er trägt die aufgedruckten Gebete den Göttern zu. »Lha gyä lo«, »die Götter mögen siegen«, schallt es aus den Kehlen, »Lha gyä lo«, hallt der mächtige Ruf von den Bergwänden zurück. Während von verbranntem Reisig den Göttern wohlgefälliger Duft aufsteigt, umwandeln die Tibeter das Fahnenbündel wie eine Antenne zum Kosmos, die ihnen Kontakt zu einer anderen Ebene vermittelt.

Lhasa, die Hauptstadt von Tibet, liegt in der Provinz Ü. Für die Chinesen ist sie die Verwaltungshauptstadt der von ihnen geschaffenen »Autonomen Region Xizang« (westliches Schatzhaus). Diese entspricht etwa dem Territorium der alten tibetischen Regionen Ü-Tsang und West-Kham. Amdo und Ost-Kham wurden einfach abgetrennt und anderen chinesischen Provinzen zugeschlagen, so daß »Xizang« lediglich den kleineren Teil des alten Tibet darstellt. In diesem künstlich geschaffenen »offiziellen« Tibet leben rund 2 Millionen Tibeter, denen 1,7 Millionen zugesiedelte Chinesen gegenüberstehen. Dazu kommen noch 300000 chinesische Soldaten, die stationiert wurden, um die Tibeter in Schach zu halten. Mit anderen Worten: Auf sechs Tibeter – Greise, Frauen und Kinder inbegriffen – kommt ein chinesischer Soldat. Das ist die Situation in Ü-Tsang. Dort halten sich die Bevölkerungszahlen momentan die Waage, aber es ist abzusehen, daß die Tibeter hier bald Minderheit sein werden. In Amdo und Kham ist das schon längst der Fall. Diese beiden tibetischen Regionen wurden dicht besiedelten chinesischen Provinzen einverleibt. Das betrifft vor allem Kham, das zu Sichuan und Yunnan gehört, wo die Tibeter gegenüber den Chinesen einen verschwindend kleinen Bevölkerungsanteil repräsentieren. In Qinghai, das aus Amdo gebildet wurde, steht das Verhältnis 4:1 zu Gunsten der Chinesen. Die Stadt Lhasa, kulturelles und politisches Zentrum des einst freien Tibet, macht da keine Ausnahme, es reiht sich nahtlos ein in das Bild chinesischer Überfremdung. Gegenwärtig hat die Stadt 150000 Einwohner, davon sind zwei Drittel Chinesen: Siedler und Vertreter der chinesischen Besatzungsmacht – Soldaten, Sicherheitskräfte, Verwaltungsbeamte.

Terror in der heiligen Stadt

»Tibet ist das größte Land, das nach 1945 seine Souveränität verloren hat«, schrieb Franz Alt. Jahrzehntelang waren die Tibeter den chinesischen Repressionen ausgesetzt, ohne daß die Welt davon Notiz nahm. Tibet war hermetisch abgeriegelt und nur von Flüchtlingen, die unter Lebensgefahr über die Himalayagrenze entkamen, drangen Berichte chinesischer Greueltaten nach draußen. Anfang der achtziger Jahre begann auch in Tibet Chinas Politik der Öffnung; die Auswüchse der Kulturrevolution wurden korrigiert, Mittel zum Wiederaufbau zerstörter Klöster bereitgestellt und vermeintliche Fehler ausgemerzt, die dazu führten, daß die Tibeter einen meßbar niedrigeren Lebensstandard als die zugesiedelte Han-Bevölkerung aufweisen. Aber es zeigte sich sehr bald, daß die Machthaber in Beijing nicht bereit waren, in der Frage des Selbstbestimmungsrechtes der Tibeter ihre Haltung zu ändern.

Als die Tibeter begannen, dieses lautstark einzufordern, kam es zu blutiger Unterdrückung und Repression. So geschehen im September und Oktober 1987. Da protestierten die Tibeter gegen die Hinrichtung von zwei Gefangenen. Nach der Verhaftung von Mönchen stürmte die aufgebrachte Bevölkerung die Polizeistation am Barkhor. Fazit: 19 tote und 100 verletzte Tibeter. Das alles geschah vor den Augen zahlreicher westlicher Beobachter.

Im Dezember 1988 wollten die Tibeter den Jahrestag der Unterzeichnung der Allgemeinen Menschenrechtserklärung feiern. Schwerbewaffnete chinesische Soldaten eröffneten auf eine Gruppe von Mönchen und Nonnen, die mit der verbotenen tibetischen Flagge zum Barkhor zogen, ohne Vorwarnung das Feuer und schossen daraufhin direkt in die versammelte Menge. Es gab mehrere Dutzend Tote, die genaue Zahl wird wohl nie ermittelbar sein. Danach hieß es von amtlicher Seite, daß die Polizei lediglich »Warnschüsse« abgegeben hätte, die Verletzungen seien »unerklärlich«. Wahrscheinlich wurden für die »Warnschüsse« auch nur Platzpatronen verwendet, und die Kugel, die eine holländische Augenzeugin traf, war bloße Einbildung.

Ein Vierteljahr später kam es zum vorläufigen Höhepunkt offener Gewalt in Lhasa. 450 Tibeter starben unter dem Kugelhagel chinesischer Soldaten in den Tagen um den 10. März, dem 30. Jahrestag des Volksaufstandes von Lhasa. Alle Ausländer wurden ausgewiesen und über die Stadt das Kriegsrecht verhängt. Der chinesische Journalist Tang Daxian, der im offiziellen Auftrag in Lhasa weilte und Einblicke in Polizeiakten hatte, enthüllte, daß das Blutbad von chinesischen Polizisten, die als Mönche verkleidet waren, provoziert wurde. Mit welcher Brutalität dabei vorgegangen wird, konnte jeder sehen, als nur wenige Monate später das menschenverachtende Regime friedlich demonstrierende Studenten, mitten in Beijing, mit Panzern niederwalzen ließ. Schuld daran sind natürlich immer die anderen: In Beijing waren es »ausländische Mächte«, die die Unruhen schürten; in Lhasa waren es ein paar »Separatisten« aus der »Dalai-Lama-Clique«. Ganz Tibet ist aber eine einzige Dalai-Lama-Clique, denn 90 Prozent der tibetischen Bevölkerung erkennen den Dalai Lama als ihr Oberhaupt an und wünschen seine Rückkehr. Niemand denkt dabei daran, das vergangene Feudalsystem wieder einzuführen, das bestimmt kein Paradies auf Erden war, sondern in der Tibet-Frage geht es um das Selbstbestimmungsrecht eines ganzen Volkes und die Sicherung der elementaren Menschenrechte, die ihm vorenthalten werden.

Erst am 1. Mai 1990 wurde das Kriegsrecht über Lhasa aufgehoben. So lange brauchte die Polizei, um ohne lästige ausländische Zeugen die »Ruhe« wiederherzustellen. Viele Tibeter, die bei der Demonstration gefilmt oder fotografiert wurden, hat man verhaftet und eingesperrt. Nach chinesischen Gesetzen dürfen Personen zur »Umerziehung durch Arbeit« ohne Anklageerhebung und Gerichts-

Lhasa ist eine Stadt im Belagerungszustand. Chinesische Schützenpanzer rollen über die Straße zu Füßen des Potala, bereit, jeden Ruf der Tibeter nach Freiheit mit Gewalt zum Verstummen zu bringen.

Lhasa im Jahr 1924 nach einer Fotografie von Alexandra David-Néel. Am linken Rand ist die berühmte Medizinschule auf dem Tschagpori zu erkennen, in der Mitte die goldenen Dächer des Dschokhang und rechts der Potala.

Die historische Altstadt von Lhasa wird immer mehr durch Neubauten im billigen Mietskasernenstil zerstört. Aus der Masse uniformer Betonklötze leuchtet nur noch der Potala mit seinen goldenen Dächern heraus.

verhandlung bis zu vier Monaten inhaftiert werden. Die Gefangenen sind häufig Mißhandlungen und Folter ausgesetzt. Amnesty International hat mehrmals auf die Menschenrechtsverletzungen hingewiesen und Namen von Gefangenen in Erfahrung gebracht, die wegen ihres gewaltfreien Eintretens für die Unabhängigkeit Tibets eingesperrt wurden.

So präsentiert sich Lhasa als eine Stadt im Belagerungszustand. Die Klöster, insbesondere Sera und Drepung, die Keimzellen des Widerstandes, werden streng kontrolliert und den langsam wieder auftauchenden Touristen als Museen präsentiert. Nach wie vor begegnen einem freundliche Tibeter, gibt es lachende Gesichter, aber hinter der Fassade verbirgt sich oft nackte Angst vor Bespitzelung und die Ohnmacht gegenüber einer hysterischen Zensur. Dessen sollte man sich bewußt sein, wenn man die großen Kulturstätten in und um Lhasa besucht.

Der Dschokhang

Schauplatz der eben geschilderten traurigen Ereignisse ist der Barkhor, das Herzstück der Stadt, der letzte noch verbliebene Rest von Alt-Lhasa. In seinem Mittelpunkt steht der Dschokhang, das bedeutendste Heiligtum Tibets, das Ziel der Pilger, die aus allen Landesteilen hier zusammenströmen. Er wurde im siebten Jahrhundert unter der Regierungszeit von König Songtsen Gampo erbaut, wohl auf Bestreben seiner beiden Gattinnen, der nepalesischen Prinzessin Trisun (Bhrikuti) und Wencheng, der Tochter des Tang-Kaisers Taizong. Beide waren gläubige Buddhisten, und beide brachten als Mitgift eine Statue mit nach Tibet. Trisun vererbte den Tibetern eine Figur des Buddha Akshobhya, die heute im Ramotsche-Tempel steht, von der chinesischen Königin Wencheng stammt der Dschowo, ein Buddha Shakyamuni, das am höchsten verehrte

Bildnis des Schneelandes. Diese Figur bildet heute den Mittelpunkt des Dschokhang, sie nimmt die zentrale Kapelle darin ein. Songtsen Gampo war auch der erste tibetische Herrscher, der einen Palast auf dem Hügel errichten ließ, wo heute der Potala steht. Und er legte den Grundstein für die Verbreitung des Buddhismus in Tibet, indem er seinen Minister beauftragte, eine tibetische Schrift zu entwickeln, die es ermöglichte, die buddhistische Lehre in die eigene Sprache zu übersetzen.

Nach mythologischer Überlieferung soll der Dschokhang auf einem trockengelegten See stehen. Die Trockenlegung des Sees und die Überwindung der darin wohnenden Naturgeister scheint die größte Hürde bei der Errichtung des Tempels gewesen zu sein. Die Lamas des Dschokhang sind davon überzeugt, daß sich nach wie vor ein mächtiger Wasserdämon samt seiner Gefolgschaft darunter aufhält. Ihnen ist eine Kapelle geweiht – heute geschlossen –, von der aus man einen Zugang zu einem letzten Rest des Sees haben soll und wo früher einmal im Jahr Opfergaben ins Wasser geworfen wurden, um die eingeschlossenen Dämonen zu besänftigen.

Wenn man heute vor dem Dschokhang steht, ist seine ursprüngliche, in der Zeit Songtsen Gampos entstandene Form nicht mehr zu erkennen, so stark hat sich die »Kathedrale von Lhasa« durch An- und Zubauten verändert. Der Tempel ist den Gläubigen nur vormittags zugänglich, aber davon unabhängig drängen sich ständig die Pilger vor dem Portal mit den rot bemalten Säulen, um auf dem blankgewetzten Bretterboden ihre Niederwerfungen zu verrichten. Ein dunkler Korridor führt in die Haupthalle hinein; vorbei an bedrohlich aussehenden Wächter- und Schutzgottheiten gelangt man in das Allerheiligste. Nach Betreten des Innenraumes steht man drei monumentalen Figuren gegenüber. Ein tausendarmiger Tschenresi (Avalokiteshvara), flankiert von Padamasambhava und dem Buddha Maitreya. Die Figuren thronen über einem Meer von brennenden Butterlampen, die von den Mönchen ständig nachgefüllt werden. Als Brennmaterial dient Yak-Butter, Spenden der Pilger an das Heiligtum. Die nie unterbrochene Schlange der Gläubigen windet sich Mantras murmelnd im Uhrzeigersinn durch die spärlich beleuchtete Halle, entlang kleiner Kapellen und Nischen bis hin zum Dschowo, der den Ehrenplatz inmitten der Gottheiten einnimmt. Eine geballte Konzentration von Gestalten des lamaistischen Pantheon tritt dem Besucher gegenüber. Mehr als 200 figürliche Darstellungen soll der Dschokhang beherbergen. Wie viele davon den Verwüstungen der Kulturrevolution zum Opfer gefallen sind, neu restauriert oder durch Kopien ersetzt wurden, entzieht sich meiner Kenntnis. Es ist auch nicht Zweck dieses Buches, eine Bestandsaufnahme der Kulturschätze Tibets zu liefern, die man heute dort besichtigen kann. Das ist auch längst geschehen. Wer mehr über die Klöster in Ü-Tsang wissen will, dem empfehle ich den Tibet-Führer von Stephan Batchelor.

»Diese Gestalten, die einen friedfertig, die anderen voll Schrecken, scheinen vor den Blicken des Besuchers lebendig zu werden, sie drängen sich ins Unterbewußtsein und geistern noch durch die Träume. Man könnte glauben, die Maler hätten auf zauberhafte Weise lebendige Kräfte beschworen und sie in ihr Werk gebannt.«

Giuseppe Tucci

Gesellschaftsdame aus Lhasa in traditioneller Festtracht.

Beim Aufgang zum Obergeschoß liegt die Kapelle von Palden Lhamo, der respekteinflößenden Schutzgöttin Tibets. Sie tritt dem Besucher in ihrer zornvollen Erscheinung gegenüber, mit einer Krone aus Totenschädeln und das Schwert schwingend. Von dort aus kann man direkt das Dach erreichen, vorausgesetzt, die Mönche geben die Erlaubnis dazu. Dort befinden sich nämlich die Wohnräume der Mönche; an der Stirnseite stehen zwei vergoldete zylinderförmige Siegeszeichen, dazwischen das Rad der Lehre, flankiert von zwei Gazellen. Vom Dach zeigen sich aber auch in aller Deutlichkeit die baulichen Veränderungen, die Lhasa in jüngster Zeit erfahren hat. Da ist der neugestaltete Platz mit den pseudotibetischen Häusern und kitschigen Laternen, der vor dem Dschokhang geschaffen wurde. Er entstand im Jahre 1985 und ist ein »Geschenk« Chinas an die Tibeter zum 20. Geburtstag der »Autonomen Region Xizang«. Damit verschwand ein weiterer Teil der letzten noch genuin gebliebenen Altstadt, die ohnehin nur mehr zwei Prozent von Lhasa einnimmt. Durch weitere solcher »Geschenke« soll auch noch dieser letzte Rest eliminiert werden. Die zweifellos sanierungsbedürftigen alten Adelshäuser werden durch standardisierte Neubauten ersetzt, die in aller Eile und mit großen baulichen Mängeln hochgezogen werden. Die Altstadt mit ihren engen, verwinkelten Gassen ist den Chinesen allein schon deshalb ein Dorn im Auge, weil sie wegen ihrer Unübersichtlichkeit und Unkontrollierbarkeit ein Sicherheitsrisiko darstellt.

Vom Dach des Dschokhang bietet sich auch ein phantastischer Blick auf den Potala, der sich zum Greifen nahe über die zu seinen Füßen liegende Neustadt erhebt. Ihm gegenüber steht der Tschakpori, ein roter spitzer Felshügel, auf dem einst die berühmte Medizinschule stand. Heute reckt sich dort ein riesiger Funkmast empor, dessen Basis die tibetischen Pilger inzwischen mit seidenen Schleifen geschmückt haben. Ganze Seilstränge mit wehenden Gebetsfahnen ziehen sich über die breite Einfallstraße zum Fuße des Potala hinüber. Die Residenz der Dalai Lamas ist eines der eindrucksvollsten Bauwerke der Menschheit. Gewiß gibt es auf Erden prunkvollere, in der Architektur raffiniertere Paläste, aber das Grandiose am Potala ist die perfekte Harmonie von Natur und Architektur. Er scheint aus dem Felshügel – dem Marpori – förmlich herauszuwachsen, und seine weißgetünchten Gebäude krönen den Felssockel wie die Gletscher den heiligen Berg Kailas. Gleich einem Berg, den man kennenlernen will, muß man auch den Potala von allen Seiten und zu unterschiedlichen Tageszeiten gesehen haben, um ihn richtig erfassen zu können. Aus der Ferne erscheint er als Komplex ineinander verschachtelter weißer Gebäude mit einem rostroten Zentrum, das von goldenen Dächern gekrönt wird. Im Inneren steht man einem wahren Labyrinth von Gängen, Räumen, Kapellen gegenüber, die sich von Stockwerk zu Stockwerk ziehen. Der zentrale Trakt des Potala ist der sogenannte Rote Palast, der aus der Masse der umgebenden weißen Gebäude herausragt. Hier leb-

Der Dschokhang im Herzen von Lhasa ist das zentrale Heiligtum Tibets. Er ist das Ziel der Pilger, die aus allen Teilen des Landes hier zusammenströmen, um ihn zu umkreisen und dann in langen Schlangen an den Figuren der Gottheiten vorbeizuziehen, die hier in geballter Konzentration versammelt sind.

ten und arbeiteten die Dalai Lamas. Das quadratische Bauwerk wurde zwölf Jahre nach dem Tod des Fünften Dalai Lama, im Jahre 1694, fertiggestellt. In ihm befinden sich die letzten Ruhestätten der Gottkönige, vom Fünften bis zum Dreizehnten Dalai Lama, mit Ausnahme des Sechsten. Die mittels komplizierter Verfahren konservierten sterblichen Hüllen ruhen in riesigen Tschörten, mit Goldplatten und kostbaren Juwelen geschmückten Schreinen. Allein der zwanzig Meter hohe Grabtschörten des Fünften Dalai Lama, der durch drei Stockwerke ragt, ist mit 3700 Kilogramm Gold bedeckt. Im Dachgeschoß befinden sich die Empfangsräume und privaten Gemächer des heute im indischen Exil lebenden Vierzehnten Dalai Lama. Der Potala wirkt verwaist, trotz der ungeheuren Schätze, die darin angehäuft sind. Es ist ein Museum, wie die Eintrittskarte ausweist, die man bei seinem Besuch gelöst hat.

Sera, Drepung und Ganden

Etwa fünf Kilometer nördlich von Lhasa liegt das Kloster Sera. Es ist eines der wichtigsten Kloster-Universitäten der Gelugpa und galt zusammen mit Drepung und Ganden als die »drei Säulen« des Mönchsstaates. Auf dem Weg nach Sera kommt man am Ort der »Himmelsbestattung« vorbei. Hier gibt es einen markanten Felsblock, auf dem die Körper der Verstorbenen in Stücke zerhackt und von den Geiern und anderen Raubvögeln gefressen werden. Nur Laien werden in Tibet dieser Begräbnisform überantwortet. Der Tibeter vollzieht darin ein letztes Opfer, indem er den Tieren seinen Leichnam zur Nahrung überläßt. Er gibt damit auch etwas der Natur wieder zurück, das er ihr genommen hat, wie die folgende Äußerung dazu deutlich macht: »Seit urdenklichen Zeiten, in unzähligen Daseinsformen, entnahm ich zahllosen Wesen, eingedenk ihres Wohlseins und Lebens, was ich zur Nahrung, Kleidung und zu jeder Art Dienstleistung brauchte, und erhielt damit meinen Körper gesund, fröhlich und stark genug, um dem Tode zu trotzen. Der Tag ist gekommen, meine Schulden zu tilgen; so biete ich als Opfergabe diesen meinen so geliebten und verwöhnten Körper zur Vernichtung dar.« Unter den Händen der Leichenzerstückler löst sich die menschliche Form auf. Alles wird zerstampft und mit Gerstenmehl

Auf dem Weg zum Sera-Kloster kommt man an dem Ort vorbei, wo an der vergänglichen Hülle des Menschen die sogenannte Himmelsbestattung *vollzogen wird. Der Verstorbene bietet seinen Körper als letztes Opfer den wilden Tieren dar. Die Leiche wird zerstückelt und zerhackt, mit Gerstenmehl vermengt und den Geiern zum Fraß überlassen.*

vermengt, damit es für die Vögel verzehrbar ist. Die Geier scheinen den Ablauf der Handlung genau zu kennen. Während die letzten Körperteile und Knochen zermalmt werden, ziehen sie ihre Kreise immer enger, dann stößt einer der Männer Rufe aus, und Augenblicke später landen die ersten Geier mit ausgebreiteten Schwingen auf dem Felsblock. Bald drängen sich ein paar Dutzend dieser großen Vögel auf engstem Raum, und in wenigen Minuten ist die menschliche Hülle verschwunden. Es bleibt nichts übrig.

Der Akt der Himmelsbestattung ist für die Hinterbliebenen des Verstorbenen aber nur von untergeordneter Bedeutung. Viel größeres Augenmerk wird dem unsterblichen Teil des Menschen gewidmet, jener feinsten Bewußtseinsenergie, die von Leben zu Leben wandert, die als Basis für die nächste Wiedergeburt beziehungsweise für die Buddhaschaft dient. Sie befindet sich zur Zeit der Vernichtung der vergänglichen Hülle bereits im Bardo, dem längstens 49 Tage dauernden Zustand zwischen Tod und Wiedergeburt. Unter Zuhilfenahme eines Lamas, der aus dem Totenbuch vorliest, soll der Verstorbene endgültig Befreiung erlangen, indem er die Chancen, die ihm in den einzelnen Stufen des Bardo geboten werden, nützt. Vermag er nicht am Anfang das »Klare Licht«, das ihm in seiner reinsten Form erscheint, zu erkennen und sich mit ihm zu vereinigen, wird der Weg aus dem Bardo in die Befreiung zunehmend schwieriger. Seltsame Erscheinungen jagen einander, Projektionen seines eigenen Bewußtseins tauchen auf, die er nicht als solche erkennt, die Angst verursachen, so daß er letztlich in eine weitere Wiederverkörperung eintritt.

Das Sera-Kloster lehnt sich an einen felsdurchsetzten Bergrücken, der das Lhasa-Tal im Norden beschließt. Es wurde zu Füßen einer kleinen Klause errichtet, in der Tsongkhapa jahrelang als Eremit lebte und sich buddhistischen Studien hingab. Noch in seinem Todesjahr, 1419, begann einer seiner Schüler mit dem Bau des Klosters. Bis zur chinesischen Annexion Tibets lebten hier 5000 Mönche, die aus allen Teilen des Landes zusammenkamen, um in diesem Zentrum buddhistischer Gelehrsamkeit zu studieren. Heute ist die Zahl der Mönche auf etwa 500 geschrumpft, und es gehört nach den jüngsten Ereignissen zu den von den chinesischen Sicherheitskräften am meisten kontrollierten Klöstern. In Sera nahmen die Demonstrationen vom September und Oktober 1987 ihren Ausgang. Immer wieder waren es Sera-Mönche, die es wagten, offen gegen die chinesische Fremdherrschaft aufzutreten. 1988 wurde es den Mönchen verboten, bis zum Beginn des *Großen Gebetsfestes* Mönlam Chenpo ihr Kloster zu verlassen.

Die kostbarste Reliquie in Sera ist ein Diamantenzepter, das aus dem Besitz von Padmasambhava stammen soll. Es wird nur einmal im Jahr der Öffentlichkeit gezeigt. Auch die während der Kulturrevolution zerstörte Einsiedelei Tsongkhapas ist inzwischen wieder aufgebaut worden.

»Ich bin immer noch wie verzaubert, vor mir tat sich etwas Geheimnisvolles auf, zum Greifen nahe. Und nicht nur mir ergeht es so. Alle Europäer hier erliegen dieser seltsamen Faszination. Das Wort *Tibet* wird beinahe flüsternd, andächtig, geradezu ängstlich ausgesprochen. O ja, ich werde noch lange davon träumen, mein ganzes Leben lang, und ein geheimnisvolles Band wird mich für immer mit diesem schneebedeckten Land hinter den Wolken verbinden.«
Alexandra David-Néel

Ein riesiges Bildnis des Buddha Sakyamuni wird anläßlich des Mönlam-Festes beim Kloster Drepung entrollt. Rauch, der von den Opferplätzen aufsteigt, und die Nebelschwaden im Kyichu-Tal schaffen eine mystische Stimmung.

Westlich von Lhasa, ebenfalls an einen Bergeshang hingestreut, liegt das zweite große Heiligtum der Gelugpa, die Klosteruniversität Drepung. Es wurde ebenfalls von einem Schüler Tsongkhapas gegründet und war mit seinen 7000 Mönchen das wohl größte Kloster der Welt. Der Zweite, Dritte und Vierte Dalai Lama lebten hier und sind auch dort begraben. Drepung war die renommierteste Lehrstätte der lamaistischen Welt. Aus ihr sind viele große Gelehrte des Schneelandes hervorgegangen, darunter auch Dschamyang Zhepa, der Gründer des Klosters Labrang Tashi Kyil in Amdo. Drepung hat die Wirren der Kulturrevolution beinahe unbeschadet überstanden, was die materielle Substanz betrifft. Aber wer soll die geistigen Lehrer ersetzen, die entweder umgebracht wurden oder geflohen sind? Die Größe und Kraft von Drepung lag in der Qualität seiner geistigen Führer, im hohen Standard der Belehrungen, die hier in den Kollegien gegeben wurden und deren Absolventen sie ins ganze Land trugen. Das ist heute nur noch in den Gemeinschaften der Exil-Tibeter gewährleistet, die das große geistige Erbe Tibets bewahren und fortsetzen.

Seit 1986 darf wieder das Mönlam-Fest begangen werden, das im Anschluß an die Neujahrsfeiern stattfindet. In früheren Zeiten war es die größte und wichtigste Zeremonie des Jahres; von Tsongkhapa eingesetzt, wurde es bis zur chinesischen Besetzung ohne Unterbre-

Lhasa und Umgebung   Kapitel 10

chung begangen. Das heutige Fest ist nur noch ein schwacher Abglanz der einstigen Bedeutung und stand zuletzt im Zeichen schwerer Repressalien und Terrors durch die herrschenden Chinesen.

Nach der Einsetzung des *Großen Gebetsfestes* Mönlam Chenpo im Jahre 1409 beschloß Tsongkhapa, ein eigenes Kloster zu gründen. Er wählte dafür eine versteckte Anhöhe oberhalb des Kyichu-Tales und nannte das entstehende Heiligtum Ganden, das »freuderfüllte« Reich Tushita, in dem Maitreya, der zukünftige Buddha, bis zu seinem Erscheinen verweilt. Tsongkhapa wurde der erste Abt von Ganden. Kurz vor seinem Tod im Jahre 1419 bestimmte er seinen Lieblingsschüler Gyältsab Je zu seinem Nachfolger. Mit dem Aufstieg des Klosters wurde das Oberhaupt von Ganden zu einer der höchsten religiösen Autoritäten des Landes. Etwa 4000 Mönche bewohnten die Klosterstadt, um hier alle Systeme der buddhistischen Lehre zu studieren. Hier erlebte das alte Tibet noch einen letzten Höhepunkt, entfaltete sich zum letztenmal der Prunk der lamaistischen Kultur, als Tenzin Gyatso, der Vierzehnte Dalai Lama, seine Abschlußprüfung ablegte, am Vorabend der Niederschlagung des Aufstandes des tibetischen Volkes durch die Chinesen. Der Glanz verwandelte sich nach 1959 in Tragik. Während der Kulturrevolution wurde es von aufgehetzten Tibetern selbst zerstört, mit solcher Gründlichkeit, daß kein Gebäude ganz geblieben ist. Dennoch, auch in Ganden wird emsig wieder aufgebaut. Einzelne Gebäude sind bereits aus den Trümmern wiedererstanden, als weiße und rote Farbtupfer leuchten sie aus den Ruinen heraus. Die Kapelle mit dem Grab-Tschörten Tsongkhapas, in dem sich die berühmte Zahnreliquie des Gelbmützengründers befindet, ist wieder hergestellt. Der Tschörten wurde jedoch von den Bilderstürmern der Kulturrevolution aufgebrochen, und der darin bestattete Körper, der unversehrt erhalten gewesen sein soll, wurde geschändet. Neben dem Tschongkhapa-Grab befindet sich das Gebäude mit dem goldenen Thron des Heiligen, und etwas versetzt dahinter liegt die Residenz des Klosterabtes, der den Titel Ganden Tripa führte. Direkt in südlicher Richtung Luftlinie, nicht weit entfernt, aber durch zwei Gebirgszüge getrennt, erhebt sich das älteste Kloster Tibets, Samye, unweit der Ufer des Tsangpo. Gewöhnlich erreicht man dieses Kloster über eine Straße, die von Lhasa aus ins Tsangpo-

Seit ein paar Jahren befindet sich Ganden im Wiederaufbau. Einige Gebäude sind aus den Trümmern wiederauferstanden und heben sich als weiße und rote Farbflecken ab. Das große rote Gebäude hinter dem weißen Tschörten ist Tsongkhapas Grab, dessen mumifizierte Leiche von den Zerstörern geschändet wurde.

Das Kloster Ganden vor seiner Zerstörung, nach einem Foto von Sir Charles Bell.

Tal führt. Ich habe beschlossen, den Besuch von Samye mit einer Wanderung zu verbinden, und Ganden als Ausgangspunkt dafür gewählt.

Zu Fuß nach Samye

»Der Ausdruck von Liebe und Verehrung, die Einmütigkeit ihrer Frömmigkeit überzeugten mich davon, daß sie glücklich sind.«
Samuel Turner

Vom Kamm des Berges Drokri, oberhalb von Ganden, zeigt der Blick nach Süden nur gestaffelte Bergrücken und schneebedeckte Gipfel, die sich in den Wolken verlieren. Dazwischen sind tiefe V-Täler und Schluchten, die von herabstürzenden Bächen ausgefräst wurden. Wieviele davon ich überqueren muß, bis ich das breite Tal des Tsangpo erreiche, wird sich zeigen. Nachdem ich mich grob orientiert habe, verlasse ich den Kamm und steige in das erste Tal hinunter ab. Mit einem Schlag ist Ganden verschwunden, wie vom Erdboden verschluckt. Würden nicht die vielen flatternden Gebetsfahnen entlang des Grates auf eine religiöse Stätte hindeuten, man würde nichts von der Existenz der Klosterstadt ahnen.

Ein gut erkennbarer Pfad führt zum kleinen Bauerndorf Heru hinunter. Die Häuser sind einstöckig, aus Lehm gebaut, weiß gekalkt, und haben im Gegensatz zu den Bauernhöfen Khams flache Dächer, weil es kaum regnet. Zentraltibet liegt nördlich des Himalaya, der die Monsun-Wolken abblockt, sodaß nur mehr Ausläufer diese Gebiete berühren. Das Dorf ist von Gerstenfeldern umgeben, und überall auf den Dächern werden Unmengen von Yakdung getrocknet. Unterhalb der Siedlung rauscht ein Gebirgsbach vorbei. Halbwüchsige Bauernbuben zeigen mir die Stelle, an der sich der Fluß am leichtesten überqueren läßt. Danach verlasse ich endgültig den Saumpfad, steige eine Mulde hoch, die zu einem Sattel hinaufführt, den ich vom Drokri-Berg aus bereits als geeigneten Übergang erkannt habe.

»Während die Karawane im Süden ihren Weg durch wilde Kammschluchten bahnt, wo dichte Nebel brauen und die Pflanzenwirrnisse den schäumenden Wildfluß wie unüberwindliche Mauern umschließen, ist es im Norden die grenzenlose Weite, die uns überwältigt. Im Süden toben die Flüsse ihre gischtenden Fluten zwischen hohen Felsbastionen hindurch und im Norden rollen sie ihre roten Fluten zwischen weitgedehnten Sanddünen dahin.«
Ernst Schäfer

Eine Tibeterin starrt mich entgeistert an, als ich um die Ecke biege und unvermittelt vor ihr stehe. Sie sitzt auf einem Felsblock und nützt die Zeit beim Hüten der Yaks mit Spinnen. An diesem Tag erlebe ich alle Jahreszeiten. Anfangs war es so warm, daß ich unter der Höhensonne schwitzte und stöhnte, jetzt sind ringsum dunkle Wolken aufgezogen, und Regen setzt ein, der mit jedem Schritt, den ich höher steige, in nasse Graupeln und schließlich in Schnee übergeht. Vom Paß herunter ziehen dichte Nebelschwaden, und der Wind peitscht mir die Eiskristalle waagrecht entgegen. Schemenhaft tauchen Yakhaarzelte auf, und drohendes Hundegebell schlägt mir entgegen. Da führt an diesem Tag kein Weg mehr vorbei. In gebührendem Respektabstand schlage ich mein Zelt auf. Bald liege ich im warmen Schlafsack, während die Eisgraupeln an die Zeltwand klatschen und mir ein monotones Schlaflied singen.

Am nächsten Morgen sieht das Wetter nicht viel besser aus. Als ich den Zelteingang öffne und den Kopf hinausstrecke, schlägt mir

Auf dem Weg nach Samye. Nomadenzelt unterhalb des 5100 m hohen Paß Tschokhar La.

eisige Kälte entgegen. Überall stauen sich tief hängende Wolken, und es scheint nur mehr eine Frage der Zeit, bis der nächste Schneesturm losbricht. Der beladene Rucksack drückt schwer, und je höher ich komme, desto häufiger muß ich rasten. Zelt, Schlafsack, warme Kleidung, Verpflegung machen mich zwar unabhängig, reduzieren aber die Gehleistung. Auf 4800 Meter Höhe stehen zwei Nomadenzelte. Man erwartet mich bereits, die Hunde wurden sicherheitshalber angebunden. Den obligaten Tee mit einem Schuß frischer Yakmilch weiß ich zu schätzen, aber noch dankbarer bin ich den beiden Hirten, die mich bis zum Paß hinauf begleiten und mir für die letzten Höhenmeter die Rucksacklast abnehmen. Sie laufen damit so leichtfüßig und schnell hoch, daß ich auch ohne Last kaum hinterher komme. Ein eisiger Wind pfeift uns um die Ohren, als wir den riesigen Steinhaufen mit den zerfetzten Gebetsfahnen erreichen, der den Tschokhar La markiert. Mein Höhenmesser zeigt 5100 Meter an. Es ist kein Platz zum Verweilen, jedenfalls an diesem Tag, deshalb machen wir uns gleich wieder auf den Weg. Die beiden Hirten gehen zurück zu ihrem Zelt, ich aber steige in das nächste Tal hinunter ab. Über steile, grasbewachsene Hänge nähere ich mich dem Talgrund und damit auch dem Fluß, der wild schäumend herabstürzt. Vom gegenüberliegenden Bergrücken zieht ein zweiter Bach herunter. Dort wo sich die beiden vereinigen, gibt es eine kleine Terrasse, auf der mehrere schwarze Nomadenzelte stehen. Ringsum grasen vielköpfige Yak- und Schafherden. So nahe an Lhasa hatte ich Nomaden gar nicht vermutet. Nachdem ich den Fluß überquert habe, stelle ich mein Zelt in gewohntem Abstand zu den Behausungen der Dokpas auf. Bevor es dunkel wird, bringen mir Frauen eine Schale frischer Yakmilch. Sie schmeckt köstlich. Am nächsten Morgen staune ich nicht schlecht, als ich aus dem Zelt

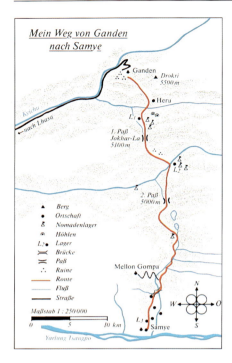

Mein Weg von Ganden nach Samye

Nach Überquerung des zweiten Passes führt der Weg am steinigen Ufer zweier Zwillingsseen vorbei. Auch im Sommer ist das Klima hier extrem. Wetterstürze binnen Minuten verursachen Temperaturstürze von 20 Grad. Zuerst schwitzt man unter der Höhensonne, dann fällt Schnee, und es wird bitter kalt.

blicke. Die Landschaft ist kaum wiederzuerkennen; alles liegt unter einer Schneedecke begraben. Bewegungslos wie Steine stehen die Yaks da, nur der dampfende Atem läßt erkennen, daß es sich um lebende Wesen handelt. Im Nomadenzelt ist es an diesem Morgen feucht und ungemütlich. Das Feuer wird nur mit Reisig genährt und gibt kaum Wärme. Zwei Kinder liegen in einer Ecke in Schaffelle eingerollt, Körper an Körper mit den jungen Ziegen und Schafen, die sich von außen an die Zeltwand drängen. Der Tee über dem schwachen Feuer wird nur lauwarm, aber ich trinke die rauchige Brühe trotzdem, um möglichst viel Flüssigkeit für den bevorstehenden Aufstieg zu tanken. Zwei Tibeter wollen mich begleiten. Mit aufgerissenen Turnschuhen, aus denen die nackten Zehen herauslugen, stapfen sie durch den Schnee, turnen über glitschiges Terrain aufwärts. Nach zwei Stunden sind wir am Paß angekommen – wieder 5000 Meter hoch. Am Lhatse, das die Paßhöhe markiert, kehren die Tibeter um, aber nicht ohne vorher den Steinhaufen zu umkreisen und die Botschaft *Mögen die Götter siegen* in den Wind zu rufen.

Jetzt umgibt mich nur noch nackter Fels, Schnee und Nebel. Eine Felswand, die senkrecht ins Ungewisse abfällt, kann ich umgehen. Als nächstes komme ich an zwei Seen vorbei. Sie sind so grau wie die Wolken darüber. Ich taste mich an verschneiten Ufern entlang, balanciere über schlüpfrige Steintrümmer. Aus dem tiefer gelegenen See tritt ein kleiner Bach heraus, ihm will ich folgen, denn er weist mir den kürzesten Weg ins Tal. Mehr auf dem Hosenboden rutschend als aufrecht gehend überwinde ich steile, glitschige Geröllhalden. Der Bach stürzt kerzengerade auf eine Schlucht zu, in der er spurlos verschwindet. Hier habe ich endlich die Schneegrenze erreicht, zeigt sich der erste grüne Fleck, genau dort steht ein Nomadenzelt. Die Schlucht ist nur kurz, aber der Fluß windet sich

darin hin und her, so daß ich gezwungen bin, ihn zweimal zu überschreiten. Bald tauchen die ersten Wiesen auf, auch Bäume wachsen an den Hängen, zuerst zaghaft, dann immer dichter. Auf den Wiesen grasen Yaks – scheinbar unbeaufsichtigt. Es gibt Blumen, der Bach rauscht, und Vögel fliegen vor mir von Geäst zu Geäst. Und das alles auf einer Höhe von 4000 Meter!

Das Tal wird immer breiter, der Fluß neben mir teilt sich in mehrere Arme, die mich immer wieder in die steile Uferböschung abdrängen. Mehr als acht Stunden bin ich schon unterwegs, die Beine sind schwer wie Blei, aber noch immer folgt ein Bergrücken auf den anderen, zeigt sich keine Spur von der breiten Talebene des Tsangpo. Irgendwann schließt ein Tibeter zu mir auf, und nachdem wir einige Zeit schweigend nebeneinanderher liefen, fordert er mich auf, ihm zu folgen; dabei weist er mit ausgestrecktem Arm auf den gegenüberliegenden Berghang hinauf und murmelt »Mellon Gompa«. Jetzt erst sehe ich es, hoch oben klebt ein winziges weißes Gebäude, umkränzt von bunten Gebetsfahnen. Was für ein phantastischer Platz! Wahrlich ein »einsamer Wohnort«, wie das Wort Gompa sinngemäß bedeutet. Ich würde gerne die Nacht dort oben verbringen, aber ich bin in Eile, denn ich möchte an einem bestimmten Tag in Samye sein. So setze ich den Weg in Richtung Süden fort. Der Pfad wird nun immer breiter und nähert sich wieder dem Fluß. Zum Glück überspannt eine Brücke den tosenden Fluß. Ich will gerade drüberlaufen, da machen mich Hirten auf den Haufen aufgeschichteter Steine aufmerksam, den ich unbeachtet ließ. Er ist den Wesen gewidmet, die die Brücke und den Wanderer beschützen. Beschämt gehe ich zurück und füge einen Stein hinzu. Die Sonne ist bereits untergegangen, da flachen allmählich die Berge ab und in der Ferne zeigt sich eine weite Ebene. Das muß das Tsangpo-Tal sein, dort liegt Samye. Dann bricht die Dunkelheit herein. Im Lichtkegel der Stirnlampe taste ich mich voran, bis ein paar schwache Lichtpunkte vor mir auftauchen. In die Siedlung wage ich mich nachts wegen der scharfen Hunde nicht. Deshalb schlage ich gleich am Wegesrand mein Zelt auf. Es ist Mitternacht, und ich war 14 Stunden unterwegs.

Am nächsten Morgen aber steht das Ziel unmittelbar vor mir. Inmitten einer winzigen Oase, umgeben von einem Meer windgeformter Sanddünen, liegt Samye, das *Undenkbare,* das älteste Kloster Tibets.

»Man läßt sich in dieser unbestimmten Atmosphäre wiegen, oder besser noch, man empfindet jenes Gefühl, das den Wanderer in manchen Gebirgsgegenden freudig dahinziehen läßt: der Weg ist lang, ohne Horizont, Felsen steigen auf zu beiden Seiten und drohen selbst den schmalen Streifen Himmelsblau zu verdecken, der über ihren Spitzen schwebt; man sieht keinen Ausweg, aber dennoch schreitet man rüstig voran, und – endlich öffnet sich der Paß, dann neue Zweifel, neue Lösung, und bald wandert man nicht mehr, um vorwärtszuschreiten, sondern einzig um der Lust willen, das *ewige Rätsel des Weges* zu lösen.«
Graf Gobineau

Samye, das älteste Kloster Tibets

Die Gründung des Klosters Samye geht zurück auf die Regierungszeit des Königs Trisong Detsen und markiert einen entscheidenden Vorgang in Tibets Geschichte. Unter seiner Herrschaft erreichte Tibet nicht nur den Zenit seiner Macht gegenüber dem chinesi-

Das Kloster Samye ist auf dem Grundriß des Mandala erbaut, dem Symbol des buddhistischen Kosmos. Der quadratische Tempel stellt den Berg Sumeru dar, das Zentrum der Welt, den die vier Kontinente umgeben. Früher trug der gestufte Bau noch ein goldenes pyramidenförmiges Dach, das den Zerstörungen während der Kulturrevolution zum Opfer gefallen ist.

schen Tang-Kaiserreich, sondern auch der Buddhismus konnte im Schneeland feste Wurzeln schlagen. Trisong Detsen holte den berühmten indischen Gelehrten Shantarakshita an seinen Hof und legte insofern den Grundstein für Tibets zukünftigen religiösen Kurs, als er sich nach einem Disput zwischen Shantarakshita, der die indische Richtung vertrat, und Vertretern der chinesischen Tradition für die indische Form entschied und die chinesischen Mönche des Landes verwies.

Aber dem Widerstand der alteingesessenen Bön-Priesterschaft gegen die importierte Lehre schien Shantarakshita allein nicht gewachsen, deshalb rief der König noch den indischen Tantriker Padmasambhava nach Tibet. Ihm schreibt man zu, die mächtigen Gottheiten der Bön überwunden und sie in den Dienst der buddhistischen Lehre gezwungen zu haben. Im Zuge der Auseinandersetzung zwischen diesen beiden Religionsformen kam es auch tatsächlich zu einer gegenseitigen Anpassung, deren Resultat der Lamaismus ist, Tibets eigenständige Tradition.

Nach Padmasambhavas und Shantarakshitas Plänen wurde Samye im Jahre 775 gebaut, und bald darauf zogen die später so berühmten »Ersten Sieben Mönche« ein. Die ganze Anlage stellt ein gigantisches Mandala dar, ein kosmisches Symbol also, das in einfachster Form aus einem Quadrat mit vier Toren und einem umgebenden Kreis besteht. Man sieht das Mandala-Motiv auf unzähligen Rollbildern, die den Lamas zum Visualisieren dienen, zur Zentrierung der geistigen Kräfte während der Meditation. Aber Mandalas findet man in Tibet nicht nur auf Thangkas; sie können durch gefärbten Sand auf dem Boden dargestellt sein, Tschörten dient dieses Symbol als Grundriß, ja selbst der heilige Berg Kailas und seine Umgebung werden als ein von der Natur geschaffenes Mandala begriffen.

»Wisse, daß alle Gestalten, welcherlei sie auch sein mögen, die du im Bardo erblickst und fürchtest, unwirkliche Traumbilder sind, durch dich erschaffen, von dir projiziert, ohne daß du sie als deine Schöpfungen erkennst.«

Bardo Thödol

Lhasa und Umgebung KAPITEL 10

In der versandeten Talebene des Tsangpo erhebt sich ein weißgekalkter Tschörten und weist den Pilgern den Weg nach Samye.

Innerstes Zentrum von Samye ist ein quadratisches Gebäude, dem einst ein goldenes Dach aufgesetzt war. Es stellt den Weltenberg Sumeru dar, das mythische Zentrum des Kosmos. Rund um ihn gibt es vier Tempel, die die vier Kontinente symbolisieren. Alles ist von einer kreisförmigen Mauer umgeben, die mit kleinen Tschörten gekrönt war.

Es ist ein kleines Wunder, daß Samye die wechselvolle Geschichte überdauert hat. Bereits totgesagt, lebt es heute wieder auf. Es wurde während der Kulturrevolution zwar beschädigt, aber nicht zerstört. Allerdings schien es auch schon vor 1950 vom Verfall bedroht. Alexandra David-Néel, die im Jahre 1920 hier vorbeikam, fand das Heiligtum in beklagenswertem Zustand vor, in dem nur mehr 30 Mönche hausten, die – schenkt man ihrem Bericht Glauben – mit schwarzmagischen Praktiken experimentierten.

Das Fest Dorje Zhönnu

Das ganze Jahr über führen die Mönche hier ein beschauliches Dasein, aber in diesen Tagen droht der Ort aus allen Nähten zu platzen. Denn das große Fest zu Ehren des indischen Klostergründers Padmasambhava ist angesagt – erstmals nach siebzehnjähriger Unterbrechung. Aus allen Richtungen, wie von unsichtbaren Fäden gezogen, strömen die Pilger herbei. Sie reihen sich ein in den Strom der Menschen, die unausgesetzt das Heiligtum wie Satelliten umkreisen. Dann windet sich die Menschenschlange durch die Felder, einer markanten alleinstehenden Berggestalt zu, setzt sich auf dem langen Grat fort und kehrt von der anderen Seite wieder zum Kloster zurück. Die Kette ist ohne erkennbaren Anfang und Ende.

»In solcher Stille, solchem Glanz erwuchs den Tibetern die Bereitschaft, in Frieden und Sanftmut eine moralische Welt zu erbauen, wie niemand sie bei diesem wilden Hochlandvolk vermuten möchte. Wie von unsichtbaren Himmelskräften aufgebaut, enragt diese eigenwillige Burg dem gewachsenen Fels als imaginärer Abglanz der geistigen Gestalt des Menschen.«

Ernst Schäfer

Der ganze heilige Berg scheint zu brennen. Überall steigt Rauch auf, an vielen Stellen sind die Pilger damit beschäftigt, Opfer darzubringen.

»Versetze dich in den leeren Zustand der Nicht-Anziehung und Nicht-Ablehnung, in den Zustand des vollkommenen unbeweglichen Geistes. Wenn dieser dem Teich gleicht, dessen Wasser ohne geringste Wellenbewegung einem ganz blank geputzten Spiegel ähnelt, dann kann sich die Wirklichkeit darin spiegeln.«
Bardo Thödol

Der ganze Berg scheint zu brennen, überall auf dem Grat steigt Rauch auf, werden Opfer dargebracht. Der höchste Punkt ist mit einem riesigen Steinquader gekennzeichnet, aus dem Tausende Gebetsfahnen wie kleine Antennen herausragen. Dieser Berg, an dessen Fuß das Kloster steht, ist der Hepori, einer der vier heiligen Berge von Tibet. Jeder Höcker, jede Zacke hat für die Gläubigen eine Bedeutung. Hier soll König Trisong Detsens Palast gestanden haben, dort sind zwei weiße Tschörten, die die Stelle markieren, wo der König Padmasambhava willkommen hieß.

Bei Anbruch der Dunkelheit kommt diese rotierende menschliche Gebetsmühle zum Stillstand. Da versammeln sich die Pilger am Platz vor dem Klostertor. Hoch oben auf dem Dach aber erscheint eine Gruppe Mönche in langen roten Gewändern, um das Erscheinen des Vollmondes am Himmel mit Musik zu begleiten. Es ist eine ergreifende Stimmung. Im gleichförmigen Auf und Ab, das an die Brandung eines Ozeans erinnert, erklingen die meterlangen Radongs. Von diesen Urlauten heben sich die hohen Töne der Trompeten und Glocken ab. Unvermittelt wie die Musik begann, verklingt der mächtige Ruf am Nachthimmel, und die Silhouetten der Akteure sind im Nu verschwunden.

Am nächsten Tag erfährt das Fest seinen Höhepunkt im rituellen Tanz der Lamas, im Tscham. Das ist getanzte Geschichte, denn hier lebt das historische Ereignis der Gründung des Klosters, der Disput zwischen indischer und chinesischer Lehrauslegung und der Sieg des Buddhismus über die Bön-Religion fort. Schon in aller Frühe scharen sich die Pilger um den Tanzplatz und warten geduldig auf den Beginn des Mysterienspiels. Die Zuschauer verstummen, es wird totenstill, als im Eingang des Klosters zwei Mönche erscheinen, die mit ihren Trompeten das Tscham eröffnen. Jetzt betreten zwei weißgekleidete Gestalten mit Totenkopfmasken den Tanzplatz. Sie sind barfüßig und tragen um ihre Knöchel und Hüften Ketten, an denen Schellen befestigt sind. Das weiße Gewand ist mit roten Streifen gemustert, die das Knochenskelett andeuten. Das sind die Cittipati, die tanzenden Skelette, die die Zuschauer an die Vergänglichkeit erinnern und insbesondere an den physischen Tod, der am Ende jedes irdischen Daseins steht.

Als nächstes betritt eine Gruppe den Tanzplatz, deren bloßes Erscheinen bei den Zuschauern schon Lachkrämpfe verursacht. Es sind komisch wirkende Gestalten, in gelb-rot gemusterte Gewänder gehüllt. Der Gesichtsausdruck der übergroßen Masken mit den abstehenden Ohren wirkt einfältig. Ihr ganzes Auftreten erinnert an Clowns, die sich über alles und jeden lustig machen. Das sind die Atsari, die Spaßmacher, die bei keinem Tscham fehlen. Im Gegensatz zu den anderen Masken, die im Tscham auftreten, gelten jene der Atsari nicht als heilig und dürfen deshalb auch von Laien getragen werden.

Der Hepori ist einer der vier heiligen Berge Tibets. Auf seinem Gipfel soll einst der Palast des Königs Trisong Detsen gestanden haben. An seiner Stelle zeigt sich heute nur mehr ein Mauerrest, aus dem die Gebetsfahnen wie Antennen herausragen.

Das Gelächter der Zuschauer nimmt ein jähes Ende, als am Klostereingang eine Gruppe von Tänzern erscheint, die furchteinflößende Masken tragen, mit weit geöffnetem Rachen, Reißzähnen und drittem Auge auf der Stirn. Einige haben Kronen mit Totenschädeln

»Es gibt außerhalb deiner Trugbilder weder den Herrn, den Richter der Toten, noch Götter und Dämonen, noch auch den Besieger des Todes. Verstehe dies und sei frei.«

Bardo Thödol

»Wer das Höchste in sich gepflegt hat, wird vom Höchsten angezogen. Wer am Niedrigsten hängt, wird vom Niedrigsten angezogen. Und wer nicht während seiner Lebenszeit sich der Ausübung der Meditation gewidmet hat, ist nicht imstande, lange in diesem Reich reinen Lichtes zu verweilen. Er wird sich angezogen fühlen von den trüben, aber um so vertrauteren Ausstrahlungen und Reflexen niederer Bewußtseinsimpulse wie Gier, Haß, Neid, Stolz, Zorn, Selbstgefälligkeit, Trägheit, Stumpfheit und ähnlichen Folgen von Unwissenheit und Selbstsucht.«

Lama Anagarika Govinda

aufgesetzt, andere Knochenschürzen umgebunden. Gebannt beobachten die Zuschauer, wie diese wilden, furchterregend aussehenden Gestalten, von einem Bein auf das andere tanzend, sich der Mitte nähern. Sie halten Schwerter, Zauberdolche und Glocken jeweils in einer Hand, während sie mit der anderen Abwehrgebärden vollführen. Sie gehören allesamt der Kategorie der Schutz- und Schreckensgötter an, Wesenheiten der alten Bön-Religion, die einst Padmasambhava zum Buddhismus verpflichtete. Sie erfüllen im Tscham eine sehr reale Funktion, denn sie erinnern die Gläubigen an die Lehren des Bardo, an das »Tibetische Totenbuch« mit seiner tiefen Weisheit. Solche Schreckvisionen können nämlich dem im Bardo umherirrenden Bewußtsein erscheinen. Dann ist es wichtig, daß es sie erkennt, und vor allem, daß sie ihm keine Angst einjagen. Nachdem die Schreckgestalten, die als Beschützer der Lehre gelten, abgetreten sind, wird ein Stuhl auf die Tanzfläche getragen. Eine seltsam gebeugte und unbeholfen wirkende Gestalt mit einer überproportional großen, lachenden Maske betritt den Platz. Die Gestalt wird von den Spaßmachern begleitet, die sie manchmal stützen, dann wieder vorwärts schieben und schließlich auf den Thronsessel setzen. Die clownhaften Knaben umkreisen die sitzende Figur, wobei sie immer wieder ihre Ehrerbietung andeuten, aber ihr ganzes Verhalten läßt keinen Zweifel daran, daß sie dies zum Spott tun. Die sitzende Gestalt ist niemand anderes als der chinesische Hoshang, der Dickbauch-Buddha mit seinem kindlichen Gefolge. Er verkörpert die im Disput besiegten chinesischen Mönche, die zu Gunsten der indischen Tradition das Feld räumen mußten.

Das Tscham erfährt nun seinen Höhepunkt. Sämtliche Instrumente steigern den Rhythmus. Am Klostereingang erscheint eine Gruppe Tänzer ohne Masken. Auf dem Kopf trägt jeder einen schwarzen, pyramidenförmigen Hut aus Yakhaar. Von der Spitze des Hutes, die ein Totenkopf ziert, hängen bunte Schärpen. Es sind die *Schwarzhuttänzer*. Ihre Bewegungen sind gemäßigt, fast feierlich, die Hände mit den trompetenartigen Ärmeln ausgestreckt, so bewegen sie sich im Kreis. Der *Schwarzhuttanz* ist ein Abwehrritus aus vorbuddhistischer Zeit. Seine Aufnahme in das buddhistische Mysterienspiel ist wiederum mit einem historischen Ereignis verknüpft. Die Schwarzhuttänzer verkörpern jene Priester der alten Bön-Religion, die einst Padmasambhava überwunden hat.

Aber mitten im Tanz, dem die Menge gebannt folgt, verfinstert sich der Himmel: Als ob die Buddhas gegen die Adoption alter Bön-Magie rebellierten, bricht ein Unwetter los. Im ungehemmten Toben der Elemente erfährt das Tscham sein Ende.

*Im Tscham leben historische Ereignisse fort; auch werden dem Zuschauer oft furchteinflößende Wesenheiten vorgeführt, die ihm in bestimmten Bewußtseinszuständen begegnen können, insbesondere im Bardo, im längstens 49 Tage dauernden Zustand zwischen Tod und Wiedergeburt.
Der Schwarzhuttänzer verkörpert die Priester der vorbuddhistischen Bön-Religion.*

Die tanzenden Skelette erinnern die Zuschauer an die Vergänglichkeit und an den Tod.

Eine Schutzgottheit der Lehre tritt auf.

Kapitel 11

Quer durch Tibet

»In den Steinwüsten der Gebirge gibt es einen seltsamen Pfad; auf ihm kann man den Wirbel des Lebens eintauschen gegen eine Glückseligkeit ohne Grenzen.«

Milarepa

Die Tschangthang ist die extremste Landschaft Tibets. Kein Baum, kein Strauch findet sich auf diesen kargen Kältesteppen; dafür wetteifern die Gesteinsformationen in ihrer Farbenpracht. Grüner Porphyr, roter Kies, Ebenen mit gelbem Yak-Moos. Fast menschenleer liegt dieser unermeßliche Raum da, ein Meer von Hochflächen, Schwellen, begrenzt von den eisbedeckten Bergketten des Transhimalaya.

Lungta, das Windpferd mit dem flammenden Juwel auf seinem Rücken. Es erfüllt alle Wünsche und wird gerne in Form bedruckter Papierstreifen in die Luft geschleudert, damit es der Wind forttträgt.

Alexandra David-Néel im Jahre 1912 – noch in europäischer Kleidung – erstmals auf dem Weg nach Tibet. Zwölf Jahre später aber wird sie sich so angepaßt haben, daß es ihr gelingt, als Bettelnonne verkleidet, die verbotene Stadt Lhasa zu erreichen und dort unerkannt mehrere Monate zu bleiben.

Wir verlassen Lhasa in südwestlicher Richtung, folgen dem breiten fruchtbaren Tal des Kyichu. Der gesamte Talboden wird landwirtschaftlich genutzt, auf den Feldern wachsen Gerste und eigens für diese Hochregionen gezüchteter Bergweizen. Kleine Dörfer mit weiß getünchten flachen Häusern schmiegen sich an die Berghänge. Die gesamte Landschaft ist sehr kontrastreich und die Leuchtkraft der Farben so stark, daß auch die einfachsten Naturerscheinungen überdimensional wirken und dem Betrachter das Gefühl vermitteln, dem Himmel näher zu sein. Da schwimmen Ebenen voll grüner Ähren, wenn der Wind sie bewegt, dahinter ragen bizarre Berggestalten in den unvorstellbar blauen Himmel. Von einer hoch aufragenden Felswand blickt Buddha Shakyamuni als kolossales Felsrelief herab. Er wird flankiert von der weißen Tara, der Schutzgöttin Tibets, und dem roten Amitayus, dem Buddha des *unermeßlichen Lebens,* der das Gefäß mit dem Nektar der Todlosigkeit in den Händen hält.

Über den Yamdrok Tso nach Gyantse

Nach Überquerung des Tsangpo windet sich das braune Band der Straße den ersten hohen Paß hinauf, den Kampa La (4800 m). Die Paßhöhe wird von einem Steinhaufen markiert, in dem ein dickes Bündel bunter Gebetsfahnen steckt. Der Ausblick ist überwältigend. Zwischen schneebedeckten Gebirgen eingebettet liegt ein riesiger türkisfarbener See, der Yamdrok Tso, einer der wenigen Süßwasserseen Tibets. Eine steil abfallende Piste führt zum See hinunter. An seinem nördlichen Ende, unweit der Ortschaft Nangartse, befindet sich die Ruine des Klosters Samding. Es war das einzige tibetische Kloster, das von einer weiblichen Inkarnation geleitet wurde. Die Äbtissin dieses Klosters galt als Wiedergeburt der weiblichen tantrischen Gottheit Dorje Phagmo. Die sechste und vorläufig letzte Dorje Phagmo floh 1959 nach Indien, kehrte jedoch bald wieder nach Tibet zurück, wo sie sich offenbar auf die Seite der Chinesen stellte und eine politische Laufbahn einschlug.

Nach der Siedlung Nangartse leitet die Straße zum Karo La hinauf, einem 5100 Meter hohen Paß. Wild zerklüftete Gletscher ziehen in breiten Bahnen herab. Auch hier flattern bunte Gebetsfahnen im Wind. Jenseits der Paßhöhe erstreckt sich ein weitläufiges Hochplateau, Nomaden, Zelte und Yaks wie schwarze Punkte darauf hingestreut. Dann kommen wir wieder in lebensfreundliche Regionen. Die Berge treten zurück. Es öffnet sich eine weite, fruchtbare Talebene, die von Feldern überzogen ist. Aus ihrer Mitte ragt ein markanter Felssporn auf, den eine eindrucksvolle Festung krönt. Das ist Gyantse Dzong, die unzerstörte Burg der viertgrößten Stadt Tibets.

Der Marktflecken Gyantse war einst Zentrum des Handels mit

Wolle. Wegen seiner günstigen Lage begegneten sich hier Händler aus Indien, Sikkim, Bhutan und Nepal. Auch die Briten errichteten hier eine Handelsmission, nachdem Oberst Younghusband im Jahre 1904 die Stadt erobert hatte. Das händlerische Element ist auch heute noch lebendig. Kleine Läden und offene Marktstände säumen die breite Hauptstraße. Von allen größeren Orten des Schneelandes hat Gyantse am meisten seinen tibetischen Charakter bewahrt. In der Altstadt drängen sich die einstöckigen Häuser mit den flachen Dächern, sie scharen sich um den Burgberg und den daran angeschlossenen Bergrücken, der ein natürliches Amphitheater bildet. Die Fenster und Türen der Häuser bestehen aus dunklem Holz, umrahmt mit roter, blauer, gelber und schwarzer Farbe, die die vier Elemente symbolisieren – Feuer, Wasser, Luft und Erde. Auf die Türen sind mit roter Farbe seltsame Zeichen gemalt. Ein Kreis, darunter ein liegender Halbmond und ein Hakenkreuz. Der Kreis bedeutet den Manasarovar, der Halbmond den Raksas Tal, die beiden heiligen Seen zu Füßen des Kailas. Das Hakenkreuz aber steht für den Kailas selbst, an dessen Eispyramide das Swastika-Zeichen in Form von Felsbändern sichtbar ist.

Die breite Marktstraße führt kerzengerade durch die wie an einer Schnur aufgefädelten Häuserreihen und endet abrupt am Klostertor. Im Gegensatz zur Altstadt kam das Kloster nicht so glimpflich davon. Der größte Teil wurde in Schutt und Asche gelegt. Die mächtigen Außenmauern, die das Heiligtum umschließen, sind stehengeblieben. Sie zeigen an, wie groß das monastische Viertel von Gyantse einst war. Innerhalb des Mauerringes standen sechzehn Klöster, die gemeinsame Versammlungshalle, eine Vielzahl von Mönchswohnungen und der Kumbum. Davon sind vier nennenswerte Bauwerke noch übrig: das Kloster Riting, die Versammlungshalle Pälkhor Chöde, ein kleines Sakya-Heiligtum und der Kumbum. Alles andere wurde so gründlich zerstört, daß nicht einmal mehr die Grundmauern zu erkennen sind. Wie durch ein Wunder hat der Kumbum alle Wirrnisse der Zeit fast unversehrt überstanden, eine monumentale Stufenpyramide, die der italienische Tibet-Forscher Giuseppe Tucci als das »bedeutendste Denkmal tibetischer Kunst« bezeichnet hat. Das Bauwerk ist auf dem Grundriß des heiligen Kreises – des Mandala – errichtet. Nichts ist daran zufällig, nichts fehlt, es ist ein perfektes Abbild des Kosmos. Der Gläubige vollzieht beim Aufstieg über diese Stufenpyramide gewissermaßen den Aufstieg seines Bewußtseins nach – bis zur höchsten Vollkommenheit, zur Erleuchtung. Der gesamte tantrische Pantheon ist darin versammelt. Tucci zählte 18886 Figuren in 112 Kapellen, die neun Stockwerke einnehmen. Die Bilder sollen nicht bloße Objekte der Anbetung sein, sondern der Erkenntnis dienen, indem sie den Pfad zur Befreiung aus den Fesseln von Unwissenheit, Haß und Selbstsucht weisen. Sie zeigen den Weg, der aus dem Kreislauf der Wiedergeburten herausführt, aus dem dumpfen Zustand des Nicht-

Bäuerin aus dem Kyichu-Tal beim Buttern.

Das monastische Viertel von Gyantse. Von den sechzehn Klöstern, die innerhalb des Mauerringes standen, sind heute noch vier übrig. Das rote Bauwerk in der Mitte ist die Versammlungshalle Perlkor Tschöde, darüber erhebt sich das Kloster Riting, und links steht der Kumbum – nach Giuseppe Tucci »das bedeutendste Denkmal tibetischer Kunst«.

Erkennens zum Erwacht-Sein, zur Buddhaschaft. In diesem Sinne ist der Aufstieg von einer Stufe des Kumbum zur nächsten zu verstehen. Deshalb ist die oberste Kapelle dem Ur-Buddha Vajradhara geweiht, der die Buddha-Idee schlechthin verkörpert – Symbol des absoluten, unwandelbaren Buddha-Prinzips. Von der Spitze blicken seine Augenpaare in alle vier Himmelsrichtungen. Darüber reckt sich nur mehr das goldene Flammenjuwel in den Himmel, Zeichen für *Bodhicitta,* den uneigennützigen Erleuchtungsgeist.

Im Tal des Tsangpo westwärts

Nach Gyantse reihen sich Landschaften mit ungeheuren Farbkontrasten. Grün leuchtende Gerstenfelder, dazwischen Farbflecken von gelbem Raps, umgeben von ockerfarbenem Sand. Seltsam gezackte Bergkämme mit roten Gesteinsbändern und schwarzem Konglomerat, darüber Wolken wie Plüschtiere, die in Staffetten über den Himmel segeln. Über pappelgesäumte Sandpisten nähern wir uns der Stadt Shigatse. Sie ist das traditionelle politische und wirtschaftliche Zentrum der Provinz Tsang. Hoch über der Stadt, auf der Spitze des Berges Dölma, steht die mächtige Ruine der geschleiften Burg. Ihr zu Füßen liegt das Kloster Tashilhunpo. Der Rest von Shigatse ist chinesisch.

Seit der Zeit des Fünften Dalai Lama ist Tashilhunpo der Sitz des Panchen Lama. Die riesige Klosterstadt ist ein wahres Labyrinth von Gebäuden und Kapellen, in denen eine ungeheure Masse an Bildwerken versammelt ist, die sich erhalten konnten, weil das Kloster praktisch unbeschadet die Kulturrevolution überstanden hat. Die gesamte Anlage breitet sich am Fuße eines Bergrückens aus, der als weit vorstehender Erker in die Tsangpo-Ebene hineinragt. Die überwiegend weißen und roten Gebäude mit den goldenen Dächern heben sich leuchtend vom dunklen, gezackten Felsrücken ab. Im rechten Klostertrakt steht ein auffallend hohes, fensterloses Gebäude. Es ist innen begehbar und dient dazu, bei festlichen Anlässen ein überdimensionales Thangka zu entrollen. Noch monumentaler aber ist der rote Maitreya-Tempel, in dem eine 26 Meter hohe Figur des zukünftigen Buddha thront. Sven Hedin, der im Winter 1906/1907 nach härtesten Strapazen hier ankam und dem Neujahrsfest beiwohnte, konnte dieses Bauwerk noch nicht bewundern, da es erst im Jahre 1916 fertiggestellt wurde. Statt dessen sah er die Grabtschörten der Panchen Lamas, von denen heute nur ein einziger erhalten ist.
Der Panchen Lama gilt seit der Zeit des Fünften Dalai Lama als Inkarnation des Buddha Amitabha, einem der fünf transzendenten Buddhas. In der politischen Realität versuchen die Chinesen bis heute, den Panchen Lama gegen den Dalai Lama auszuspielen.

»Ich verbrachte angenehme Tage in den Palästen des Tashi-Lama. Ich unterhielt mich mit allen möglichen Leuten. Vor allem aber genoß ich einen paradiesischen Frieden, den einzig der Gedanke an den unausweichlichen Abschied trübte.«
Alexandra David-Néel

Auch der im Jahre 1989 verstorbene Zehnte Panchen Lama verbrachte die meiste Zeit seines Lebens unter der »fürsorglichen« Obhut der Chinesen. Er mußte die meiste Zeit in Beijing verbringen, wurde während der Kulturrevolution schlimm verfolgt und erst nach dem Sturz der Viererbande rehabilitiert. Es mag ein merkwürdiger »Zufall« sein, daß er ausgerechnet in seinem Stammkloster Tashilhunpo starb, und zwar nachdem er einen wiederaufgebauten Tschörten eingeweiht hatte, in dem fünf seiner Vorgänger ruhen, und nur wenige Tage nachdem er in aller Öffentlichkeit zum erstenmal mit ungewohnter Schärfe die chinesische Politik in Tibet kritisiert hatte.

Der Weiterweg führt parallel zum Tsangpo nach Westen. Kleine Dörfer klammern sich an die Berghänge, damit nichts von der landwirtschaftlichen Nutzfläche verlorengeht. Denn in Tibet hat die Fruchtbarkeit überall ihre Grenzen; die fruchtbaren Stellen sind nicht viel mehr als Oasen, Inseln inmitten einer von Unfruchtbarkeit und in hohen Lagen von Gletschern bestimmten Gebirgswelt. Die Straße erklimmt nun den Tso La, einen 4500 Meter hohen Paß, und gleich dahinter einen noch viel höheren Paß, den Gyatso La (5200 m). Bei klarem Wetter hat man einen phantastischen Blick auf die Hauptkette des Himalaya. Gleich nach der Paßhöhe biegt eine schmale Piste nach Süden ab, zum Kloster Sakya.

Sakya ist eine Welt für sich. Die ganze Anlage ist umgeben von einer mächtigen Mauer mit Wachtürmen an allen Ecken, wodurch das Kloster mehr einer Festung gleicht als einem Sakralbau. Auch das Hauptheiligtum ist noch zusätzlich von hohen fensterlosen Mauern umgeben. Fast alle Gebäude zeigen eine monotone graue Färbung, die nur von einem vertikalen rot-weißen Streifen aufgehellt wird. Selbst die Dörfer der Umgebung weisen dieselbe Farbsymbolik auf und zeigen damit an, daß ihre Bewohner der alten Sakya-Tradition

Dorf in der Nähe des Klosters Sakya. Die flachen Bauernhäuser zeigen dieselbe Farbsymbolik wie das einst so mächtige Kloster.

anhängen. Von den einst 24 Klöstern des Sakya-Gebietes steht nur mehr das Südkloster. Die Sakya-Sekte freilich ist noch immer weit verbreitet, aber ihre bedeutendsten Klöster findet man heute in Indien, Nepal und Bhutan. Im indischen Rajpur befindet sich auch der Sitz des Sakya-Oberhauptes.

Die Gründung des Klosters wird mit dem indischen Gelehrten Khön Könchok Gyälpo in Zusammenhang gebracht. Ihm soll auf einer nahegelegenen Felswand siebenmal die heilige Silbe *Dhi* erschienen sein, die als Symbol für Manjushri gilt. Deshalb werden die Äbte von Sakya als Wiedergeburten dieses Bodhisattva erkannt.

Den größten Einfluß in Tibet gewann Sakya in der Zeit höchster Gefahr, als Tibet von den Mongolen bedroht war, die im 13. Jahrhundert die beherrschende politische Kraft in Zentralasien waren. Dschingis Khan verschonte mit seinem Reiterheer noch das Land, aber sein Sohn Godan Khan fiel plündernd in Tibet ein. Der große Abt Sakya Pandita erwirkte durch Verhandlungsgeschick und Überzeugungskraft den Abzug der Mongolen, seine Gelehrsamkeit machte auf den Mongolenführer einen solchen Eindruck, daß er ihn an seinen Hof holte. Schließlich nahmen die Mongolen den Buddhismus an, und aus den Feinden der Lehre wurden Beschützer, die der Sakya-Familie für ein gutes Jahrhundert die Herrschaft im Schneeland sicherten.

Die Straße führt wieder zurück an den Tsangpo, und noch bevor man seine Ufer erreicht, kommt man nach Lhatse. Ein paar staubige, würfelförmige Gebäude scharen sich um eine Straßenkreuzung. Jedoch gibt es ein Kino, eine Fernfahrer-Station und ein Treibstofflager der Armee. Hier teilt sich die Straße. Eine Route folgt weiter dem Tsangpo nach Westen, bis zu seinem Ursprung am Kailas. Die andere weist in Richtung Südwesten, dem Hauptkamm des Himalaya zu, verläuft quer über die Tingri-Hochebene zur nepalesischen

»Das höchste Tibet ist sich immer gleich, und all der mannigfaltige Kleinzauber, der in unseren Breiten den Wechsel der Jahreszeiten begleitet und uns zu froher oder trauriger Weihestimmung erhebt, entfällt hier an der Grenze der Existenzbedingungen. Hier wirkt nur die unfaßbare Größe ... Gewaltig, eintönig, unergründlich und wild. Sie ist eine tiefernste Welt fahler Geister, wo der Mensch als Mensch nicht mehr bedeutet als den flüchtigen Schatten des Augenblicks.«
Ernst Schäfer

Mädchen aus dem Dorf Shekar. Das Leben in der freien Natur, unter Einwirkung der Sonne in mehr als 4000 m Höhe, hat tiefe Spuren in ihren Gesichtern hinterlassen.

Jomolungma ist einer der heiligen Berge Tibets, zugleich der höchste der Welt. Der Mount Everest, wie ihn die abendländischen Geographen genannt haben, gilt den Tibetern als Sitz der Göttin Tseringma, die auf einem Schneelöwen ins Tal reitet. Zu Füßen des Bergriesen steht das Rongbuk-Kloster, in dessen Umgebung sich früher gerne Einsiedler niederließen, die dem Vorbild des Milarepa nacheiferten, der in seinen »Hunderttausend Gesängen« das Leben als Yogi verherrlichte.

Grenze. Dieser wollen wir zunächst folgen. Mit jedem Kilometer gewinnt das Land an Weite, dehnt sich zu einer ungeheuren Hochfläche aus, die im Süden von himmelstürmenden Eiszacken beschlossen wird. Mir scheint, als wären die Farben hier noch um ein Vielfaches gesteigert, das Licht in solcher Fülle gegenwärtig, daß die ganze Landschaft eine unfaßbare Dimension erhält. Es ist ein Himmel, so blau wie es ihn nur in Tibet gibt, darüber segeln die seltsamsten Wolkengebilde, die sich als wandernde Schatten auf der Erde fortpflanzen.

Aus grüner Gerste und gelbem Raps erhebt sich ein dunkler Zeugenfels, dessen Sockel weiße Häuserwürfel wie ein seidenes Band umschließen. Hoch darüber, auf einer Felsterrasse, kleben rote und weiße Tempel, und von der höchsten Spitze blicken die Ruinen einer Trutzburg herab. Berg, Dorf, Kloster und Festung bilden eine verwachsene Einheit. Der Ort heißt Shekar, das Kloster darüber Shekar Tschöde und die Festung ist Shekar Dzong, das »Weiße Kristall-Schloß«. Von ihr aus erblickt man einen weiteren »Kristall«, den höchsten und größten der Welt, Jomolungma, den Mount Everest. Der Berg gleicht ebenfalls einer Festung, einer Pyramide aus Fels und Eis, die sich über die gewellte Hochfläche in ungeheure Höhe emporschwingt. Er überragt seine nicht minder hohen Gefährten deutlich, den Makalu, den Cho Oyu, die »Göttin des Türkis«. Ein tiefer Einschnitt markiert den Nangpa La, den historischen Paß, über den die Sherpa einst ins Solo Khumbu wanderten.

Die ersten Everest-Expeditionen sind von Shekar losgezogen. Das 30 Kilometer lange Rongbuk-Tal läuft direkt auf den Bergriesen zu, der sich an seinem Ende in schwindelerregender Form aufbaut. Am Fuße der Gletscherausläufer steht das auch während der Kulturrevolution geschändete Rongbuk-Kloster. Ein kleines Heiligtum der Beschaulichkeit und Stille, der Größe seiner Umgebung angemessen. Hierher und in die umliegenden Eremitagen kamen Mönche, die den direkten Pfad zur Erleuchtung suchten, in einer Umgebung, wo sich gleichsam auf schneeweißem Grund kosmische Gesetze und abstrakte Wahrheiten abzeichnen, wo sich alles auf das Wesentliche reduziert, führten sie das Leben als Yogi, dessen Freuden Milarepa besingt.

Nach diesem Abstecher kehren wir zurück nach Lhatse, um der anderen Route zu folgen, einem Weg, der mehr als 1000 Kilometer weiter westlich wieder an den Himalaya trifft. Unmittelbar nach dem Ort wird auf einer Fähre über den Tsangpo gesetzt. Dann biegt die Piste in nordwestlicher Richtung ab, leitet durch ein System von Schluchten, die uns in das Tal des Raga Tsangpo führen, der von den Gletschern des Transhimalaya herabkommt. Wir folgen nun im wesentlichen dem Weg, den Sven Hedin nahm, als er das vor uns liegende Gebirge in seiner ganzen Ausdehnung und Größe erkannte und infolgedessen Transhimalaya nannte.

Über den Transhimalaya

Achtmal hat Sven Hedin den Transhimalaya überquert, mehrmals davon im Winter, unter härtesten Strapazen und größten Verlusten. Von den 36 Mauleseln und 58 Pferden, mit denen er im August 1906 in Leh, der Hauptstadt Ladakhs, loszog, erreichten nur ein einziger Maulesel und fünf Pferde Shigatse. Alle anderen Lasttiere fielen den eisigen Temperaturen und Stürmen während des Marsches über den Transhimalaya und die Tschangthang, die berüchtigten nördlichen Grassteppen, zum Opfer. Zuletzt starb auch noch sein Karawanenführer Muhammed Isa.

Von Sven Hedin besuchte Orte wie Raga und Saka Dzong liegen bereits hinter uns, als wir die Hauptpiste verlassen, die direkt in westlicher Richtung zum Kailas zieht, und nach Norden abbiegen, wo die eisstarrenden Bergmassive des Transhimalaya uns entgegenfunkeln, die den Zugang zur Tschangthang versperren. Langsam müht sich das Fahrzeug den ersten hohen Transhimalaya-Paß hinauf, den Gyagong La (5490 m). Der Transhimalaya ist zwar

---

»Schnee, der auf mich fiel, floß in Strömen von mir herab. Tosende Windstöße brandeten um das dünne Baumwolltuch, das feurige Hitze umhüllte. Ein Kampf auf Leben und Tod war dort zu sehen. Und ich, der ich den Sieg davontrug, hinterließ einen Markstein, künftigen Einsiedlern zum Nutzen, bewies ich doch die große Kraft des Tummo.«

Milarepa

Tibet beharrt in einer erhabenen, unbegreiflichen Ruhe und Stille wie seine Berge, wie seine unendlichen Steppen und Seen. Seine Grundsubstanz scheint unangreifbar zu sein.«

Wilhelm Filchner

Es sind Landschaftsformen, wie ich sie noch nie gesehen habe, gigantische Pyramiden, riesige Zuckerhüte, eiserstarrte Mondberge, kalt, kahl und grausig, eine ins Unermeßliche gesteigerte Polarlandschaft, bar allen Lebens und ohne jegliche Differenzierung.«

Ernst Schäfer

Die Hauptkette des Transhimalaya erhebt sich als leuchtend weißes Band über die Hochsteppen der Tschangthang.

niedriger als der berühmte Himalaya – er hat keinen Achttausender –, aber die Pässe sind durchweg höher. Es vergehen Stunden, bis wir die Paßhöhe mit den obligaten Gebetsfahnenbüscheln erreicht haben. Dahinter schließen sich Hochflächen mit breiten Bergrücken an, die nur unwesentlich niedriger sind als der Paß selbst. Vereinzelt stehen auf dem baumlosen Gelände schwarze Nomadenzelte. Neben einem dampft und sprudelt es aus der Erde. Die Nomadenfamilie hat ihr Zelt direkt am Rande einer geothermischen Ader aufgestellt. Der Ort mit dem Geysir heißt Memo Chutsän, und als Sven Hedin hier vorbeikam, badeten Kranke in den heißen Quellen.

Am nächsten Morgen setzen wir die Fahrt fort. Die »Straße« durchschneidet gewellte Hochflächen, die von beeindruckender Großzügigkeit sind. Sie besteht aus fünf parallel zueinander laufenden Radspuren, denn jedes Fahrzeug muß sich hier seinen eigenen Weg suchen. Auf den spärlich bewachsenen Grasflächen zeigen sich einmal zwei Antilopen, die unser Beifahrer – ein Tibeter – sofort abknallen will. Wenn man genau hinsieht, meint man, die ganze Ebene würde sich bewegen, so viele Pfeifhasen laufen geschäftig umher. Auf einem der Seen, an denen wir vorbeikommen, schwimmt ein Entenpaar, aber davon abgesehen, gibt es kaum Anzeichen von Leben. Seit Stunden haben wir keine Menschenseele mehr gesehen, keine feste menschliche Behausung, ja nicht einmal ein Nomadenzelt findet sich in dieser Einöde. Ein eisiger Wind weht von den Höhen herab. Schwarze zerfressene Bergkämme, gekrönt von blendend weißen Gletschern – die Hauptkette des Transhimalaya. Unendlich langsam bewegt sich das Fahrzeug in die eisigen Höhen hinauf. An jeder Schwelle meint man oben zu sein,

aber stets erscheint dahinter eine neue, noch höhere. Dann 5500 Meter: Der Transhimalaya-Paß ist erreicht.

Wir stehen auf der großen Wasserscheide: Nach Süden fließen die Gewässer dem Tsangpo und damit dem Meer zu, nach Norden hingegen enden alle Flüsse in den großen abflußlosen Salzseen der Tschangthang. Der Rundblick enthüllt einen unermeßlichen Raum, menschenleer liegt er unter dem tiefblauen Himmel da. Ein Meer von Schwellen, Hügeln, Hochflächen und schneebedeckten Gebirgen. Unfaßbar, daß man dieses Land zu Fuß beschreiten kann. Die Lung-gompa, die legendären tibetischen Trance-Läufer, haben dies vermocht. Ihre Ausbildungsstätte hatten sie im Kloster Shalu, unweit von Shigatse, wo sie durch besondere Yoga-Übungen Kräfte entwickelten, die sie befähigten, ungeheure Strecken in hohem Tempo – scheinbar über der Erde schwebend – zurückzulegen. Alexandra David-Néel ist einem solchen Trance-Läufer einmal begegnet, und zwar in einer Gegend, in der sie seit Tagen keine Menschenseele mehr angetroffen hatte.

»Es kommt mir nicht zu, zu entscheiden, ob ich mein Ziel erreicht habe oder nicht; als ich auf dem Surnge-la den Transhimalaya zum achtenmal überschritt, hatte ich die Befriedigung, alle die alten Hypothesen wie Kartenhäuser einfallen und gerade da einen neuen wichtigen Zug in die Karte Asiens eingetragen zu sehen, wo bisher der weiße Fleck mit seinem verlockenden ›Unexplored‹ gegähnt hatte.«

Sven Hedin

Tschangthang, die Große Leere

Nun haben wir die Tschanthang erreicht, die extremste Landschaft Tibets. Hier gibt es nirgendwo einen einzigen Baum, der schützt, weder vor der Hitze noch vor den Stürmen. Es ist eine Landschaft, die ständig ihr Gesicht verändert. Im Sommer gibt es häufig Wetter- und Temperaturstürze. Binnen Minuten verdunkelt sich der Himmel, und es fällt Schnee, kurze Zeit später brennt wieder die Höhensonne unerbittlich herab.

Unser Weg führt nun entlang des Soma Tsangpo, einem der größten Flüsse der Tschangthang. Sein Wasser ergießt sich in den Terinam Tso. Ein türkisgrüner See, eingefaßt von dunklen Berggestalten, die ihn eifersüchtig hüten. Terinam Tso interpretierte Sven Hedin so: »ti ist der Thronsessel eines Lamas im Tempelsaal, ri bedeutet Berg, nam ist der Himmel und tso der See.« Mit anderen Worten: »Der himmlische See der Thronberge.«

Am Terinam Tso verlassen wir Sven Hedins Spur, die direkt nach Westen verläuft. Wir fahren nach Norden weiter, vorbei an Tsochen (Coqen) und kommen nun durch die farbenprächtigste Landschaft, die man sich vorstellen kann. Hier gibt es kaum Vegetation, allenfalls einzelne Grasbüschel, gelbes und rotes Moos, dafür wetteifern die Gesteinsformen in ihrer Farbenpracht. Grüner Porphyr, roter Kies, violette Bergkegel mit Längsstreifen aus schwarzem Gestein, dazwischen eingebettet Seen wie geschliffene Türkise. An einem dieser Seen schlagen wir unsere Zelte auf. Ein Platz, der nicht schöner hätte sein können.

Am nächsten Morgen setzen wir die halsbrecherische Fahrt über Naturpisten in Richtung Norden fort. So weit das Auge reicht, nur

»Durch die Ebenmäßigkeit und das Fehlen alles Kleinen zeigt diese Landschaft so unfaßbar gerade Linien, eine so großzügige Abrundung und eine solch übernatürliche Größe, daß es ein ängstliches Gemüt bedrücken könnte. Aller Tand ist vermieden, alle kleinliche Ablenkung der Sinne ausgeschaltet. Unterbrochen und gesäumt von weißglänzenden Schneekämmen wölbt sich über allem der zartblaue Himmel mit weißen riesenhaften Wolken, die in ruhigem Gleichmaß dahinziehen.«

Ernst Schäfer

>Man stelle sich ein in wilder Fahrt durch die sonnendurchglühte Steppe rasendes Kyangrudel vor, von einigen hundert Köpfen. Ein Tier hinter dem anderen genau auf ›Vordermann‹, uns die volle Breitseite weisend, defiliert das Rudel vorüber. Nun wendet die Führerin, steht spitz, und in gleicher Sekunde vollführen alle Tiere die gleiche exakte Wendung, daß uns hundert weiße Hälse anblitzen und aus hundert Nüstern zu gleicher Zeit der schnaubend, prustende Warnlaut ertönt. Schöneres habe ich selten erleben dürfen.«

Ernst Schäfer

>Eher wird der Reisende ein Teil des Landes; er mißt die Höhen, verkartet Gletscher und Flußläufe, benennt Seen oder benennt sie neu, denn sie tragen längst ihre alten, traditionellen Namen, und nur ganz allmählich merkt er, daß nicht er das Land erobert, sondern das Land ihn.«

Michael Taylor

Kyangs, tibetische Wildesel, auf der Tschangthang, den berüchtigten nördlichen Grassteppen.

Lager in der Nähe des Terinam Tso, des »Himmlischen Sees der Thronberge«. Die Landschaft ist so von Licht durchflutet, daß Farben und Formen sich zu einer Plastizität steigern, wie es sie nur in Tibet gibt.

Gebirgswüsten und karge Kältesteppen mit gelbem und grünem Gras. Einmal begegnen wir einer Herde Kyangs, wilde Esel, die früher in großer Zahl die Tschangthang bevölkerten. Sie laufen mehrmals unseren Weg kreuzend vor uns her, bis sie schließlich abdrehen und hinter einem Hügel verschwinden. Ein weiteres Gebirge türmt sich vor uns auf, noch ein hoher Paß ist zu überwinden, dahinter fällt das Gelände flach zu einer Seenplatte ab. Ein paar hundert Höhenmeter tiefer gibt es bereits wieder Grasinseln, auf denen Yaks und Schafe weiden. Bei einer Gruppe Nomadenzelte, unmittelbar am Wegesrand, machen wir halt, um wieder einmal tibetischen Buttertee zu schlürfen.

Aus einer schier endlosen Ebene leuchten Zwillingsseen heraus mit einem blendend weißen Ufersaum. Sie heißen Tashibup Tso und Tong Tso und wurden erstmals vom indischen Pandit Nain Sing kartographiert. An ihren Ufern wird von den Nomaden Salz gewonnen. Weiße kegelförmige Haufen, die wie arktische Eistürme aussehen, stehen entlang der Südufer. Wir fahren in Respektabstand daran vorbei, denn ringsum ist der Boden aufgeweicht, und das schwere Fahrzeug würde darin unausweichlich versinken.

Unsere Route biegt nun nach Westen ab. Die Staubpiste durchpflügt weiterhin die Grassteppen der Tschangthang. Roter Porphyr, dazwischen grünes und gelbes Yak-Moos, und darüber segeln weiße Wolkentiere. Aber das Land ist nicht mehr so öde und lebensabweisend wie zuvor. Es bietet den Nomaden ein Auskommen, deren Zelte wieder häufiger werden. Das Verwaltungszentrum dieser Nomadenbevölkerung ist Gertse (Gerze), eine der häßlichsten Siedlungen Zentralasiens, und das will was heißen.

Noch einen ganzen Tag geht die Fahrt über monotone Hochflächen. Dann kommen wir an den Indus, dem wir durch enge Schluchten westwärts folgen. Plötzlich sind wieder tibetische Dörfer da. Weißgekalkte Häuser aus Lehm, umgeben von Gerstenfeldern. Mehrmals begegnen wir Handels- oder Pilgerkarawanen, die den Saumpfad am Indusufer entlangziehen. Unvermittelt lockert sich die Umklammerung der Berge, sie treten zur Seite und geben den Blick auf eine breite Talfurche frei. Sie ist im Westen von einem gewaltigen eisgekrönten Gebirgskamm begrenzt, die Fortsetzung des Himalaya-Bogens, der später in den Karakorum übergeht. Das Gebirgsmassiv markiert die Grenze zu Indien, genauer gesagt zum alten Königreich Ladakh. Am Rande der Talebene liegt Ali (Shiquanhe), eine neugegründete chinesische Garnisonsstadt. Unser erster Weg führt uns an das Ufer des Indus. Was kann es Schöneres geben, als in diesem Fluß zu baden, hier oben, nahe seiner Quelle, wo das Wasser rein und klar ist. Die Begeisterung kennt keine Grenzen, denn sein Wasser kommt von den Gletschern des heiligen Berges Kailas herab – unserem Ziel, dem wir uns nahe fühlen.

Kapitel 12

Der heilige Berg Kailas

»Auf dem König der Berge von Jambudvipa, dem Tise hier, ein tibetischer Yogi baumwollbekleidet. Da ich zum Ende geführt Ausdauer und Askese, ward meine eigene, des Yogi Kraft offenbar. Ist mein der Tise mit den weißen Gletschern, und daher wächst an hier die Lehre des Buddha.«

Milarepa

Zwischen zwei Thronbergen, die als Sitz der Bodhisattvas Manjushri und Vajrapani gelten, ragt die Nordwand des Kailas senkrecht in den Himmel. Der Gipfel des heiligen Berges leuchtet wie ein Diamant im Licht der untergehenden Sonne und erscheint dem Pilger als Symbol des absoluten, unwandelbaren Buddha-Prinzips.

Ein Tschörten ist ein Religienschrein, der an Pilgerstraßen und in Tempelbezirken errichtet wird und an Buddhas Eingang ins Nirvana erinnert.

Im äußersten Westen Tibets, umgeben von einer Traumlandschaft, steht ein Berg, der alle anderen im Himalaya an Bedeutung übertrifft. Er ist unvergleichlich in seiner Form, jede seiner Seiten ein mythisches Diagramm. Er hat eine einzigartige geographische Position, denn in seiner unmittelbaren Umgebung entspringen vier der größten Flüsse Asiens – der Indus, der Brahmaputra, der Sattledsch, der Karnali – und fließen wie die Speichen eines Rades in alle Himmelsrichtungen hinweg. Er ist heiliger als alle anderen heiligen Berge der Welt, denn er steht im Brennpunkt von vier Religionen. Hindus, Buddhisten, Dschain und Bönpo verehren ihn gleichermaßen. Er ist höchstes Pilgerziel für Hunderte Millionen Menschen.

Für den Hindu ist er der Sitz des höchsten Gottes Shiva, das irdische Abbild des Weltenberges Meru, der Nabel der Welt. Der Buddhist erblickt in ihm den Mittelpunkt eines gigantischen, von der Natur geschaffenen Mandala, zu dem auch die gesamte Umgebung gehört. Der Dschain heiligt den Berg als jenen Ort, an dem der Religionsgründer Rischabanatha geistige Befreiung erlangte. Und für den Bönpo ist er der »Neunstöckige Swastika-Berg«, das spirituelle Kraftzentrum seiner Religion.

Die Unterschiede dieser Religionen zueinander mögen äußerlich noch so groß sein, im Kern, in ihrer zugrundeliegenden Wahrheit, sind sie gleich. Für alle verkörpert dieser Berg das Allerheiligste, das Höchste, das Reinste, das die jeweilige Religion zu artikulieren oder in Symbolen darzustellen vermag. Der Kult um ihn ist Ausdruck vom Bestreben des Menschen, seine Ideale auf eine stoffliche Form zu projizieren. So kommen Pilger seit Menschengedenken hierher, mit den edelsten Gedanken und der größten Hingabe im Gepäck, deren sie fähig sind, erfüllt von der Hoffnung, der Kailas werde alles verstärken und damit ihre spirituelle Entwicklung beschleunigen. Seit urdenklichen Zeiten wird der Berg umrundet, rechtsläufig von den Buddhisten und Hindu, in umgekehrter Richtung von den Bönpos. So entstand im Laufe der Zeit eine Landkarte des Glaubens, auf der jeder Stein, jeder Quell, jeder Hügel, jeder Fluß einen geistigen Aspekt hat, der sich mit dem Kailas und den beiden heiligen Seen Manasarovar und Raksas Tal zu einem harmonischen Ganzen zusammenfügt, einen vollkommenen kosmischen Bauplan ergibt.

Der Zugang zum Kailas mußte früher durch ungeheure Strapazen erdient werden, denn er liegt fernab größerer Siedlungenplätze und ist für tibetische Buddhisten wie für Hindu gleichermaßen schwer erreichbar. Diese natürlichen Hindernisse wurden der Macht des Berges zugeschrieben und mit Gleichmut hingenommen, ja sie vermehrten noch das Verdienst einer Pilgerschaft. Im Vergleich zu früher ist die Anreise heute leicht geworden. Die meisten Pilgergruppen aus entfernten Regionen Tibets kommen auf Lastwagen daher, wodurch der oft Monate dauernde Anmarsch sich auf wenige

»Er ragt am Mittelpunkt des Weltalls 403 200 Meter hoch auf, umgeben von den konzentrisch geordneten sieben Kontinenten und sieben Ozeanen. Die vier Seiten des Berges blicken in die vier Himmelsrichtungen: die östliche besteht aus Kristall, die westliche aus Rubin, die südliche aus Lapislazuli und die nördliche aus Gold. Sonne, Mond und Sterne ziehen ihre Bahn um diese blendende Achse, und die sich vielfach überlagernden Reiche von Himmel, Erde und Unterwelt sind ringsum verteilt.«

Vishnu Purana

Tage reduziert. Die Erschließung des Kailas mit modernen Fortbewegungsmitteln hat aber auch eine neue Spezies von »Kailas-Pilgern« angelockt: Touristen auf der Suche nach den letzten Paradiesen und Reizen dieser Erde. Sie werden von unterschiedlichen Motiven geleitet. Für die einen ist es ein elitäres Erlebnis, dazu da, um vor allem anderen etwas zu beweisen, zu den (noch) wenigen zu gehören, die auch dort waren. Andere betrachten es als eine Art Trekking-Tour. Ganze Gruppen kommen mit geländegängigen Fahr-

Über eine gelbe Prärie zieht die Pilgergruppe ihrem Ziel entgegen, zum Kang Rimpotsche, dem kostbaren Schneejuwel, der als gewaltiger Eistempel die Landschaft überragt. Schon von weit her zeigt er den Pilgern das Symbol seiner Kraft, das Swastika-Zeichen, welches in Form von Felsbändern sichtbar wird.

zeugen daher, noch benommen von der langen Fahrt, schleppen sie sich um den Berg. Manche sind enttäuscht, weil die mystische Atmosphäre, die ihnen der Reiseprospekt versprochen hat, nirgendwo zu sichten war, dabei müßten sie von sich selbst enttäuscht sein, weil sie nach etwas suchten, das sie zuerst bei sich selbst finden müssen. Es gibt natürlich auch echte Pilger darunter, gläubige Buddhisten und Hindu, an spiritueller Entwicklung interessierte Menschen und solche, die genügend Einfühlungsvermögen mitbringen, um sich angesichts der Heiligkeit dieses Ortes in angemessener Weise zu verhalten.

Parikrama, die rituelle Umwandlung des Kailas

> »Der Berg erscheint so nah, daß der Pilger glaubt, er könne ihn mit Händen greifen – und gleichzeitig hat er das Gefühl, sich einer unnahbaren, unberührbaren ätherischen Erscheinung gegenüber zu befinden, als wäre sie jenseits des irdischen Bereichs, jenseits aller materiellen Wirklichkeit: ein himmlischer Tempel mit einer Kuppel aus Kristall oder Diamant.«
> Lama Anagarika Govinda

> »Wer Parikrama, die rituelle Umwandlung des heiligen Berges, mit völliger Hingabe und Konzentration ausführt, geht durch einen vollen Kreis von Leben und Tod.«
> Lama Anagarika Govinda

Von Ali (Shiquanhe) führt eine Staubpiste in Richtung Süden, stets parallel zur Himalayakette. Wir sind schon in aller Frühe aufgebrochen, um den heiligen Berg noch an diesem Tag zu erreichen. Nach acht Stunden Fahrt kommen wir auf eine endlos scheinende, sanft abfallende Hochfläche, absolut baumlos, nur mit Gras bedeckt. Ein dunkler Bergrücken mit kleinen Scheepyramiden begrenzt die Grasebene nach Osten hin. Das Massiv zeigt bereits ähnlich geschichteten Fels, wie er für den Kailas so charakteristisch ist. Gespannt halten wir nach vorne Ausschau. Aber dunkle Gewitterwolken schieben sich von Süden heran und versperren jegliche Sicht auf höhere Gipfel. Da entsteht vor unseren Augen ein mächtiger Regenbogen, der aus dem Boden wächst und sich im pechschwarzen Himmel verliert. Wir sind noch ganz damit beschäftigt die Himmelserscheinung zu bestaunen, da löst sie sich auf; gleichzeitig teilt sich der Wolkenvorhang, und dahinter wird ein leuchtend weißer Fleck sichtbar. Von Minute zu Minute vergrößert sich das Wolkenloch, so daß – wie ein Thangka, den man entrollt – allmählich der Kailas in seiner ganzen Form erscheint. Das Schneejuwel bietet dabei einen Anblick, der alles vergessen läßt, was ich bisher sah. Der heilige Berg scheint ohne Sockel dazustehen, dem Irdischen enthoben, als ob sein Eisdom, der wie ein Diamant funkelt, schwerelos in der Luft schwebte, getragen von den Wolken, die ihn wie eine Aura umgeben. So unvermittelt wie er aufgetaucht ist, verschwindet er wieder in der Leere des Raumes. Wir setzen den Weg fort und erreichen nach wenigen Kilometern Tarchen, das kleine Pilgerlager am Fuße der Südflanke des Kailas.

In den Sommertagen geht es hoch her in Tarchen. Es herrscht ein ständiges Kommen und Gehen. Lastwagen schleppen sich und ihre Ladungen an Menschen und Material daher. Früher, als die Pilger oft nach monate- oder gar jahrelangen Wanderungen hier eintrafen, mag es vielleicht beschaulicher zugegangen sein, aber an der religiösen Atmosphäre hat sich nichts geändert. Ununterbrochen hört man das Absingen der heiligen Mantras, sieht die Pilger mit glückstrahlenden Gesichtern nach einer vollendeten Runde zurückkeh-

ren. Die meisten von ihnen führen mehr als eine Runde aus, obwohl eine allein schon die Sünden eines Menschenalters auslöschen soll. Nach dreizehn Runden ist das Bewußtsein so weit gereinigt, daß der Pilger das Zentrum des Mandala, den inneren Ringpfad um den Kailas betreten darf, der direkt an seinem Sockel entlangführt. Die Zahl einhundertacht zu erreichen, gilt auch hier als größtes Ziel, aber nur wenige sind es, die dieses entschlossen anpeilen. Es ist in zwei Jahren zu schaffen.
Aus der anderen Richtung, von Nordwesten kommend, nähern sich die Bönpo dem Start- und Zielpunkt Tarchen. Sie gehen ihren Weg im entgegengesetzten Uhrzeigersinn, manche legen die gesamte Strecke durch fortlaufende Niederwerfungen zurück.
Die Zahl der Hindu-Pilger ist auf zweihundert pro Saison be-

Ausgangspunkt für die rituelle Umwandlung des Kailas ist das kleine Pilgerlager Tarchen an der Südseite des Berges. Hier steht ein alter Tschörten an dem der mythische Kreis beginnt.

schränkt. Die Auswahl, wer von den Millionen Gläubigen an Shivas Thron darf, trifft das indische Außenministerium und nicht mehr so, wie früher, die Glaubensstärke und die Härte des Weges. So kommen überwiegend reiche Inder, Angehörige der gutsituierten Oberschicht zum Zug, die nach Überschreiten der Grenze mit Bussen von Purang hierher transportiert werden. Trotzdem schaffen es hin und wieder barfüßige Asketen, hierherzukommen, Sadhus, denen es gelingt, auf verschlungenen Pfaden die nie kontrollierbare Himalayagrenze zu überschreiten. Eine solche Gruppe nähert sich eines Tages unserem Lagerplatz. Es sind spindeldürre Gestalten, barfüßig, nur mit dünnen Baumwolltüchern bekleidet, die gemächlichen Schrittes einhergehen, den Pilgerstab in der Hand und den Blick starr auf Shivas Thron gerichtet, der am Gipfel des Kailas als nackter, aschebeschmierter Asket sitzen soll. Den eisigen Temperaturen in der Heimat des Schnees begegnen sie mit einer Yoga-Technik, die in Tibet unter dem Namen Tummo bekannt ist, die

»Leb wohl, du ehrbares und einfaches Volk. Möge das Glück, das zivilisierten Völkern untersagt ist, dir lange erhalten bleiben. Und während jene ihrem nie endenden Ehrgeiz, ihrer Raffgier nachjagen, mögest du in Frieden und Genügsamkeit, von rauhen Gebirgen beschützt, weiterleben, und nichts benötigen als das, was in der Natur des Menschen liegt.«

George Bogle

Aktivierung des inneren Feuers durch Visualisieren des entsprechenden feinstofflichen Energiezentrums (Chakra) im Körper.

Bevor wir den Pilgerpfad betreten und den Spuren Tausender und Abertausender folgen, begeben sich die Buddhisten in meiner Gruppe zum Tschörten von Tarchen, um für einige Zeit in Versenkung zu verweilen. Danach verlassen wir das Pilgerlager in westlicher Richtung. Von Anbeginn des Weges säumen zahllose kleine Steinhaufen den Pfad, aufgeschichtet von den Händen der Pilger, die seit Generationen hier entlangziehen. Niemand wandelt achtlos daran vorbei, jeder fügt einen Stein hinzu, und vollführt zusätzlich eine Umwandlung. Von nun an gibt es keine markante Felszacke, keine Höhle, keine Naturerscheinung entlang des Weges, die nicht mit dem Wirken göttlicher Wesen in Verbindung gebracht werden. Dabei decken sich Mythos und geographische Realität so häufig, daß es selbst dem größten Skeptiker schwerfallen würde, alles bloßem Zufall zuzuschreiben.

Der einundfünfzig Kilometer lange Rundweg beginnt in einer lieblichen Landschaft. Man wandert durch eine goldglänzende Prärie, die Farbe des Dhyani-Buddha Ratnasambhava – »des im Juwel Geborenen« –, dem dieser Abschnitt des Natur-Mandala zugeordnet ist. Zur Linken breitet sich die grüne Ebene von Barkha aus, die der weiße Zackenkamm des Himalaya in der Ferne überragt. Auf einer Anhöhe treten die Hügel auseinander und geben zum erstenmal den Blick auf den Kailas frei. Hier befindet sich auch die erste Fußfallstätte. Das Gesicht dem heiligen Berg zugewandt, werfen sich die ankommenden tibetischen Pilger der Reihe nach nieder. Der Kailas erscheint als ebenmäßige Eispyramide, die die dunklen Felswände krönt. Der Berg beherrscht die Landschaft, erscheint dem Pilger als reinster Diamant, der in seinem Wesen immer gleichbleibt, während Licht und Landschaft sich fortwährend verändern.

Jetzt wendet sich der Pfad nach Norden und führt hinunter zum Lhachu, in das Tal des Götterflusses. Über einem Felsblock erhebt sich der Fahnenmast von Tarbotsche. Er wird alljährlich zum Gedenken an Buddhas wichtigste Lebensstationen – Geburt, Erleuchtung und Eingehen ins Nirvana – immer wieder neu errichtet. Nur ein Stück weiter steht ein gemauerter Tschörten, der einen offenen Durchgang besitzt. Von seiner Spitze leuchtet eine rote Scheibe und ein darunterliegender weißer Halbmond herab, Symbol für die polaren Kräfte, für den Manasarovar und den Raksas Tal, für Tag und Nacht, für männlich und weiblich – was immer man für Polaritätspaare einsetzt, deren Verschmelzung die Einheit ist. Die im Tschörten aufbewahrten Reliquien sollen alle Wesen, die durch diese Pforte gehen, von Krankheiten heilen. Mit dem Durchschreiten des Tschörten betritt man tatsächlich eine andere Welt, ein »Königreich des Geistes«, wo jeder Gedanke, jede Handlung zu einem heiligen Akt wird, der einen weiteren Schritt auf dem Pfad der Erleuchtung bildet.

Hier an der Westseite des Kailas gelangen wir in eine enge Schlucht von dunklen, bedrohlich aussehenden Granitwänden. Das ist das Reich des Buddha Amitabha, des Herrn des westlichen Paradieses Sukhavati, dessen Farbe rot ist, rot wie die Granitwände, die zu beiden Seiten himmelhoch aufragen. Das Paradies ist hier nicht als Lokalität zu verstehen, sondern als Bewußtseinszustand.

Ein schmaler Pfad zweigt nach links ab und führt zu einer hölzernen Brücke hinab, die den Lhachu überspannt. An der steilen Felswand der gegenüberliegenden Talseite klebt ein winziges Kloster; von gleicher Farbe wie das umgebende Gestein, ist es nur an der sich bewegenden Menschenkette auszumachen, die wie Ameisen ihrem Ziel zusteuern. Der ganze Berg ist ein einziger gewaltiger Tempel, in dem sich auch Padmasambhavas verborgene Höhle befinden soll. Tschukku Gompa ist erst seit kurzer Zeit wiederaufgebaut und bildet das erste von vier Klöstern, die entsprechend den vier Kardinalrichtungen des spirituellen Diagrammes an den vier Seiten angeordnet sind.

Nun durchläuft der Weg eine respekteinflößende Schlucht. Die Sandsteinwände sind steil und glatt, an manchen Stellen fallen Wasserfälle herab, die wie weiße seidene Khadaks aussehen, die von den Götterfiguren herabhängen. Wo sie am Fels auftreffen, zerstäuben sie zu zarten Schleiern.

Das Tal wird jetzt wieder breiter und wendet sich nach Osten, folgt

Der Kailas steht im Mittelpunkt eines Mandalas der Natur. Er strahlt aus der Mitte heraus wie der reinste Diamant und erscheint dem Buddhisten als Symbol des absoluten, unwandelbaren Buddha-Prinzips, während der Hindu in ihm das irdische Abbild des Weltenberges Meru erblickt.

dem Bogen des Lhachu. Entlang des Weges stehen einige Zelte. Sie dienen vorbeikommenden Pilgern als Nachtquartier, aber die meisten ziehen es vor, sich unter dem funkelnden Sternenhimmel auszustrecken, eingerollt in ihre dicken Fellmäntel.

Man durchwandert nun ein herrliches Tal mit grünen Matten, die zum Verweilen einladen. Nomaden ziehen mit ihren Herden auf dieser Insel der Glückseligkeit herum. Der Pfad aber steigt nun steiler an, schlängelt sich am Fuße mächtiger Granitwände entlang, die den heiligen Berg wie eine Festungsmauer umschließen, so daß er sich den Blicken der Pilger völlig entzieht. Aber wie durch ein Wunder treten die Vorberge unvermutet zur Seite, öffnet sich das Tor zum Mandala, aus dessen Mitte der Kailas in unvergleichlicher Weise herausstrahlt. Es verschlägt einem den Atem, wenn man dem nördlichen Aspekt des Kailas gegenübersteht. Die Form ist einmalig, unvergleichlich. Eine 1500 Meter hohe Wand, die senkrecht aufragt, so steil, daß sich kaum Eis daran festzuhalten vermag, und ganz oben funkelt wie ein Diamant der Gipfel. Das Urbild einer Stufenpyramide, wahrhaftig ein »Felskristall-Tschörten«, wie ihn die Bönpo seit jeher bezeichnen, vollkommener kann keine irdische Erscheinung sein. Jede Beschreibung verfehlt hier ihr Ziel, bleibt unzureichend; Symbole, Erklärungen, Beschreibungen treffen immer nur Teile, sie können niemals die Ganzheitlichkeit wiedergeben. Des-

Der Kailas, die leuchtende Kristallpagode, wie ihn die Bönpo nennen, in seiner ehrfurchtgebietenden Erscheinung von Norden her. Der tibetische Yogi Milarepa ist der einzige, der diesen Gipfel bestieg, aber nicht physisch, sondern psychisch – er soll im Lichtstrahl der Sonne hinaufgeflogen sein.

halb ziehen es die Mönche vor zu schweigen, wenn sie auf dem Dach des gegenüberliegenden Klosters Dirapuk sitzen und den Geist in dieses Reich des *Klaren Lichtes* eintauchen. Dirapuk Gompa ist von beglückender Einfachheit. Hier wurde jeglicher Prunk oder Tand vermieden, es gibt hier keine Ablenkung, nichts was den Blick auf den Kailas verstellt und den Weg zu höherer Erkenntnis behindert.

Während die gelehrten Lamas die höheren Aspekte und Eigenschaften der Gottheiten visualisieren, die über die Abbildungen hinausweisen und kosmische Wahrheiten offenbaren, hat der einfache Pilger meist keine Ahnung von den metaphysischen Hintergründen; für ihn sind Götter auf den Fels- und Eistempeln Realität. So gelten die beiden Vorberge, zwischen denen der Kailas erscheint und die wie Wächter dastehen, als Thronsitze Vajrapanis und Manjusris. Ersteres ist ein »Diamantwesen«, das die Fähigkeit verkörpert, geistige Verunreinigungen aller Art zu beseitigen, und das als Symbol der Unzerstörbarkeit einen Dorje in der Hand hält, während Manjusri als Bodhisattva der Weisheit gilt, der mit seinem flammenden Schwert das Dunkel der Unwissenheit zerteilt. Neben dem Manjusri-Berg steht der Sitz Avalokitesvaras, des Schutzpatrons Tibets, und neben dem Thronsitz Vajrapanis liegt jener der Tara (Dölma), der gütigen Göttin des Schneelandes, die aus den Tränen Avalokitesvaras entstanden sein soll.

Blutrot, wie man es nur von Sonnenuntergängen her kennt, färbt sich der Himmel über dem Kailas bei Tagesanbruch. Gleich hinter Dirapuk Gompa überquert man den Lhachu auf einer Brücke, und danach beginnt der Aufstieg zum Dolma La, dem Paß der Retterin, der den wichtigsten Durchgang des Parikrama bildet. In mehreren Geländestufen windet sich der Pfad zum 5600 Meter hohen Paß hinauf. Eine dieser Schwellen ist mit Hunderten von Steinmännern überzogen, alles Lingas, ein ganzer Wald aus Phallussymbolen. Dahinter liegt ein Plateau, auf dem ebenfalls Steine herumliegen, nicht von Menschenhand aufgetürmt, sondern eher dem Wirken machtvoller Wesen zuzuschreiben. Manche davon sind Prüfsteine des Gewissens. Sie besitzen Öffnungen und kleine Tunnel, durch die sich die Pilger hindurchzwängen. »Wer Böses im Schilde führt, bleibt darin stecken«, sind die Tibeter überzeugt. Noch bevor der Pfad endgültig zum Paß hinaufleitet, muß jeder die Pforte des Todes durchschreiten. Der Platz heißt Shiva Tsal, so wie die berühmte Einäscherungsstätte in Indien. Hier tritt jeder Yamantaka gegenüber, dem Herrscher des Todes, und um ihre Bereitschaft zu demonstrieren, diesen Schritt anzunehmen, schneiden sich die Pilger Haarlocken und Stücke ihrer Kleidung ab, die sie zum bereits vorhandenen Haufen werfen. Alle Pilger, die während des Parikrama sterben, werden an diesem geheiligten Ort der »Himmelsbestattung« überantwortet. Jetzt erst, nachdem er symbolisch die Schwelle des Todes überschritten hat, ist er bereit, wiedergeboren zu

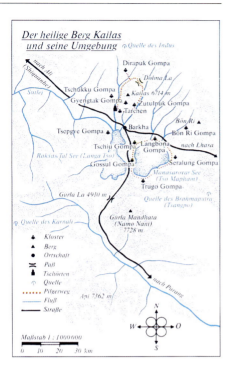

»Die Heiligkeit eines solchen Ortes kann nicht durch äußere Renovierung wiederhergestellt werden, sondern nur durch den Akt innerer Hingabe und vergeistigter Konzentration, durch welche allein die schöpferische Kraft der Mantras Wirklichkeit werden.«

Lama Anagarika Govinda

»Man sollte sich selbst und alles Sichtbare als göttliches Mandala betrachten, jeder Ton, der an unser Ohr dringt, soll als Mantra betrachtet werden, und jeder Gedanke, der in unserem Sinn aufkommt, als magische Offenbarung der Großen Weisheit.«

Demtschog Tantra

»Heilige Stätten hatten nie einen Anfang. Sie waren heilig vom Augenblick ihrer Entdeckung an, lebten
vom Atem unsichtbarer Gegenwär-
tigkeiten. Der Mensch fühlt, ver-
blüfft oder erschrocken, ihre unsichtbare Ausstrahlung und die Religionen, die vor dem Unerklärlichen
in menschlicher Schwäche auf die
Knie fallen, suchen nach Namen und
Symbolen für eben dieses Unerklär-
liche.«

Giuseppe Tucci

»Und wahrlich, dem religiös Gesinn-
ten ist es ein himmlischer Tempel,
der Thron der Götter, der Sitz und
das Zentrum kosmischer Kräfte, die
Achse, die unsere Welt mit dem Universum verbindet, eine Superanten-
ne für den Ein- und Ausfluß geistiger Energien unseres Planeten.«

Lama Anagarika Govinda

werden, als neues Wesen herauszutreten. Und das geschieht auf der
Höhe des Dölma La.

Schon aus einiger Entfernung läßt sich ein alleinstehender Felsblock ausmachen, der unter einem Zelt aus bunten Kleiderfetzen
und bedruckten Gebetsfahnen halb verborgen liegt. Menschen
scheinen ihn zu umtanzen. Trotz der dünnen Luft schwillt der
Singsang heiliger Mantras immer lauter an, hin und wieder durchbrochen vom dumpfen Knall herabstürzender Eistrümmer. »Der
Schneelöwe springt von Berg zu Berg«, sagen die Tibeter, und wo er
landet, löst er kleine Lawinen aus. Weiße Nebelfetzen gleiten vom
Paß herab und huschen über die Köpfe der aufsteigenden Pilger
hinweg. Alte, auf Stöcke gestützt, wanken mit verklärten Augen dem
Ziel ihres Lebens entgegen, Kinder, die noch nicht laufen können,
werden von ihren Müttern getragen oder klammern sich auf Yak-
oder Pferderücken fest. Ziegen, Schafe, Yaks sind mit bedruckten
Stoffwimpeln behangen, kein Wesen ist zu gering, um nicht der
barmherzigen Dölma teilhaftig zu werden. Noch ein letzter Aufschwung, dann flacht das Gelände ab, ein paar Schritte, dann ist der
erlösende Stein erreicht. Triumphierende Schreie sind zu hören, die
die Ankommenden den Hütern des Passes zurufen. In dieses Cres-
cendo mischt sich helles Glockengeklingel, und der heulende Ton
einer Knochentrompete, mit der ein Bön-Lama die Berggeister
beschwört.

Der erste Mensch, der diesen Paß erreichte, war der Mönch Gotsangpa, der überhaupt als erster Kailas-Pilger gilt. Dölma soll ihn
persönlich hierher geführt haben und in diesen Felsblock, der heute
als »Dölma-Stein« verehrt wird, eingegangen sein. Die Pilger zollen
ihm höchste Verehrung. Sie umkreisen ihn wie einen Tempel,
verrichten davor Niederwerfungen und drücken die Stirn immer
wieder gegen den platten Fels. Manche erklettern ihn, um dort
Gebetsfahnen, Kleidungsstücke oder Haarsträhnen anzubringen.
Der Stein ist voll mit eingemeißelten Symbolen und Mantras,
darunter befinden sich auch heilige Formeln der Bönpo, die in
gelber Farbe geschrieben sind. Mit der Überschreitung des Dölma
La verändert sich sofort wieder die Landschaft; anstelle des Granits
tritt Konglomerat. Aber vorher kommen wir noch am grünschim-
mernden Juwel des Tukdsche Tso, dem »See des Erbarmens«
vorbei. Er blickt dem Wanderer als grünes Auge einer eisstarrenden
Gebirgslandschaft entgegen. Mit seinen 5570 Metern Höhe zählt er
zu den höchstgelegenen Seen der Welt, gewiß auch zu den kältesten. Das kann aber die Pilger nicht davon abhalten, an seine Ufer
hinabzusteigen und ihre rituellen Waschungen durchzuführen.

Von Guri Kund, wie die Inder den kleinen See nennen, führt eine
steile Naturtreppe aus Fels in ein 1000 Meter tiefer gelegenes Tal
hinab. Auf geistiger Ebene ist dieses Tal der Bereich des Dhyani-
Buddha Aksobhya, eines der fünf transzendenten Buddhas, die die
verschiedenen Aspekte des erleuchteten Bewußtseins symbolisie-

Der heilige Berg Kailas   Kapitel 12   269

Lama beim Rezitieren heiliger Formeln am Paß der barmherzigen Dölma, der auf der geistigen Ebene der Pilgerschaft eine wichtige Durchgangsstation bildet. Hier durchschreitet der Pilger die Pforte des Todes und tritt jenseits des Passes als neues Wesen heraus.

Auf dem 5600 Meter hohen Dölma La steht ein gewaltiger Felsblock, in den die Göttin selbst eingegangen sein soll, nachdem sie den ersten Kailas-Pilger Gotsangpa hierher geführt hatte. Den Felsen, vor dem die Pilger den Fußfall verrichten, überspannt ein Zelt von bunten Gebetsfahnen.

Der Kailas übt auf die Gläubigen eine magische Anziehungskraft aus. Von den warmen Tiefländern Indiens ist dieser Sadhu heraufgestiegen, hat das Himalayagebirge barfüssig überquert, und nach monatelanger Wanderung den Thron Shivas erreicht.

»Wie solltest du diese unvergleichliche Form annehmen können, solange du nicht das unübertreffliche Eine in dir gefunden hast? Ich habe gelehrt, daß du wissen wirst, wer du bist, sobald der Irrtum verflogen ist. Er ist zu Hause, doch sie schaut sich draußen nach ihm um. Sie sieht den Gatten und fragt doch bei den Nachbarn nach ihm. Saraha sagt: Du Narr, erkenne dich selbst!«
Buddhistischer Text

ren. Die Landschaft ist von paradiesischer Idylle, sie strahlt tiefe Ruhe und Frieden aus, ein Ort, an den man sich zurückziehen möchte, um sich aus den Fesseln von Maya, der Schweinwelt, zu befreien. Von allen Seiten strömen kristallklare Bäche herab, die eine silbern glänzende Spur durch die grünen Wiesen legen. Nomaden ziehen mit ihren Yaks auf dieser beseligenden Landschaft umher.

Dieses Tal ist untrennbar mit Tibets großem Yogi Milarepa verknüpft. Hier steht ein Felsblock, der noch den Fußabdruck des Heiligen zeigt, dort ist die Wunderhöhle, die Milarepas übernatürliche Kräfte formte. Milarepa ist auch der einzige, dem es gelungen ist, den Kailas zu besteigen. Er wurde vom mächtigen Bön-Magier Naro Bön Tschung zum Wettstreit herausgefordert, in dem es letztlich darum ging, wer von den beiden Religionen den Kailas beanspruchen durfte. Nachdem sich Milarepa bei mehreren Auseinandersetzungen als der größere Zauberer erwiesen hatte, sollte nun die endgültige Entscheidung durch ein Wettrennen zum Gipfel fallen. Schon früh am Morgen sahen Milarepas Schüler den Bön-Schamanen auf seiner Trommel am Himmel reiten. »Meister, er nähert sich dem Gipfel!« riefen sie besorgt. Aber Milarepa verharrte seelenruhig in tiefer Meditation, während der Bönpo bereits unmittelbar vor dem Gipfel stand und frohlockte, weil er sich bereits als sicherer Sieger wähnte. In diesem Augenblick ging die Sonne auf und die ersten Strahlen trafen den Gipfel des heiligen Berges. Darauf hatte Milarepa gewartet. Er wurde kraft seines Geistes eins mit dem Lichtstrahl der Morgensonne, und seine Gestalt erschien an der Spitze des Kailas, ehe Naro Bön Tschung diesen erreichte. Der Bön-Magier war von diesem Anblick so überrascht, daß er von seiner Zaubertrommel stürzte. Damit war die Niederlage der Bön-Religion besiegelt, und Milarepa wies den Anhängern des alten Glaubens einen neuen Kultberg zu, indem er eine Handvoll Schnee vom Gipfel in Richtung Osten schleuderte, und dort wo er landete, entstand Bön Ri, der Bön-Berg.

Milarepas psychische Gipfelbezwingung ist bis heute Vorbild für die Pilger geblieben, und niemand würde auf die Idee kommen, den Berg physisch zu besteigen. Es ist ein Hochgebirge des Geistes, zu dem viele Routen hinaufführen, entsprechend den Gedanken der einzelnen Pilger. Was sie dort erkennen, wie der Kailas zu ihnen spricht, ist von Individuum zu Individuum verschieden.

Am Fuße einer Bergflanke liegt Zutulpuk Gompa, das Kloster der Wunderhöhle, dessen Mauern sich um jene Felsgrotte legen, die Milarepa mit bloßen Händen gestaltete. Nach Zutulpuk Gompa geht es in einer herrlichen Wanderung entlang dem Ufer des Zhongchu südwärts. An vielen Stellen längs des Weges haben sich Pilger zur Rast niedergelassen. Sie sitzen in Gruppen beisammen, alle sind fröhlich und laben sich mit Tschang und Tsampa. Federleicht ziehen wir dahin, mitten hinein in die untergehende Sonne. Unmit-

Weder Kälte noch eisige Stürme können die Pilger von ihren Umwandlungen abhalten. Manche kommen dabei um, sie werden unterhalb des Dölma La, am Vajrayogini-Friedhof, der Himmelsbestattung überantwortet.

telbar bevor sich die Berge zur Ebene von Barkha hin öffnen, gibt es noch einen letzten Höhepunkt. Fluß und Pilgerpfad brechen sich durch einen märchenhaften Canyon Bahn. Die Natur konfrontiert den Wanderer mit einer Farborgie. Alle Schattierungen scheinen vertreten, alles wandelt sich ununterbrochen im Licht der untergehenden Sonne. Müde und dankbar werfen sich die Pilger an der letzten Fußfallstätte nieder. Die letzten Kilometer führen am nördlichen Rand der Barkha-Ebene zurück nach Tarchen. Weit draußen sind die beiden heiligen Seen Manasarovar und Raksas Tal als dunkelblaue Streifen zu erkennen, die sich deutlich von den Grünschattierungen der Yak-Wiesen abheben, und darüber leuchten die Gletscher der Gurla Mandhata purpurrot auf.

Nun ist der große Kreis vollendet, eine geistige und physische Reise um die Achse des Kosmos. Mit der Umkreisung des heiligen Berges folgt der Mensch einem fundamentalen kosmischen Gesetz, denn das ganze Universum ist auf rotierender Bewegung aufgebaut: sei es die Rotation der Planeten um die Sonne, die der Planeten um die eigene Achse, der Elektronen um den Atomkern. Alles ist kreisförmige Bewegung, es gibt in Wirklichkeit nicht Anfang und Ende. Die gerade Linie ist ebenso eine Illusion, die sich nur auf einem Teilstück so zeigt: wenn man sie unendlich weiter verlängert, enthüllt sie ihre wahre Natur – den Kreis!

Manasarovar, See von Brahmas Geist

Der Kailas ist dominierender Mittelpunkt, sein weißgekröntes Haupt beherrscht die ganze Landschaft, aber seine Kronjuwelen, die Edelsteine, die ihn zieren, heißen Manasarovar und Raksas Tal. Die beiden Seen zu Füßen des heiligen Berges fügen sich nahtlos in das

»Wann immer einer den Boden um den Manasarovar berührt oder wenn er in dem See badet, so wird er ins Paradies des Brahma eingehen; und der, der von seinen Wassern trinkt, wird in Shivas Himmel eingehen und wird von den Sünden von hundert Wiedergeburten erlöst werden. Selbst das Tier, das den Namen des Manasarovar trägt, wird in Brahmas Paradies eingehen. Die Wasser des Sees sind wie Perlen.«

Ramayana

Der See Manasarovar gilt ebenfalls als heilig. Die Pilger nähern sich dem Ufer durch fortlaufende Niederwerfungen, nehmen ein rituelles Bad darin, und sammeln Kieselsteine ein, denen man heilende Kräfte zuschreibt.

Naturmandala ein. Tso Mapham, »den unbesiegten See«, nennen die Tibeter den Manasarovar. Er hat die Form einer Sonne und verkörpert die Kräfte des Lichtes, auf psychischer Ebene die Bewußtheit, während der halbmondförmige Langa Tso (Raksas Tal) für die dunklen Kräfte der Nacht steht, auch für die dunklen Bereiche im Menschen, das Unbewußte. An den Ufern des Tso Mapham standen früher acht Klöster, am Langa Tso dagegen nur eines. In den Schriften wird den Pilgern geraten, den Mondsichel-See zu meiden. Sein Wasser soll früher vergiftet gewesen sein. Ein goldener Fisch aber habe einen Verbindungskanal zwischen den beiden Seen gegraben, wodurch sich das Wasser des Manasarovar in den Raksas Tal ergoß und diesen reinigte. Der Kanal war jedoch jahrzehntelang ausgetrocknet, was von den Tibetern als böses Omen betrachtet wird, erst in der letzten Zeit begann er wieder zu fließen.

Das Herabkommen des historischen Buddha Gautama ist mit dem Tso Mapham verbunden. Der Geschichte zufolge soll Königin Maya geträumt haben, daß die Götter sie mitsamt ihrem Bett zum heiligen See getragen haben, um von allen Verunreinigungen befreit zu werden, damit der Buddha in ihren Leib eingehen konnte. Die bevorstehende Geburt des Buddha erschien ihr im Traum als ein weißer Elefant, der vom Kailas herabkommt.

Noch älter ist die Verehrung des Manasarovar in der Hindu-Tradition. Dort gilt er als geistige Schöpfung Brahmas, der darin den »Baum des Lebens« pflanzte. Die Frucht dieses Baumes reift zu Gold, fällt in das Wasser, und wird zum Elixier der Unsterblichkeit. Der Lebensbaum ist für die Augen der Menschen nicht sichtbar, aber das schöne Bild mag als sichtbare Aufforderung gelten, nach den tieferen, nicht-stofflichen Schätzen zu suchen, wie es die vielen Mönche und Einsiedler taten, die sich in den Klöstern und Höhlen ringsum einnisteten.

Die Pilger bezeugen ihm Verehrung auf ihre Weise. Sie nähern sich dem Ufer des Manasarovar kriechend, nehmen ein reinigendes, rituelles Bad in den eiskalten Fluten und sammeln Kieselsteine auf, denen man heilende Kräfte zuschreibt. Die Kette kleiner Klöster, die den Manasarovar umfing, wurde während der Kulturrevolution zerstört und die Reliquien in alle Winde zerstreut. Mittlerweile sind sechs der acht Gompas wieder aufgebaut und dienen den Pilgern als Stützpunkte bei der Umwanderung des Sees. Der Weg ist viel länger als um den Kailas, aber eben und mit grandiosen Einblicken ausgestattet. Da ist der See selbst, das Spiel der Wolken auf seiner Oberfläche, die atemlose Stille vor dem Sturm, die Farben, die aus seiner unergründlichen Tiefe aufsteigen. Immer wieder zeigt sich der Kailas, seine pyramidenförmige Südwand mit dem machtvollen Swastika-Zeichen eingemeißelt. Von den Ufern des Manasarovar offenbart sich das kosmische Diagramm in seiner Ganzheit. Denn nun zeigt sich auch der tantrische Gegenpart des Kailas, die weibliche Gurla Mandhata. Sie ist Wohnsitz von Lhamo Yang Tschen, einer lokalen Göttin, zu der die Bewohner um Fruchtbarkeit und Regen beten. Nach einer alten Weissagung ist das Geheimnis dieses Berges noch nicht enthüllt, und er wird in Zukunft ebenfalls zu einem Wallfahrtsort werden. Allein die Sonnenuntergänge an der Gurla Mandhata sind ein Mysterium für sich. Ihre Gletscher durchlaufen die ganze Farbskala vom zarten Rosa bis zum dunkelsten Rot. Dahinter stehen wie ein Perlenkranz aufgereiht Sechs- und Siebentausender des Himalaya, dem Inbegriff von Reinheit, dessen Anblick allein schon — wie es im Ramayana heißt — alle Sünden hinwegnimmt. Dann breitet die Nacht ihren Mantel über die erhabenste Landschaft der Welt. Doch wer sie geschaut, trägt sie im Herzen mit.

»Die kulturelle und geographische Isolation hat sich bis in unser Jahrhundert als ein Schutz überkommener Kulturgüter und althergebrachter Lebensweise erwiesen. Aber das, was bisher ein Schutz war, wurde jetzt zur Gefahr. Tibet wurde zu einem Machtvakuum, das seiner Natur entsprechend neue Kraftströme anzog, besonders da seine Naturschätze bisher unberührt geblieben waren. Das Aufbrechen der Erde, um zu diesen Schätzen zu gelangen, erschien den Tibetern als ein Sakrileg, und ebensowenig wäre es ihnen in den Sinn gekommen, die reinen Gefilde ihrer Schneeberge, deren Gipfel ihnen als Wohnstätte der Götter erschienen, durch menschlichen Ehrgeiz zu entweihen.«
Lama Anagarika Govinda

Guge, das Wunder tibetischer Kultur

Nordwestlich der Kailas-Manasarovar-Region, in einer versteckten Ecke, behütet von tiefen Canyons und himmelstrebenden Gebirgen, liegen die Überreste des alten Königreiches Guge. Der Weg dorthin führt von Tarchen aus entlang der Ali-Piste nach Tirthapuri (Mendschir), danach biegt eine Straße nach Westen ab. Sie leitet auf

»Heute, da es uns möglich ist, aus den erweiterten Perspektiven moderner Wissenschaft und Psychologie die Gesamtheit menschlicher Entwicklung zu übersehen, begreifen wir die Bedeutung Tibets.«
Lama Anagarika Govinda

Herrscher von Guge als Wandmalerei in Tsaparang. Die Farben sind so frisch als wären sie eben erst aufgetragen worden. Das Königreich Guge erlebte seine Blüte im elften Jahrhundert, und von ihm ging die Erneuerung buddhistischer Kultur aus.

»Man glaubt, das große Herz der Natur, seine leisen und doch mächtigen Schläge zu hören. Es ist, als ob diese Landschaft, die sich während des langsamen Verstreichens der Stunden verwandelt, nicht der Erde angehöre, sondern den äußersten Grenzen des unerreichbaren Weltenraumes; als liege sie dem Himmel, dem dunklen Märchenland der Träume und der Phantasie, der Hoffnung und der Sehnsucht viel näher als der Erde mit all ihren Menschen, ihren Sorgen, ihren Sünden und ihrer Eitelkeit.«
Sven Hedin

einen Paß hinauf, dem Hochflächen und weitere Schwellen folgen. Bevor der Weg in die Canyons des Sattledsch hinunterstürzt, eröffnet sich einer der herrlichsten Ausblicke auf die Himalaya-Kette, die es überhaupt gibt. Als gezackte Eismauer stehen die Gipfel aufgereiht da, aus deren Mitte sich die göttliche Nanda Devi zu fast 8000 Meter Höhe emporreckt. Ihre Gletscher speisen den großen Ganges, die Mutter Indiens. Dann geht es in atemberaubenden Windungen hinunter ins Tal des Sattledsch und weiter nach Toling, dem letzten Zentrum von Guge. Einige Kilometer weiter westlich liegt Tsaparang, die alte Hauptstadt Guges, die völlig verwaist ist.

Das Königreich wurde von Ö Sung, einem der Söhne des Königs Langdarma aus der tibetischen Yarlung-Dynastie, gegründet, aber seine Blüte erreichte Guge unter König Yesche Ö, der gleichzeitig Mönch war. Er schickte den begabten Rintschen Sangpo um das Jahr 970 nach Indien, der nach seiner Rückkehr der größte tibetische Übersetzer von Sanskrittexten wurde. Er war dafür verantwortlich, daß von Guge im elften Jahrhundert die Erneuerung tibetischer Kultur ausging. Hier fand im Jahre 1076 das »siebte« buddhistische Konzil statt und brachte indische und tibetische Gelehrte zusammen, und auf eine Einladung des Königs hin kam der berühmte indische Lehrmeister Atisha nach Guge.

Im 17. Jahrhundert aber verfällt Guge plötzlich, Tsaparang wird aufgelassen, das Machtzentrum wird nach Toling verlegt, das aber

nie mehr an den alten Glanz anknüpfen kann. Das Land verödet, die Menschen wandern ab, und die großen Kulturstätten veröden. 1908 kam Sven Hedin hier vorbei, aber er verriet nichts von Tsaparang und seinen Kunstwerken. Erst der italienische Tibetforscher Giuseppe Tucci widmete sich der einmaligen indo-tibetischen Kunst Guges. Er untersuchte und dokumentierte erstmals die Werke in Schwarzweiß-Fotos. Im Jahre 1948 kamen Lama Anagarika Govinda und Li Gotami hierher. Bedrängt von den Behörden, bei

beißender Kälte im hereinbrechenden Winter, kopierten sie mit bewundernswerter Ausdauer die Kunstwerke, getrieben von der düsteren Ahnung, daß unheilvolle Ereignisse in Tibet bevorstehen. Sie hatten sich nicht getäuscht, denn die meisten der von ihnen abkopierten Werke wurden während der Kulturrevolution vernichtet. Was noch erhalten geblieben ist, wird heute restauriert. Das sind vor allem Wandmalereien in den Klöstern Tsaparang und Toling. Sie sind einzigartig, ihre Farben oft so frisch, daß sie den Eindruck machen, als wären sie eben erst gemalt.

Von den Zitadellen und Palästen der Guge-Könige sind nur noch Ruinen übrig. Sie ragen als Mauern und Zacken aus scheinbar uneinnehmbaren Bergfestungen heraus, sind stumme Zeugen für Wandel und Vergänglichkeit.

Aber selbst hier, wo alles den Eindruck einer längst versunkenen Kultur macht, zu der kein Zugang mehr vorhanden ist, haben die Tibeter begonnen, die Klöster wieder aufzubauen. Vielleicht wird dieses abgeschiedene Tal, das einst Zentrum eines religiös ausgerichteten Königreiches war, wieder besiedelt werden. Vielleicht werden sich eines Tages in den Klöstern wieder Mönche niederlassen und die kalten Mauern mit Sphärenmusik und Gebeten beseelen. Dann werden auch die Gläubigen wieder hierher kommen, um von den Bergeshöhen ihre triumphierenden Rufe herab zu schmettern: *»Die Dämonen sind besiegt!«*

In einer isolierten Ecke Westtibets, umgeben von einer atemberaubenden Bergkulisse, liegen die Überreste von Toling und Tsaparang, den Zentren des alten Königreiches Guge. Der Grabtschörten des Königs Yesche Ö erscheint im Licht der untergehenden Sonne als Flammenjuwel, das vor dem Hintergrund der schwarzen Berge weithin leuchtet.

»Trance-Läufer, innere Hitze, Leben nach dem Tod. Seltsame, unbegreifliche Dinge. Nehmen wir sie unter die Lupe und vergleichen sie mit uns bekannten Phänomenen, dann wird die Aura des Geheimnisvollen ein wenig dünner, ohne jedoch völlig zu verschwinden. Was bleibt, ist immer noch ein Mysterium für uns, etwas, das wir noch nicht recht begreifen. Und, denken wir einmal sorgfältig darüber nach, dann sehen wir, daß nicht das ferne Land Tibet das eigentliche Geheimnis ist – das Geheimnis ist das menschliche Leben.«
Walt Anderson

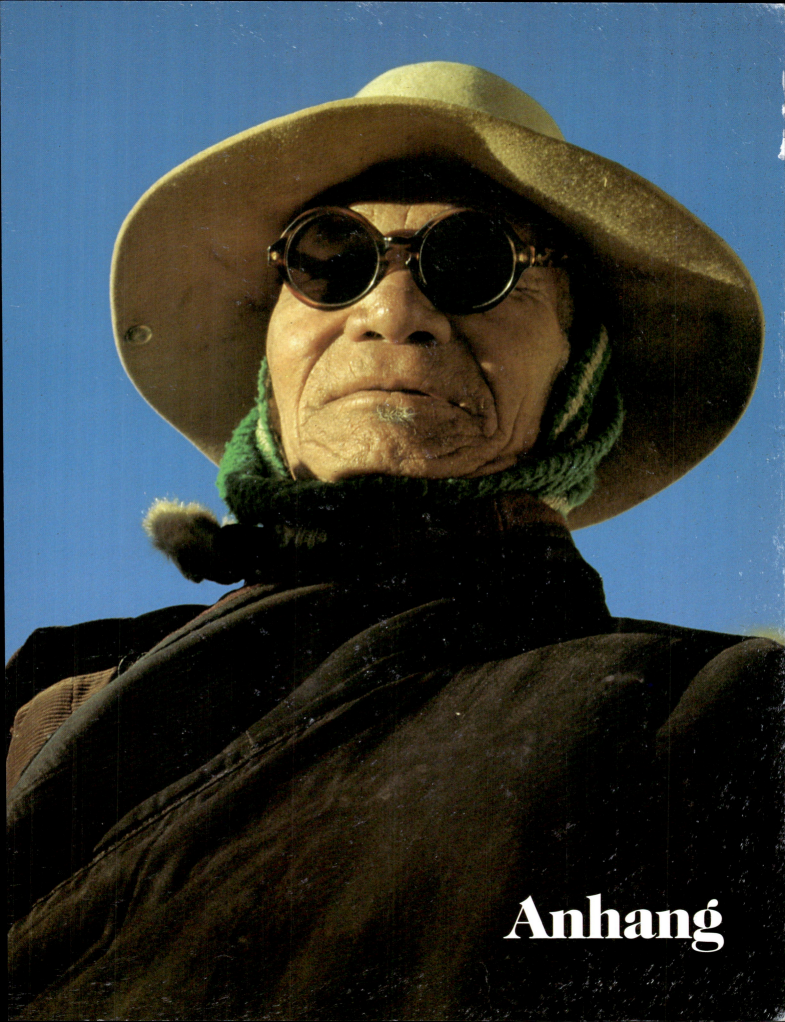

Anhang

Vorhergehende Bildseite:

Pilger bei der morgendlichen Umschreitung des Klosters Labrang Tashi Kyil. Dabei hält er unausgesetzt seinen Gebetszylinder in Rotation, der einen zusammengefalteten Papierstreifen enthält, auf dem tausendfach das segensreiche Mantra om mani padme hum *geschrieben ist.*

Der Dalai Lama im Gespräch

»*Der wirkliche Feind ist in uns und nicht außen. Wir müssen hier zwischen äußeren und inneren Feinden unterscheiden. Äußere Feindschaften sind nicht dauerhaft. Respektiert man den Feind, so kann er sogar zum Freund werden. Nur der Feind in unserem Herzen wird immer ein Feind bleiben, mit ihm sollte man niemals Kompromisse schließen. Denn die schlechten Gedanken können niemals Freunde werden. Man muß ihnen entgegentreten und sie kontrollieren lernen.*«

Dalai Lama

Tenzin Gyatso, der 14. Dalai Lama, das Oberhaupt aller Tibeter, in seinem indischen Exil Dharamsala.

Symbol für das Ritual des Feueropfers. In der Mitte einer achtblättrigen Blüte liegt der Donnerkeil, darum gruppieren sich magische Kreise und an den vier Ecken je ein Flammenjuwel.

Ein Bild des Dalai Lama mit persönlicher Widmung.

»Als die Armeen Rotchinas im Jahre 1950 in Tibet einmarschierten und den östlichen Teil des Landes besetzten, befand ich mich mit meinem Volk in einer verzweifelten und nahezu hoffnungslosen Lage. Wir baten mehrere große Staaten und die Vereinten Nationen um Beistand. Aber unser Hilferuf verhallte ungehört.«

Dalai Lama

Frage: Weshalb haben Sie 1991 zum »Internationalen Jahr der Solidarität« mit Tibet erklärt? Welche Erwartungen verbinden Sie damit?

Dalai Lama: Die Idee dazu kam nicht von mir allein, sondern von einer ganzen Gruppe von Personen. Ich selbst verknüpfe damit die Hoffnung, daß möglichst viele Menschen vom Problem des tibetischen Volkes erfahren und ein hohes Maß an Sensibilisierung bezüglich der Tibet-Frage eintritt. In diesem internationalen Tibet-Jahr finden 800 verschiedene Veranstaltungen in 38 Ländern statt. Das ist zweifellos schon ein großer Erfolg für Tibet. Danach geht es darum, die verschiedenen Kräfte zu koordinieren und auf ein gemeinsames Ziel zu richten. Das sind meine Erwartungen.

Wie steht es um die Tibet-Frage gegenwärtig? Gibt es Fortschritte im Bestreben, wenigstens die Autonomie von China zu erlangen, wie es seinerzeit im »17-Punkte-Abkommen« festgeschrieben wurde?

Das »17-Punkte-Abkommen« hat heute keinerlei Relevanz mehr, weil es unter Zwang zustande kam und weil es bereits im Jahre 1959 von den Chinesen gebrochen wurde. Sie fragen ob es in Tibet Fortschritte gibt. Was die sogenannte »Autonome Region Tibet« (Xizang) betrifft, so gibt es gewisse Fortschritte. Die Zahl der tibetischen Kader in der Wirtschaft, Verwaltung und Bildung ist gestiegen, aber die Entscheidungsträger, jene also, die die Macht in den Händen halten, sind Chinesen. Natürlich kann es als Fortschritt betrachtet werden, daß Schulen und Krankenhäuser errichtet wurden, daß man Bodenschätze erschließt, Straßen baut und kleine Industriebetriebe ansiedelt. Aber man muß fragen, wem das alles zugute kommt, wer die Nutznießer davon sind – es sind überwiegend die Chinesen! Das ist der entscheidende Punkt. Es muß auch festgestellt werden, daß große regionale Unterschiede herrschen. Die vorher genannte Infrastruktur gibt es nur in Lhasa und in ein paar größeren Orten. Das sind Modellgebiete, Vorzeigeobjekte. Auf dem Lande dagegen und in entlegenen Gebieten ist der Lebensstandard der tibetischen Bevölkerung ausgesprochen niedrig, viel niedriger als jener der zugesiedelten Chinesen. In Amdo und Kham gab es bis vor kurzer Zeit keinen Unterricht der tibetischen Sprache und Kultur. Es ist dem verstorbenen Panchen Lama zu verdanken, der sich sehr für die Wiederbelebung der tibetischen Tradition und der Schaffung einer neuen Identität eingesetzt hat, daß in den Grundschulen nun die tibetische Sprache vermittelt wird.

Wie ist die Situation in Lhasa nach dieser Folge blutiger Ereignisse in den letzten Jahren?

Sehr, sehr deprimierend. Die Menschen leiden besonders psychisch durch die Zwangsmaßnahmen, Einschränkungen und ständigen Kontrollen der chinesischen Machthaber. Viele sind in Gefängnissen eingesperrt, bei Einzelhaft, und werden gefoltert. Nach Verhängung des Kriegsrechtes wurden Militär- und Polizeipräsenz verstärkt. In Lhasa selbst hat man eine besonders ausgebildete Spezialeinheit stationiert, die viele Verhaftungen durchführte und Tibeter folterte. Im letzten Jahr haben die Chinesen mit einer neuen schrecklichen Foltermethode begonnen. Man benutzt Inhaftierte, um ihnen ohne Einwilligung Blut abzuzapfen. Das ist schon schlimm genug. Aber bei dieser Methode wird der Gefangene in einen speziellen Raum geführt und muß seinen Arm durch ein Loch in der Wand stecken, so daß er nicht sehen kann, was wirklich geschieht bzw. welche Menge an Blut entnommen wird. Von welcher Art auch die Manipulationen sein mögen, sie führen immer dazu, daß die Gefangenen danach sehr geschwächt sind, und einige sind daraufhin gestorben. Ein paar dieser Gefangenen konnten entkommen und befinden sich nun hier. Sie haben mir von ihren Erfahrungen in chinesischen Gefängnissen erzählt und von den abscheulichen Folterungen, denen sie ausgesetzt waren. Sie können sie auch selbst sehen und mit ihnen sprechen, wenn Sie wollen. Das ist nur eine der neuen besorgniserregenden Nachrichten aus Lhasa und Tibet. Eine andere betrifft die Bevölkerungspolitik. Bis zum letzten Jahr existierte ein gültiges Gesetz zur Geburtenkontrolle in China, das den sogenannten nationalen Minderheiten, insbesondere auch den Tibetern, zumindest offiziell mehr als ein Kind pro Familie erlaubte. Aber letztes Jahr wurde von chinesischer Seite offiziell bekanntgegeben, daß für Tibet ab sofort das gleiche Gesetz zur Geburtenkontrolle gelte wie für Chinesen – also eine Familie, nur ein Kind! Dieses Gesetz wird nun in Tibet rigoros durchgesetzt, mit Zwangssterilisationen und Zwangsabtreibungen bis zum neunten Monat.

Geht die Zusiedlung von Chinesen und die Überfremdung Tibets durch China unvermindert weiter? Was sind Ihre aktuellen Kenntnisse darüber?
Es gibt diesbezüglich keine Veränderung der chinesischen Politik. Nur ein Beispiel dafür: Ein Mann aus Amdo, der 1959 nach Indien geflüchtet ist, hat im letzten Jahr seinen Geburtsort besuchen dürfen. Er blieb drei Monate in Amdo, und als er zurückkam, hat er mir von seinen Beobachtungen und Erfahrungen berichtet. Sein Name ist Temba. Sie können ihn gerne treffen. Er erzählte mir, daß zum Zeitpunkt seiner Flucht das ganze Gebiet weitgehend von Nomaden bewohnt war, die mit ihren Viehherden dort umherzogen. Alles Land war Grasland, Weideland. Das hat sich in der Zwischenzeit geändert. Aus den weiten Grasflächen ist Ackerland geworden, und neue Siedlungen mit kleinen gemauerten Häusern sind darauf entstanden. Sie werden ausschließlich von Chinesen bewohnt, die auch das Ackerland nutzen. Die tibetischen Nomaden dagegen wurden in die kargen Gebirgsregionen abgedrängt. Das ist die Situation, das ist nur ein Beispiel. In letzter Zeit erhielt ich noch

»Doch muß ich hinzufügen, daß wir Tibeter noch immer keinen Haß gegen das große chinesische Volk fühlen, obwohl seine Vertreter in Tibet uns so barbarisch behandelt haben. Wir wünschen nichts anderes, als in Frieden und Freundschaft mit all unseren Nachbarn – auch den Chinesen – unser eigenes Leben zu führen. Und so wenden wir uns denn an jene Menschen in aller Welt, für die Toleranz und Güte noch gültige Werte sind.«
Dalai Lama

»Die Chinesen behaupten, sie hätten in Tibet bereits viel Entwicklungsarbeit geleistet, und ich glaube, sagen zu können, daß ihre Behauptungen wahr sind; aber diese technische Entwicklung dient nicht dem Volk Tibets, sondern einzig und allein der Bereicherung Chinas.«
Dalai Lama

Der Dalai Lama bei einer religiösen Zeremonie in seinem indischen Exil Dharamsala.

andere Informationen, von denen ich aber noch nicht genau sagen kann, ob sie auch wirklich zutreffen. So fördern die chinesischen Behörden Ehen zwischen chinesischen Männern und Tibeterinnen, während eine Verbindung zwischen einem Tibeter und einer Chinesin nicht gern gesehen wird. Das ist ebenfalls eine Politik, die darauf abzielt, das tibetische Volk zu reduzieren, genauso wie die strikte Geburtenkontrolle, um Platz für chinesische Besiedlung zu schaffen.

Wie weit ist die Religionsfreiheit in Tibet, das heißt in Ü-Tsang, Amdo und Kham, gegenwärtig verwirklicht?
Das ist ebenfalls ein Problem. Einerseits ist die Durchführung religiöser Handlungen wie Beten, Prostrationen, Butterlampen anzünden oder das Tragen von Gebetsschnüren und -zylindern in der Öffentlichkeit erlaubt, andererseits gibt es viele Beschränkungen hinsichtlich der buddhistischen Lehrtätigkeit und des Studiums sowie für die Anzahl der Mönche, die in den Klöstern geduldet werden.

Gibt es dabei regionale Unterschiede?
Ja, es gibt Unterschiede. In der sogenannten »Autonomen Region Tibet« (Xizang) bestehen größere Einschränkungen als in Amdo und Kham. In manchen Gebieten von Amdo und Kham gewähren die lokalen Kader größere Freiheiten, auch in sehr entlegenen Ecken, wo chinesische Beamte außerstande sind, auf Dauer zu leben, gibt es weniger Einschränkungen. Ein Beispiel dafür ist Amchok Tsennyi Gompa, wo es mehr Mönche gibt, als offiziell erlaubt sind.

Viele der zerstörten Klöster wurden wieder aufgebaut. Wir sahen, daß Feste wieder begangen, Zeremonien durchgeführt und Novizen unterrichtet werden. Wie steht es um die Qualität der geistigen Lehrer?
Das ist das größte Problem. Qualifizierte Lehrer gibt es nur mehr sehr wenige, deshalb bitten mich viele Klöster, ihnen gute Lehrer zu schicken. Die Zahl der ausgebildeten Mönche ist hier im Exil größer als in Tibet selbst. Und die wenigen geistigen Lehrer, die in Tibet verblieben sind, befinden sich heute im Alter von 70 bis 80 Jahren, so wie die chinesischen Führer, die auch sehr alt sind.

In letzter Zeit dringen immer mehr Nachrichten über die ökologische Zerstörung in Tibet nach außen; über die Abholzung der osttibetischen Wälder, über die Ausrottung der Wildtiere... Was sind Ihre aktuellen Kenntnisse darüber?
Ja, es stimmt. Die Zerstörung der Wälder besonders im südlichen Teil von Kham und in Gebieten von Amdo ist erschreckend. Wiederaufforstung wird nur ungenügend beziehungsweise überhaupt nicht betrieben. In der offiziellen Propaganda wird zwar viel davon ge-

»Der Mensch braucht Güte und Warmherzigkeit, und sie sind so außerordentlich kostbar, weil sie nicht mit Geld zu kaufen sind. In Europa habe ich ausgezeichnete Kaufhäuser gesehen, aber keines, wo es Güte zu kaufen gäbe! – Güte muß im eigenen Herzen wachsen. Der Mensch kann heute zwar Herzen verpflanzen, aber ein liebevolles und gütiges Herz kann er nicht einpflanzen.«
Dalai Lama

sprochen, aber in Wirklichkeit wird nichts getan. Auch sind die Bestände an Wildtieren sehr zurückgegangen; hier gab es insbesondere in den sechziger und siebziger Jahren große Vernichtungen. Erst in den letzten Jahren wurden auf Grund weltweiter Kritik Reservate zum Schutz wilder Tiere, insbesondere vom Aussterben bedrohter Arten, geschaffen.

Wie betrachten Sie das Schicksal Tibets aus dem Bewußtsein der buddhistischen Karma-Lehre?
Nach buddhistischem Glauben hat jedes Ereignis, jedes Geschehen, eine Ursache. Ursachen sind vergangene Taten und Handlungen. Das ist Karma. Karma bedeutet Tat. Betrachten wir es genauer, dann erkennen wir, daß es Ursachen und Bedingungen gibt. Es besteht kein Zweifel darüber, daß die gegenwärtige Misere, die Tragödie Tibets, Folge eines negativen Karmas meiner Generation ist. Das ist Ursache. Die Bedingungen hingegen entstanden in der letzten Generation. Die Tibeter reagierten nicht auf Veränderungen und Entwicklungen, die sich in der Welt, in den Nachbarstaaten und vor allem in China vollzogen. Niemand kümmerte sich darum. Diese Bedingungen, gepaart mit dem negativen Karma, führten in die gegenwärtige Situation.

Der Panchen Lama ist schon vor einiger Zeit verstorben. Es ist bekannt, daß seine Person im Laufe der Geschichte immer wieder von den Chinesen benutzt wurde, um ihre eigenen Interessen durchzusetzen. Wo wird seine Wiedergeburt gesucht?
Ich bin sehr besorgt um die echte Wiederauffindung des Panchen Lama. Es besteht kein Zweifel darüber, daß seine Reinkarnation kommen wird, gleichgültig ob in Tibet, in China, in Indien oder sonstwo in der Welt. Momentan gibt es noch keine Anzeichen dafür, wo das sein wird. Trotzdem haben Vertreter der chinesischen Regierung bereits verlauten lassen, daß seine Wiedergeburt in ihrem Einflußbereich stattfinden wird. Das ist schlimm. Denn die Auffindung einer Wiedergeburt ist Sache der Gläubigen, der Buddhisten. Die Chinesen, vor allem jene chinesischen Führer, sind weder gläubig noch Buddhisten, deshalb haben sie auch kein Recht – um die chinesische Ausdrucksweise zu verwenden –, sich in die inneren Angelegenheiten der Tibeter einzumischen.

Buddhistisches Gedankengut hat in westlichen Industrieländern weite Verbreitung gefunden. Die esoterische Bewegung, das New Age oder wie immer man diese neue Hinwendung zur Spiritualität nennt, hat viel vom Buddhismus übernommen. Was halten Sie davon?
Über New Age und die Vermischung verschiedener geistiger Traditionen weiß ich zu wenig, um darüber etwas sagen zu können. Grundsätzlich glaube ich, daß es nicht ganz ungefährlich ist, ohne entspre-

»Ich bin ein überzeugter Anhänger der Lehre von der Gewaltlosigkeit, die zuerst Buddha, dessen Weisheit die wahre Natur des Seins enthüllte, in seinen entscheidenden Unterweisungen vertrat – jener Lehre, die der indische Heilige und Staatsmann Mahatma Gandhi unserer Zeit vorgelebt hat.«

Dalai Lama

»Die Tragödie Tibets besteht darin, daß eine ganze Rasse, ein Volk, das ausländische Herrschaft immer strikt abgelehnt hat, durch China unterjocht, unterdrückt und aufgezehrt worden ist. Und das geschah nicht nur mit den Tibetern, sondern auch mit der Mongolei und Ost-Turkestan (Sinkiang).«

Dalai Lama

> »Meiner Meinung nach kann die Menschheit auf technischen Fortschritt nicht verzichten. Es müssen aber Wege gefunden werden, diesen Fortschritt mit einer spirituellen Entwicklung des Menschen zu verknüpfen, denn nur dann kann er der Menschheit wirklich zum Segen gereichen.«
>
> Dalai Lama

> »Der freie Wille des tibetischen Volkes ist die einzig wahre Grundlage für eine Entscheidung des Schicksals Tibets. Solange dieser freie Wille nicht gedeihen kann, werden die Herzen meines Volkes keinen Frieden haben. Mit grenzlosem Vertrauen in sich selbst und dem Glauben an die Gerechtigkeit ihrer Sache werden sie auf den Tag warten, der kommen muß, an dem sie uneingeschränkt und frei ihre legitimen nationalen Rechte wahrnehmen und gleichzeitig ein Verhältnis zu China aufbauen können, das auf einer neuen Grundlage von gegenseitigem Vorteil und Achtung beruht.«
>
> Dalai Lama

Helmut Burisch, der mich auf zwei Tibet-Reisen begleitete, nach dem Gespräch mit dem Dalai Lama, das er am 24. Mai 1991 in Dharamsala für mich führte.

chende Führung und ohne erfahrenen Lehrer bestimmte tantrische Praktiken zu üben. Es kann sogar physische Auswirkungen haben und zu Krankheit führen, wenn man gewisse Yoga-Techniken falsch anwendet. Man sollte damit sehr vorsichtig, sehr bewußt umgehen. Deshalb sind die tantrischen Lehren des Buddhismus esoterische Traditionen, also Geheimlehren.

Tibet und die Mongolei sind durch alte religiöse Beziehungen miteinander verbunden. Wie ist die Situation der Buddhisten dort im Vergleich zu Tibet, insbesondere jetzt nach den umwälzenden politischen Veränderungen in der Mongolischen Volksrepublik?

In der Mongolei gab es die gleichen Leiden, die gleiche Not, die gleichen Einschränkungen wie in Tibet, die Zerstörungen sind sogar noch größer, weil sie über eine längere Zeitperiode hinweg andauerten. Deshalb war in der Öffentlichkeit der Buddhismus so gut wie erloschen. Aber der Glaube im Herzen, die inneren religiösen Gefühle, waren um so stärker. Als ich im Jahre 1979 die Mongolei besuchte, konnte ich das deutlich spüren, nur wagte es niemand in der Öffentlichkeit auszudrücken. Sogar hohe politische Kader und Polizisten baten mich um einen Segen, wenn sie mit mir allein waren, aber sobald ein Zweiter zugegen war, gaben sie sich als Marxisten und Atheisten. Jetzt hat sich alles geändert, jetzt herrscht Freiheit, und alle dürfen ohne Angst ihre religiösen Gefühle leben. Ich hätte in diesem Jahr in die Mongolei reisen sollen, aber die Einladung wurde auf chinesischen Druck hin wieder zurückgezogen. Das verstehe ich voll und ganz. Nachdem die Sowjetunion ihre Unterstützung eingestellt hat, ist die Mongolei vor allem wirtschaftlich sehr von China abhängig. So ist die Mongolei darauf angewiesen, chinesische Seehäfen benutzen zu dürfen, wo der Import und Export ihrer Güter abgewickelt wird. Deshalb kann ich die Haltung der mongolischen Behörden gut verstehen.

Literaturhinweise

Allan, Charles: »A Mountain in Tibet.« London 1986
Allione. Tsültrim: »Tibets weise Frauen.« München 1986
An-che, Li: »Labrang. A Study in the Field.« Tokyo 1982
Aufschnaiter, Peter: »Sein Leben in Tibet.« Innsbruck 1983
Batchelor, Stephen: »Der große Tibetführer.« Berwang 1988
Baumann, Bruno: »Tibet, Kailas, Seidenstraße. Der diamantene Weg.« 2. Aufl.
   Graz 1989
Bogle, George: »Im Land der lebenden Buddhas.« Stuttgart 1984
von Brück, Regina und Michael: »Ein Universum voller Gnade.« Freiburg 1987
Brunton, Paul: »Als Einsiedler im Himalaya.« 6. Aufl. München 1983
Buckley. Michael, und Strauss, Robert: »Tibet – a travel survival kit.« South Yarra
   1986
Chalon, Jean: »Alexandra David-Néel.« München 1987
Clark, Leonhard: »The Marching Wind.« London 1955
Dalai Lama: »Das Auge der Weisheit.« Bern 1975
–: »Mein Leben und mein Volk.« München 1962
–: »Logik der Liebe.« München 1989
Dargyay, Eva K.: »Tibetan Village Communities.« New Delhi 1982
David-Néel, Alexandra: »Mein Weg durch Himmel und Höllen.« Bern 1982
–: »Heilige und Hexer.« 3. Aufl. Wiesbaden 1984
–: »Liebeszauber und Schwarze Magie.« Basel 1983
–: »Mönche und Strauchritter.« Leipzig 1933
–: »Arjopa.« Leipzig 1930
–: »Wanderer mit dem Wind. Reisetagebücher in Briefen 1904–1917.« Wiesbaden
   1979
Evans-Wentz, W.Y.: »Milarepa, Tibets großer Yogi.« 2. Aufl. München 1985
Filchner, Wilhelm: »Wetterleuchten im Osten.« Berlin 1928
–: »Om mani padme hum.« Leipzig 1930
–: »Ein Forscherleben.« Wiesbaden 1956
–: »Quer durch Ost-Tibet.« Berlin 1925
–: »Kumbum. Lamaismus in Lehre und Leben.« Zürich 1954
–: »Das Kloster Kumbum in Tibet.« Berlin 1906
GEO-Special: »Himalaya.« Hamburg 1988
Goldstein, Melvin C., und Beall, Cynthia M.: »Nomads of Western Tibet.« London
   1989
Govinda Lama, Anagarika: »Der Weg der weißen Wolken.« 9. Aufl. Bern 1985
–: »Grundlagen der tibetischen Mystik.« Zürich 1966
–: »Der Stupa. Psychokosmisches Lebens- und Todessymbol.« Freiburg i. Br. 1978
–: »Mandala.« 3. Aufl. Zürich 1973
Grueber, Johann: »Als Kundschafter des Papstes nach China.« Stuttgart 1985
Grunfield, Tom: »The making of modern Tibet.« London 1987
Grünwedel, Albert: »Mythologie des Buddhismus.« Osnabrück 1970
Gyatso, Kelsang Geshe: »Clear Light of Bliss.« London 1982
Harrer, Heinrich: »Sieben Jahre in Tibet.« Frankfurt/Main 1966
Hedin, Sven: »Transhimalaya.« Wiesbaden 1985
–: »Im Herzen von Asien.« 2 Bände. Leipzig 1922
–: »Abenteuer in Tibet.« Leipzig 1904
Henss, Michael: »Kalachakra. Ein tibetisches Einweihungsritual.« Zürich 1981

Hermanns, Matthias: »Die Nomaden in Tibet.« Wien 1949

–: »Die Familie der Amdo-Tibeter.« München 1959

–: »Mythen und Mysterien der Tibeter.« Stuttgart o. J.

Hilton, James: »Der verlorene Horizont.« 34.–35. Tausend Frankfurt/Main 1988

Huc, Regis Evariste: »Reise durch die Mongolei nach China und Tibet. 1844–1846.« Frankfurt/Main 1986

Imhof, Eduard: »Die großen kalten Berge von Szetschuan.« Zürich 1985

Kelly, Petra, und Bastian, Gert: »Tibet – ein vergewaltigtes Land.« Hamburg 1988

–: »Tibet klagt an.« Wuppertal 1990

Kozlow, Pietr K.: »Mongolei, Amdo und die tote Stadt Charachoto.« Berlin 1925

La Chapelle, Dolores: »Weisheit der Erde.« Fuld 1990

Lavizzari-Raeuber, Alexandra: »Thankas, Rollbilder aus dem Himalaya.« Köln 1984

Lehmann, Johannes: »Buddha – Leben, Lehre, Wirkung.« Frankfurt/Main 1986

Lehmann, Peter-Hannes/Ullal, Jay: »Tibet. Das stille Drama am Dach der Welt.« Hamburg 1981

»Märchen aus Tibet.« Übersetzt von Herbert Bräutigam. Frankfurt/Main 1983

Migot, André: »Vor den Toren Tibets.« Stuttgart 1954

Milarepa: »Von der Verwirklichung und andere Texte.« Südergellersen 1985

Moorcroft, William: »A Journey to Lake Manasarovar.« Delhi 1937

Moran, Kerry, und Johnson, Russell: »Kailas. Auf Pilgerfahrt zum heiligen Berg Tibets.« München 1990

Müller, Claudius, und Raunig, Walter: »Der Weg zum Dach der Welt.« Innsbruck o. J.

Patterson, George N.: »Tibetan Journey.« London 1954

Rockhill, William Woodville: »The Land of Lamas.« New Delhi 1988

Rinchen, Lhamo: »We Tibetans.« New York 1985

Rock, Joseph: »The Amnye Machen Range and Adjacent Regions.« Rom 1956

Rowell, Galen, und Dalai Lama: »My Tibet.« Berkeley 1990

Schäfer, Ernst: »Fest der weißen Schleier.« Braunschweig 1950

–: »Dach der Erde. Tibetexpedition 1934/36.« Berlin 1938

–: »Unter Räubern in Tibet.« Durach 1989

–: »Über den Himalaya ins Land der Götter.« Durach 1989

–: »Unbekanntes Tibet.« Berlin 1937

Snelling, John: »The Sacred Mountain.« London 1990

Söpa Geshe, Lhündup, und Hopkins, Jeffrey: »Der tibetische Buddhismus.« 3. Aufl. Köln 1984

Stein, R. A.: »Tibetan Civilisation.« London 1972

Tafel, Albert: »Meine Tibetreise.« 2 Bände. Berlin 1914

»Tibet – The Sacred Realm. Photographs 1880–1950.« New York 1983

»Tibet – Traum oder Trauma?« Göttingen 1987

Tichy, Herbert: »Auf fernen Gipfeln.« Wien 1976

Tsarong, Dundul Namygal: »What Tibet Was.« Delhi 1990

Trungpa, Chögyam: »Feuer trinken, Erde atmen.« Hamburg 1989

Tucci, Giuseppe: »To Lhasa and Beyond.« New York 1983

–: »Geheimnis des Mandala.« Weilheim 1972

–: »Tibet. Land of Snow.« 2. Aufl. London 1973

–: »Tibet.« München 1973 (Archaeologia Mundi)

Wennerholm, Eric: »Sven Hedin.« Wiesbaden 1956

Register

Alt, Franz 42, 224
Amchok Tsennyi Gompa 192, 197, 199, 202f.
Amdo 25, 29, 54, 57, 60, 64, 69, 74, 98f., 108, 130. 143f., 167, 172, 174, 185, 189, 206, 224, 232
Ami-Chiri 69
Amitabha 249
Amitayus 246
Amnye Bayan 81
Amnye Machen 60, 69f., 74, 86, 99, 114f., 125, 130f., 136f., 144, 148f., 164
Amnye Nyenchen 189
Atsari 241

Baradjin 26
Bardo 32, 103, 231, 242
Barkhor 225f.
Batchelor, Stephen 227
Bayan-Kara 166f.
Bell, Sir Charles 117
Bhutan 247, 251
Bodh Gaya 182
Bodhicitta 248
Bön 32f., 86, 118, 185, 202, 238, 240, 242, 260f., 270
Buddha Amitabha 200

Chengdu 188, 195, 203, 210
Chögyäl Phagpa 177
Chuosiji (Guanyingiao) 206
Cittipati 241

Dahoba 82
Dalai Lama 3. 232
Dalai Lama 4. 232
Dalai Lama 5. 23, 230, 249
Dalai Lama 13. 64
Dalai Lama 14. 35f., 64, 67f., 92, 119, 130, 135f., 168, 174, 200, 225, 229, 230, 233
Daotanghe 72f., 78
Darja, La 34
Dartsedo (Kanding, Tatsienlu) 185, 212f.
Datsang 92
David-Néel, Alexandra 213, 239, 255
Daxian, Tang 225
Debe 92
Dera 130
Derge 173, 184f.
Dirapuk Gompa 267
Dölma 248
Dörje Zhönnu 239
Dolma-La 267, 268
Donkar Gompa 182
Dorje 142, 182, 267
Drepung 23, 226, 230, 232
Drichu (Jangtse) 69, 166, 168, 171f., 179, 182, 185, 192
Drogön (Doge) Gompa 169f.
Drokri 234
Dschain 260
Dschamyang Zhepa 22. 23, 24, 232
Dschingis Khan 251
Dschokhang 76f., 226f.
Dschowo 226
Dubjü-Gompa 168
Dungre Tso (Tosson Nor) 111
Dzachu (Mekong) 165, 178f., 181
Dzoge (Zoige) 192

Fantse 73
Filchner, Wilhelm 42. 53, 80, 109, 117
Futterer, Prof. 191

Gabet, Joseph 56f.
Gachu 195
Ganden 230, 233f.
Gansu 33, 191
Gebkö 44
Gelugpa 22, 47, 191, 199
Gertse (Gerze) 256
Gesar 115, 117, 146, 149, 185
Golok 69, 71, 74, 101, 112, 114f., 119, 127, 130, 138f., 141f., 144, 149, 164, 168

Gora Gompa 130, 132
Gormo, Golmot, Golmud 70
Govinda, Anagarika Lama 131, 274
Grenard 109
Gude Gompa 36
Guge 273f.
Gungga (Gonghe) 79f.
Gurla Mandhata 271, 273
Guryi Gonpo 92
Gyältsab Je 233
Gyagong La 253
Gyalchug Sershar 144
Gyanak Mani 172f.
Gyantse 246f.
Gyatso La 250
Gyatso, Tenzin siehe Dalai Lama, 14.
Gzi-Perle 173, 203

Hedin, Sven 117, 249, 253f., 274
Hepori 240
Hermanns, Matthias 103
Heshang 242
Himalaya 234, 250f., 253f., 256, 260f., 273f.
Honganchu 82, 86, 108
Hor Gompa 34
Horkurma-Golok 164
Hoshang 32
Huashixia 164
Huc, Régis Evariste 56f., 59
Hurama (Hongyuan) 195

Indus 256, 260

Jigme Chokyi Nyima 170
Jokhar La 235
Jomolungma (Mount Everest) 119, 252
Jonghe 92, 100
Jongtsen Gampo 226f.
Jyekundo (Yushu) 69, 97, 109, 173f., 176, 178, 181f., 185

Kagyüpa 178f.
Kailas 97, 179, 229, 238, 247, 251, 253, 256, 260f.
Kampa La 246
Kanjur 20, 184, 199
Karakorum 256
Kargu 206
Karmapa 182
Karma Rolpai Dorje 64
Karnali 260
Karo La 246
Khadak 22, 29, 31, 52, 89, 115, 265
Kham 29, 33, 144, 167, 169, 174, 185, 188f., 203, 208, 224, 234
Khampa 169, 173
Khön Könchok Gyälpo 251
Kozlov, Pietr K. 27, 77f., 117
Kuku-Nor siehe Tso Ngombo
Kumbum (Gyantse) 247f.
Kumbum Dschamba Ling (Kumbum) 33, 39, 42f., 60, 64, 68, 104
Kyang 97, 164, 166, 256
Kyichu 233, 246

Labrang 20f., 30, 33f., 104, 143, 185, 188, 232
Ladakh 253, 256
Lanzhou 33f., 39, 65, 67, 188, 189
Leh 253
Lhachu 264f.
Lhakhang 46, 49
Lhasa 23, 27, 42, 57, 64, 69, 76, 116, 182, 195, 199, 206, 208, 212, 224f., 230f., 235, 246
Lhatse 115, 142, 236, 251, 253
Linxia 34
Liotard 117
Longriba 195
Losar 21f., 104
Lung Gompa 255
Lungta 100, 137
Lussar 39, 53, 58

Machen 141
Machen Pomra 98, 119, 121, 137, 143, 148, 150f.
Machu (Huang He — Gelber Fluß) 37, 69, 80f., 104, 109, 117, 143, 164f., 190, 192
Mahakala 50
Maitreya 49, 227, 233, 249
Manasarovar 247, 260, 264, 271f.
Mandala 238f., 247, 260, 263f., 266, 272
Mani 53, 58, 88, 118f., 132, 140, 142, 144, 149, 172, 176
Manjushri 50, 67, 199, 251, 267
Mantra 172, 227, 262, 268
Mao Tse-tung 35, 42, 112, 180
Maphügön 180
Marpa 181
Marpori 229
Matö (Madoi) 164f.
Mellon Gompa 237
Merduch Tso (Kara Nor) 111
Milarepa 26, 181, 253, 270
Minjiang 192, 210
Minya Konka 213
Mitra 144
Mönlam 27, 199, 231f.

Nangartse 246
Nangpar Nangdza 178
Narjopa 60, 180
Nepal 247, 251
Ngari 224
Ngawa (Aba) 185, 188, 192, 195, 197, 202f.
Nitudun-Tschü-Zung-Tschü 27
Nirvana 103
Nyarong 211f.
Nyingmapa 115

Om mani padme hum 21, 118, 171
Oring Tso 165

Padmasambhava (= Guru Rimpotsche) 33, 115, 227, 233, 238f., 242, 265
Pälden Mawai Senge Ling 199
Pälkhor Chöde 247
Palden Lhamo 228
Panchen Lama 52, 59, 195, 249f.
Pandit Nain Sing 256
Phüntsog 170
Pilung 34, 36
Potala 227, 229f.
Przewalskij 117

Qinghai 181, 224

Rachu 199
Radong 240
Raga 253
Ragchi-Gompa 180
Ragya Gompa 104, 143
Rajpur 251
Raksas-Tal (Lang Tso) 247, 260, 264, 271, 272
Rara Niembo La 167f.
Rhins, Dutreuil de 109, 117
Rock, Joseph 117, 213
Rockhill, William 80, 213
Rongbuk 253

Saka Dzong 253
Sakya 169, 172, 177, 247, 250f.
Sakyapa 169, 176f., 179, 182
Salar 33, 37f.
Samye 233f., 237f.
Sangchu 21, 28f.
Sattledsch 260
Seipa Gompa 182
Semenow, Peter Petrowitsch 80f.
Sera 226, 230f.
Schaller, George Dr. 196
Shakyamuni 31, 226, 246
Shalu 255
Shambala 136

Shantarakshita 238
Shekar 252f.
Shewu (Xiewu) 169
Shigatse 52, 169, 248, 253, 255
Shiva 260, 263
Siansipei (Erla Shan) 109
Sichuan 33, 91, 188, 191, 196, 199, 206, 209, 224
Sikkim 182, 247

Tafel, Albert 80f., 86, 111, 117, 191f., 213
Taizung 226
Taktser 64f.
Tala 80f.
Tanjur 199
Tarchen 262f., 271
Tashilhunpo 248f.
Tawu Dölma (Xiadawu) 112, 114f., 121, 125, 127, 130f., 153
Taxia He 33f.
Terinam Tso 255
Thalba 89
Thangka 30, 49, 170, 178, 182, 199, 238, 249, 262
Tian Shan 82
Tingri 251
Tong Tso 256
Torma 33, 52, 102, 180
Trakdo La 134, 136, 138, 142
Transhimalaya 253f.
Trapa 23, 36
Trashi Gompa 189
Trisong Detsen 237f., 240
Trisun (Bhrikuti) 226
Tsaidam 42, 69
Tsama 178f.
Tsangpo (Brahmaputra) 179, 233f., 237, 248f., 253, 255, 260
Tsaring Tso 165
Tsawu Gompa 174, 176
Tschakpori 229
Tscham 32f., 50, 240f.
Tschanggu Gompa 178, 181
Tschangthang 110, 253, 255f.
Tschenresi (Avalokiteshavara) 64, 200f., 206, 227
Tschegr Fisung 86
Tschogortan 56f.
Tschogtschen Dukang 20, 23, 28, 168, 177, 198f., 201
Tschukku Gompa 265
Tse Gompa 189
Tsochen (Coquen) 255
Tso La 250
Tsoling 76f.
Tso Ngombo (Kuku Nor) 42, 53, 69, 74, 76f., 79f.
Tsongkhapa 47, 49, 50, 52, 54, 143, 180, 231f.
Tsuglakhang 50
Tsurphu Gompa 182
Tucci, Giuseppe 247, 274
Tushita 49, 233

Ü-Tsang 248

Vajradhara 248

Wencheng 178, 226
Wenquan 110f.
Wolong (Jiuzhaigov) 216

Xiahe 188
Xining 39, 64f., 69f., 189
Xizang 196, 224, 228
Xun Hua 37
Xuan Zang 171

Yamantaka 32, 50
Yamdrok Tso 246
Yidam 21
Younghusband 247

Bildnachweis

Alois Bernkopf, Kirchschlag 23, 27
Gertrud Burisch, Klosterneuburg 284
Ing. Helmut Burisch, Klosterneuburg 38, 143, 147, 152, 153, 282
Dundul Namgyal Tsarong, Kalimpong 227
Dr. Günther Fasching, Graz 74, 107, 109, 111, 113, 115, 116, 120, 122, 126
Folkens-Museum – Etnografiska, Stockholm 117
Fondation Alexandra David-Néel, Digne 29, 48, 177, 212, 226, 246
Michael Henss, Zürich 233
Office of Tibet, Dharamsala 279, 280
Smithsonian Institution, Washington D.C. 24, 25, 164, 188, 189
Tibet Information Network, London 225
Ing. Toni Siller, Kuchl 53, 57, 58, 185, 197, 198, 208, 211
Alle übrigen Aufnahmen stammen vom Autor.

Fotografische Hinweise

Die Fotos in diesem Buch wurden mit Leica R 6-Kameras und Objektiven des Leica-Systems aufgenommen. Insbesondere wurden die Objektive Apo-Telyt-R 180 mm, Macro Apo-Telit-R 100 mm, Macro-elmarit-R 60 mm und Super Angulon-R 21 mm benutzt. Als Filmmaterial kamen Kodachrome- und Ektachrome-Filme zur Verwendung.

Dank

Mein persönlicher Dank gilt Helmut Burisch und Toni Siller, die mir beim Zusammentragen des Materials behilflich waren und viel positive Energie beisteuerten.
Ferner möchte ich Robbie Barnett vom Tibet Information Network danken, Frau Brigitte Harari-de Mas für die Beschaffung von wichtigem Bildmaterial und Herrn Tsewang Norbu, der das Manuskript zur Korrektur las.
Besonderer Dank gebührt Herrn Ruprecht Günther für seine Geduld beim Zeichnen der Karten, die wegen der Schwierigkeiten bei der Suche nach den tibetischen Namen immer wieder korrigiert werden mußten. Für verbliebene Fehler trage ich selbstverständlich die Verantwortung.

Impressum

© 1991 F.A. Herbig Verlagsbuchhandlung GmbH, München
Alle Rechte vorbehalten
Umschlag: Wolfgang Heinzel
Umschlagfoto: Bruno Baumann
Layout und Herstellung: Franz Nellissen
Karten: Ruprecht Günther
Satz: Typographischer Betrieb Hans Numberger, München
Gesetzt aus: 12/13 p Caslon, kursiv, halbfett auf Linotype System 4
Reproduktionen: Czech + Partner, München
Druck und Binden: Wiener Verlag
Printed in Austria
ISBN 3-7766-1692-X

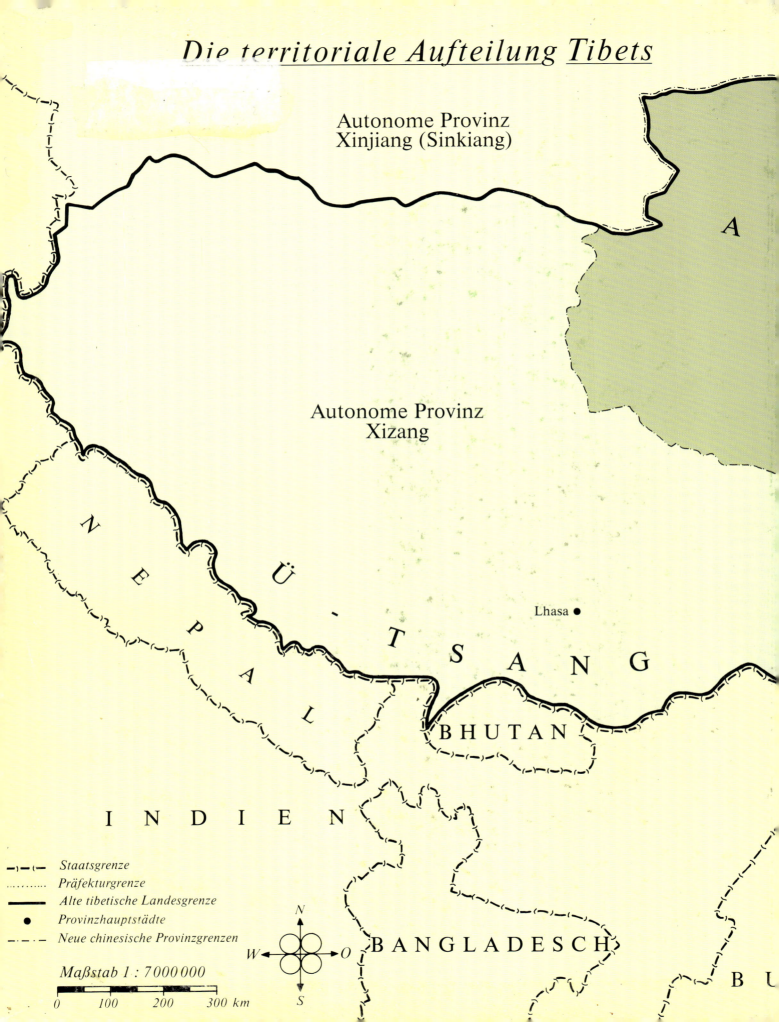